国家出版基金项目

翟 帆 著

二十世纪美国毒品政策的演变

上海社会科学院出版社

摘　要

　　美国毒品问题是一个复杂的社会问题,它已成为美国社会和政治生活不可分割的一部分。100多年来,美国政府的禁毒力度不可谓不大,但并未收到显著的效果,毒品问题依然困扰着美国人。在毒品问题已经全球化的今天,研究美国的毒品问题及其对策无疑具有很强的现实意义。

　　本论著运用历史学方法首次对20世纪美国的毒品政策进行了比较系统的考察和研究。根据美国毒品问题和毒品政策自身的发展规律和特点,对上一世纪美国的禁毒史进行了具有创造性的分期。具体来说,分为六个阶段。

　　第一阶段(1914—1929)是美国毒品政策的形成和初步确立时期。1914年《哈里森麻醉品法》的出台标志着美国反毒运动的开端。毒品从合法变成非法,毒品政策从自由放任变成了立法惩治。

　　第二阶段(1930—1962)是美国以惩治为主的毒品政策进一步得到巩固和加强的时期。这一时期,尤其是50年代,对毒品犯罪惩罚之严可谓史无前例。

　　第三阶段(1963—1974)是美国毒品政策走向成熟和大发展时期。这一时期美国的经济繁荣和毒品"繁荣"并行不悖,毒品危机随着社会危机的加深而日甚一日。传统的以惩治为主的禁毒模式受到了治疗模式的挑战。而随着尼克松"毒品战"的打响,毒品问题首次政治化。

　　第四阶段(1974—1980)是美国反毒运动的"萧条"时期。这一时期,联邦政府没有重大的毒品立法出台,毒品政策似乎出现了"断层",但实际上此前的政策依然传承了下来。毒品由于社会危机的加深和政府的容忍政策而再度泛滥。

　　第五阶段(1981—1992)是美国反毒运动的高峰期。公众反毒情绪因突发事件和可卡因的"平民化"而异常高涨。共和党总统接连"向毒品开战",毒品问题高度政治化、军事化和国际化。

ABSTRACT

第六阶段(1993—1996)是美国反毒运动衰落时期。冷战的结束,民主党人的上台,国内经济问题的突显使毒品政策出现了转机。克林顿政府在毒品政策方面的改革尝试因为反对力量过于强大而告失败,20世纪末,美国毒品问题依然十分严重。

作者认为,美国毒品政策的产生和发展有其历史的必然性,是政治、经济、文化和社会等各种因素相互作用的结果。它的兴衰与美国社会运动的发展亦步亦趋。毒品危机随社会危机的加深而加深,反过来毒品危机的加深又推动了毒品与政治及其他社会问题的更紧密结合。这种结合无助于毒品问题的解决,而只会利于政治投机和美国"国际干涉"的变本加厉。毒品问题是美国社会的一个"痼疾",发展到今天已是积重难返。"毒品战"注定是一场无休止的战争。

关键词: 毒品 吸毒 禁毒 毒品政策

目　录

摘要 / 1

导言 / 1

第一章　从自由放任到立法管制(1914—1929) / 6
  第一节　19世纪的美国:"吸毒者的天堂" / 6
  第二节　《哈里森麻醉品法》出台的原因 / 13
  第三节　从合法到非法:1914年《哈里森麻醉品法》的制定及其影响 / 18

第二章　立法管制的巩固和加强(1930—1962) / 30
  第一节　安斯灵格与联邦麻醉品局 / 30
  第二节　"二战"时期的毒品问题和毒品政策 / 37
  第三节　战后毒品的回潮与50年代美国的毒品立法的加强 / 39

第三章　从治疗模式的挑战到"向毒品开战"(1963—1974) / 46
  第一节　治疗模式的挑战 / 47
  第二节　60年代中后期的吸毒风与约翰逊政府的毒品政策 / 51
  第三节　毒品问题的政治化:尼克松"向毒品开战" / 56

第四章　政策的"断层"与政策的传承(1974—1980) / 75
  第一节　福特政府与反毒机构的改组 / 75
  第二节　卡特政府的"内部解决"方案与大麻非罪化运动 / 81

CONTENTS

第五章　登峰造极的时代：共和党再次"向毒品开战"（1981—1992）/ 93
　　第一节　第一届里根政府的毒品政策 / 93
　　第二节　"毒品战"的升级 / 100
　　第三节　"毒品战"的巅峰时期 / 106
　　第四节　毒品问题的再度政治化 / 110
　　第五节　"毒品战"的军事化倾向 / 121

第六章　世纪末的挽歌：克林顿政府与毒品政策改革（1993—1996）/ 133
　　第一节　毒品政策改革的早期尝试 / 133
　　第二节　从 1994 年国家禁毒战略看克林顿政府的毒品政策 / 137
　　第三节　从自由转向保守：1995 年后克林顿政府的禁毒政策 / 142

结束语　积重难返：一场无休止的战争 / 151

参考文献 / 158
附录　美国禁毒政策大事年表 / 165
后记 / 171

导　言

　　世界范围内的毒品泛滥已成为危害人类安全的最严重的社会问题之一。据粗略统计,到1995年,全世界至少有5 000万人吸食各种毒品。在庞大的需求刺激下,世界各地有上百万人正从事毒品原植物(罂粟、大麻、古柯等)的种植、加工提炼、贩运走私以及"洗钱"活动[1],并逐渐形成以东南亚"金三角"、西南亚"金新月"和南美洲"银新月"三大毒品产地为主,遍及全球的庞大地下经济产业。东方某些发展中国家的毒品问题与错综复杂的经济贫困问题、民族问题交织在一起;拉美部分国家的毒品经济与毒品政治构成了西半球毒品犯罪的特殊模式。新品种的不断出现和价格的浮动刺激了毒品消费群体的不断扩大。尤其是"冷战"结束后,毒品问题伴随世界政治格局的变化而呈现新的特点。毒品犯罪日益严重地威胁着许多国家的政治、经济、社会发展和人们的伦理道德、身心健康、民族素质。惩治毒品犯罪、阻止毒品蔓延,已成为世界各国刻不容缓的共同责任。

　　在全球毒品泛滥的大背景下,作为世界最大的毒品消费市场的美国,其国内的毒品危机日益加深。国际社会公认美国是当今世界上最大的毒品消费国,美国官方对此并不否认。在美国,毒品泛滥已成为灾难性的社会问题,其影响范围之广泛,形势之严峻,无不令这个国家的政府和人民忧心忡忡。据美国国家药物滥用问题研究所的最新调查,在全部2.6亿美国人中,有5 400万人至少吸过一次大麻,有大约2 300万人经常吸食大麻;有70万海洛因成瘾者,偶一为之者达200万以上;有2 000万人尝试过可卡因,有500万人经常使用这种毒品;有1 600万人曾经使用过各种"迷幻药",有200万人常服"迷幻药";有800万美国人尝试过危险极大的毒品,如克拉克(又译"裂毒")、五氯苯酚等;试用过非法毒品的美国公民有1亿人,其中有4 000万人经常使用一种或多种毒品。[2]

　　美国毒品市场每年消费总额占世界毒品贸易的60%以上。近年来,美国每年消费的毒品数量为:大麻1.5万～2万吨,海洛因30～40吨,可卡因70～80

---

[1]　所谓"洗钱"活动主要指犯罪集团将依靠犯罪活动(主要是贩毒,此外还有赌博、走私等)的非法所得的巨额资金,通过有组织的活动,并采用各种隐蔽手段将钱存入银行,然后使这些钱再堂堂正正地进入流通市场。这样通过非法所得的"脏钱"就变成了似乎是合法所得的"净钱"。
[2]　汤家麟,徐菁.当代国际禁毒风云[M].北京:经济科学出版社,1997,p.125.

吨。全美非法毒品交易额每年达 1 000 亿美元以上,每年毒品交易利润高达 350亿～400 亿美元,毒品交易已成为美国经济的一个重要组成部分。① 美国每年约25 000 人因吸毒致死。② 目前,吸毒直接、间接造成美国工业生产损失近千亿美元。著名的美国通用汽车公司每年因毒品问题造成的损失超过 1 亿美元。难怪美国前总统里根惊呼:"美国已处于吸用毒品这一瘟疫的威胁之下。自 60 年代以来,这一瘟疫一直猛烈发展。进入 80 年代,毒品对美国的威胁已完全不下于敌人的飞机和导弹。"③自乔治·布什总统执政起,美国政府就把毒品列为"威胁美国安全"的重要问题之一。克林顿总统上台后,也把毒品问题列为"威胁美国安全的战略问题"。毒品问题已经成为当今美国总统选举中,每位候选人都不可回避的问题,它直接关系到竞选的成败,足见其在美国社会和政治生活中的重要性。

而在我们中国,人们永远不会忘记 170 多年前那场给中国人民带来深重灾难的"鸦片战争"。这场战争是中国人民屈辱历史的开端,毒品从此也成为近代中国积贫积弱的一个主要原因。新中国成立后,中国政府仅用了短短 3 年的时间,就将危害中国人民上百年的毒品祸害一扫而空,使我国享有"无毒国"的称号达二十余年。但进入 20 世纪 80 年代以后,随着我国对外开放政策的实行,绝迹多年的毒品又在中华大地上沉渣泛起,而且来势凶猛。据国家禁毒委(1998 年经改组后成为公安部禁毒局——作者注)不完全统计,我国登记在册的吸毒人员1991 年为 14.8 万人,1992 年为 25 万人,1994 年为 38 万人,1995 年达到 52 万人。而据有关专家估计,包括隐性吸毒人员在内,我国各类吸毒人员可能多达200 余万人。他们每年消费的毒品仅海洛因就达 60 余吨,折合人民币金额达300 余亿元,而目前全国有吸毒问题的县市已占全国县市总数的 70%。这些情况不能不使国人忧心忡忡。中共中央和国务院高度重视我国存在的毒品犯罪问题。1997 年 3 月 26 日,时任中央政法委书记任建新代表党中央和国务院就这一年 4 月—9 月在全国范围内展开的禁毒专项斗争,向在北京出席全国禁毒工作会议的代表发出总攻令:"我国曾是一个深受毒品之害的国家,决不能容忍毒品肆虐泛滥,决不能让屈辱的历史重演。必须下更大的决心,以更坚决的态度,更有力的措施,果断彻底地解决毒品问题!"

毒品到今天已经成为一种国际公害,禁毒也不可避免地提上了各国政府和

---

① 汤家麟,徐菁. 当代国际禁毒风云[M]. 北京:经济科学出版社,1997,p. 126.
② 崔庆森,陈宝树. 中外毒品犯罪透视[M]. 北京:社会科学文献出版社,1993,p. 110.
③ 麦浪. 美国社会病态拾例"向毒品开战"响彻美国[J]. 世界知识,1987(7),p. 24.

联合国的议事日程。美国作为受毒品危害最深的国家，对禁毒问题的重视更是非他国所能比。美国不仅是国际反毒运动的主要发起者，而且还是最早对毒品进行管制的国家之一。在长期的反毒实践中，美国政府积累了大量的经验和教训，值得每一个具有同样问题的国家借鉴和记取，我国也不例外。美国的禁毒运动从20世纪初就开始了，因此，美国禁毒政策的立法与执法、教育、预防、治疗、康复等各方面，都有很多值得学习和借鉴的地方。研究美国的毒品政策无疑具有较强的现实意义。

美国的毒品问题是一个亦小亦大的问题。说它小，是因为毒品问题只不过是当今美国众多的社会问题之一，小到几乎没有任何一本美国通史把毒品政策作为一项内容。说它大，是因为毒品问题同许多社会问题有联系，涉及美国的政治、经济、法律、外交、历史、教育和社会等诸多方面，尼克松以来的历届美国总统都无法回避它，甚至还被当作侵略一个主权国家的借口。

对于美国毒品政策的研究，美国国内机构林立，人员众多。官方的机构有白宫的国家毒品管制政策办公室（ONDCP）、国家药物滥用问题研究所（NIDA）等。民间的机构有毒品政策研究中心（Drug Policy Research Center）、毒品政策基金会（Drug Policy Foundation）、全国改革大麻法律组织（NORML）、林德史密斯中心（The LindeSmith Center）等。此外，美国许多大学的政治学系、法学院和社会学系都开设毒品政策方面的课程。各研究所或基金会的研究成果颇丰，每年都有大量有关毒品问题和毒品政策的新书问世，真可谓卷帙浩繁，令人目不暇接，足见美国各界对这一问题的重视。

在美国学术界，毒品政策的研究活动异常活跃。依美国学人对禁毒问题的态度可将其大致分为两派，即主张毒品合法化的"解禁派"和主张维持现行政策的"反解禁派"。解禁派以美国大学教授阿诺德·S.特利巴赫（Arnold S. Trebach）和普林斯顿大学教授埃森·A.内德尔曼（Ethan A. Nadelmann）等为代表。特利巴赫是毒品"合法化"运动的主要代言人之一，他认为毒品合法化会减少与毒品有关的犯罪。他还认为毒品合法化与美国主流社会的传统价值观是一致的，即美国人在许多涉及个人行为的事情上有选择的自由。他主张改变联邦政府在毒品管制方面的经费拨款方式，把教育和治疗列为毒品政策的重中之重，改变目前联邦政府在控制毒品供求双方的开支比例（7∶3）。对于这种"一头沉"的观点，其代表作有《海洛因解决方案》（The Heroin Solution, 1982）和《伟大的毒品战》（The Great Drug War）等。解禁派的另一位"旗手"内德尔曼则是从禁毒经费的成本效益的角度出发，提出自己的主张。他认为现行禁毒政策收效甚微，并且产生了很大的负面作用。而毒品合法化不仅可以节省巨额开支（他声称:"毒品自由贸易可以使我们每年节省近1 000万美元的禁毒费用。"①,而且可以通过向合法毒品课以重税的办法,增加国家税收,把节约下来的钱用来宣传戒毒的好处,还可以用来治疗毒品上瘾的人。内德尔曼这些观点多见于他撰写的一些文章中,如1989年发表在《科学》杂志(Science)上的《美国禁毒代价、后果及其他选择》(Drug Prohibition in the United States, Costs, Consequences, and Alternatives)等。除了上述两位,主张毒品合法化或部分合法化的还有哈佛大学法学院的德沙维兹(Alan Dershowitz)教授,哈佛大学精神分析学家格林斯奔(Lestev Grinspoon),1976年诺贝尔经济学奖获得者、自由市场经济学家米尔顿·弗里德曼(Milton Friedman)等,更值得一提的是,主张解禁的人当中还包括一些有相当名望和地位的人,如众议员斯达克、巴尔的摩市的黑人市长施莫克、《国民评论》主编巴克利、圣何塞市警察局长麦克纳马拉等等。

"反解禁派"的代表人物是特拉华大学刑事司法与社会学教授詹姆斯·A. 英塞亚迪,其代表作为《反毒战》(The War on Drugs, 1986)和《反毒战2》(The War on Drugs II, 1992)。英塞亚迪教授坚决维护现行毒品政策。他认为毒品合法化会导致社会混乱,将目前任何一种非法毒品合法化都会给美国造成巨大的社会和经济伤害。他认为在现行政策下,吸毒人数正在减少。赢得反毒战的胜利已经为期不远了。在这种情况下,讲毒品合法化就是投降,就会使吸毒人数迅速上升。他坚持认为,吸毒不一定引起犯罪,但是犯罪分子却往往吸毒和贩毒。合法化会造成毒品消费激增而不是下降。此外,毒品政策经典之作《美国病:麻醉品管制的起源》(The American Disease: Origins of Narcotics Control, 1973年初版,1987年再版)一书的作者耶鲁大学医学院教授戴维·F. 马斯托(David F. Musto)也是毒品自由化的强烈反对者之一。

当然除了上述两种立场截然相反的观点之外,还有人认为,仅仅把毒品分为合法和非法是把自己陷入了两难的境地。一方面现行政策已经证明收效甚微,再继续将反毒战打下去也不会有更好的结果;另一方面,采用解禁派的主张,将毒品合法化更使人感到解决毒品问题前途渺茫。在这种情况下,有人认为,在合法和非法之间一定还有第三条道路可走。即某些毒品在一定条件下,在一定区域内可以是合法的,在另一种情况下,它们又是非法的。对吸毒作轻罪或无罪处理,对贩毒作重罪惩罚,对毒性不同的毒品也可以区别对待。总之,如此复杂的社会问题,想用非此即彼的简易方法来解决是不可能的。

在我国,毒品问题和毒品政策尚属一个开拓性的课题,美国毒品政策研究就

---

① 梁建生. 吸毒应合法化吗?——关于毒品问题的国际大论战[J]. 国际展望,1990(4),p. 32.

笔者所知,涉足者还不多。报刊上不时有一两篇这方面的文章出现,多以介绍为主,少有系统研究。或许国内已有这方面的论著,由于笔者孤陋寡闻不曾拜读也未可知。

本论著主要运用历史学方法,对20世纪美国毒品政策的脉络进行了比较系统的梳理和较为深入的分析,并在广泛借鉴政治学、社会学、法学和犯罪学等相关学科研究方法的基础上初步形成了自己的看法。同时,笔者根据美国毒品问题和毒品政策自身的发展规律和特点对20世纪美国国内毒品政策的历史进行重新分期,打破了美国禁毒史传统的分期方法,从某种意义上说也是一种有益的探索和尝试。

笔者将毒品政策放在美国历史的大背景下,分六个阶段对美国毒品政策的演变进行了研究。笔者认为,美国毒品管制政策的产生有其历史的必然性,是美国政治经济利益和国际国内各种因素互动的产物。它的兴衰也与美国社会运动的涨落一致,并不时受到突发事件的影响。随着美国政治和社会危机的加深,美国的毒品危机也步步加深;而毒品危机的加深反过来又促使美国毒品问题与政治和其他社会问题(如离婚、暴力犯罪、卖淫、贫穷、失业、邪教等)的更紧密结合。久而久之,形成了一个恶性循环和难以跳出的"怪圈"。传统的禁毒政策已不灵验,自由派的主张又布满"杀机"。禁毒是一把"双刃剑",在打击对手的同时也伤害了自己。虽然毒品战难以马上打赢,但利用毒品战谋取政治好处的政客们却永远是最大的赢家。毒品战不仅可以被当成政治筹码,它还可以用作推行霸权,干涉他国内政的旗号和幌子。只要滋生毒品问题的"土壤"一日不绝,毒品问题就会继续存在。

第一章 从自由放任到立法管制
（1914—1929）

　　1914年以前，人们今天所熟知的鸦片、吗啡、海洛因、可卡因和大麻等非法毒品在美国还都是合法药物。这些药物的生产、进口和销售当时至少在联邦一级政府不受任何限制，美国实行的是一种自由放任的政策。19世纪后期美国社会毒品泛滥成灾，引起了公众无尽的忧虑。在世纪之交风云变幻的国内国际形势下，美国政府出于其政治和经济利益的考虑，迫于国内国外各方面的压力，不得不对日益严重的毒品问题进行干预，通过了《哈里森麻醉品法》（*Harrison Narcotics Act*），从此开创了联邦政府以立法的形式管制毒品问题的新纪元。

第一节　19世纪的美国："吸毒者的天堂"

一、鸦片及其衍生物的盛行

　　由于19世纪的美国对麻醉品实行自由放任的政策，所以鸦片、吗啡、海洛因、可卡因和大麻等非法毒品都可以随便买卖。人们不仅可以通过医生开的处方买到这些药物，而且可以不用处方在药店的柜台上直接买到。杂货店也可以像出售新鲜蔬菜或五金元件一样出售鸦片，人们甚至还可以进行邮购。因为在当时，所有这些药物都是公开出售的，所以有人说它们"像我们今天的阿司匹林一样容易买到"。[1] 这种自由放任政策的结果，是毒品的泛滥和吸毒之风的盛行。难怪史学家爱德华·M.布里切尔把19世纪的美国称作"吸毒者的天堂"[2]了。

　　美国的药物滥用（drug abuse，即我们平常所说的"吸毒"）具体始自何时现在虽

---

[1] Thomas E. America's Crusade: What Is behind the Latest War on Drugs[J]. Time, 1986-9-15, p.64.

[2] Brecher E. M. Licit and Illicit Drugs[M]. Boston: Little Brown, 1972, p.3.

然已无从查考,但很大程度上可能与18世纪初期专利药品(patent medicine)①的引进有关。1709年,由英国人托马斯·多弗尔发明的一种药用鸦片剂"多氏药粉"(Dover's Powder)传入北美殖民地。"多氏药粉"的引入开创了一种使用专利药品的风气。到18世纪后期时,含有鸦片的专利药品在美国城乡已随处可得。这些药品的标签五花八门,不一而足。它们被广告宣传成"止痛剂""止咳剂""止咳糖浆""痨病克星""妇女之友"等等。还有的则被当成包治百病的"万灵药"来进行促销,宣称从腹泻、痢疾、伤寒、发烧、牙痛、霍乱、肝炎到骨盆错位、足癣,甚至是秃顶,无不在其医治范围之内。② 这些专利药品都是用进口的鸦片或美国新英格兰、佛罗里达等州合法种植的罂粟制成的。

但是,美国专利药品的出现与吸毒问题的演进过程之间的联系极其微小,而在这方面起作用的则是强大的社会力量。其一,最初这些专利药品都是由伦敦运往北美殖民地的,医生、药剂师、杂货店老板、邮政局长和印刷商都可以出售,只是数量不多。在美国独立战争期间北美殖民地与英国的贸易中断后,受18世纪末19世纪初常规药品状况的刺激,美国国内也兴起了自己的专利药品业。其二,这一产业的扩大与美国报刊出版业的发展也不无关系。"药品"制造商们是第一批利用广告来开拓国内市场的商业精英。在全国所有的广告费中,制药业的投入是最高的,有些个体业主每年的广告费用超过了50万美元。至于说当时各种各样专利药品的种类,1804年纽约的一份目录列出了90种牌子的专利药品;1857年波士顿的一份刊物刊登了将近600种,1858年一份报纸登载的专利药品种类总数超过1 500种,而到1905年,该目录上的药品则增加到28 000种以上。③

1803年,德国药剂师弗雷德里克·塞特纳(Frederick Serturner)成功分离出鸦片的生物碱,塞特纳将之命名为"吗啡"(morphine——取自希腊语Morpheus,意为"睡神")。这一发现对医学界和人类社会产生了深刻的影响,因为吗啡直到现在依然是世人所知的最重要的止痛药之一。但直到1817年,这种新药才得以普及和推广,从而导致医生的广泛应用。结果,医疗界错误地将吗啡看作是没有任何副作用的麻醉剂。到19世纪50年代,获得吗啡药片及各种各样的吗啡制品已经无需处方。1856年,通过皮下注射器将吗啡直接注入血液的

---

① 指的是不要医生处方就能买到的现成药。
② Terry C. E., Pellens M. The Opium Problem[M]. New York: Bureau of Social Hygiene, 1968, p. 56.
③ Yung J. H. The Toadstood Millionaire: A Social History of Patent Medicine in America before Federal Regulation[M]. Princeton, NJ: Princeton University Press, 1961, pp. 225 - 226.

方法传入美国，随后在内战中得到广泛使用，这极大地刺激了吗啡的流行。内战结束后，退伍老兵使用鸦片剂的风气如此之盛，以致产生了一个新的医学术语"军中疾病"(army disease)。而随着医学杂志上连篇累牍描述这种麻醉药战时奇效及和平年代疗效的文章的发表，吗啡更加受到医生和大众的青睐。19世纪70年代美国的吗啡非常便宜，大小药店和杂货店都出售吗啡药剂以吸引广大心理和生理疾患患者。不管你得了什么病，牙痛或是肺结核，只要去看医生，他都会用吗啡来打发你。① 19世纪90年代，针用吗啡极为盛行，以致工业界不得不革新技术，生产出大批廉价的注射用具以供大众自用。人们还发现，吗啡不仅有助于缓解极度的疼痛，而且还能将人带进一种飘飘欲仙的自我陶醉状态。可见，此时人们使用这种麻醉剂已不止为了治病，很多人服用它只是为了寻求那种陶醉的感觉。有些病人知道吗啡会产生某些症状，但他们并不知道这些正是停用吗啡后的典型症状，称为"戒断综合征"(withdrawal syndrome)，而是错把它当成某种疾病。医生对此也大感不解，等到他们知道是怎么回事以后，除了给病人开更多的吗啡以暂时减缓这种痛苦外，他们也束手无策。因此，到了19世纪80年代中期以后，鸦片剂成瘾日渐成为美国全国关注的焦点。

当人们意识到鸦片剂、特别是吗啡成瘾的严重后果后，便急于找到一种非成瘾性的止痛剂来代替吗啡。于是，1898年海洛因在德国应运而生。其实，在此之前的1874年，这种鸦片的衍生物已由英国化学家莱特(C. R. A. Wright)试制成功，他当时称之为二乙酰吗啡(diacetyle-morphine)。但莱特的这一发现，当时并未引起世人的注意，直到24年后才由德国的贝尔制药公司将之全面推向市场，商品名叫"海洛因"(heroin——取自德语 heroisch，意为"勇敢""强大")。虽然贝尔公司的海洛因是作为一种镇咳药来促销的，并对胸痛、肺炎和肺结核有很好的疗效，但有些人却把它作为一种治疗吗啡成瘾的特效药而大力推广。之所以如此，原因有三：其一是人们相信海洛因不具成瘾性；其二是其药效强于吗啡，只用很小的剂量就可以达到理想的疗效，因此降低了成瘾的可能性；其三是19世纪与20世纪之交，医疗界对交叉依赖②还没有充分理解。由于得到了医疗界的认可，海洛因很快便进入日常的医疗活动以及无医生处方也可合法出售的专利药品的行列中。

除了在专利药品、针用吗啡和海洛因中无节制地使用鸦片以外，吸用鸦片在19世纪末的美国也开始流行。这一风气是由修建西部铁路和开采矿山的华工

---

① Abadinsky H. Drug Abuse: An Introduction[M]. Chicago: Nelson-Hall Inc,1989, p. 33.
② 指的是一种对药性相近的药物中的一种产生生理依赖也会对所有其他的药品产生依赖的现象。

传到美国的。本来西方国家是用鸦片来毒害中国的,却没有想到又通过受害者带回美国。这真是莫大的讽刺。据估计,到 1875 年,吸食鸦片已经广为流行,尤其是在妓女、赌徒和其他下层社会群体间,但在中上层社会的某些体面人中间也不乏其人。[①] 到 19 世纪末 20 世纪初,后一种吸毒者在美国已逐渐居主导地位。

19 世纪后半期,美国鸦片剂的消费量有大幅的提高。至于说 19 世纪美国人消耗掉的鸦片及其衍生物的确切数量是多少,已无据可考。由于国内生产的鸦片吗啡含量太低,所以销量极为有限。不过从鸦片进口数字中可以得出这一时期的消费指数。根据美国公共卫生署 1924 年提供的数字,在内战到 1900 年的 40 年间,美国总共进口了 7 000 多吨生鸦片和将近 800 吨吸用鸦片(smoking opium)。仅 1900 年一年,美国就进口了 628 177 磅鸦片剂。[②]

对于 19 世纪后半期美国服用鸦片剂成瘾的人数估计非常不确切,最高可达 300 万人。[③] 其他数据资料也表明美国这一时期服用鸦片类麻醉药品的现象确实很普遍。例如,1888 年,对波士顿地区药店 1 万张处方的审查发现,其中有 15% 含有鸦片剂,这还仅仅是在波士顿一地。据估计,1900 年在不大的佛蒙特州,每个月就要卖掉 330 万剂鸦片。[④] 在新英格兰地区一个仅有 1 万人口的小镇上,一家药商一年就卖掉了 300 磅鸦片。一位 19 世纪晚期的药商谈到他在经济上对鸦片销售的依赖时说,"要不是这东西……我的店可能早就关门了。"[⑤]

二、可卡因与大麻

除了鸦片及其各种衍生物,19 世纪的专利药品里还包括其他的成瘾药品,如可卡因和大麻。尽管 1860 年纯可卡因就分离出来了,但其妙用直到 1883 年才被德国军医西奥多·阿申勃兰特博士(Dr. Theodre Ashenbrandt)发现。他发现这种新生物碱能够缓解疲劳。阿申勃兰特的发现引起了著名的奥地利心理医生西格蒙·弗洛伊德(Sigmund Freud)的极大兴趣。初步尝试之后,弗洛伊德

---

① Terry C E, Pellens M. The Opium Problem[M]. New York: Bureau of Social Hygiene, 1968, p. 73.
② Abadinsky H. Drug Abuse: An Introduction[M]. Chicago: Nelson-Hall Inc,1989, p. 34.
③ Inciardi J A. The War on Drugs: Heroine, Cocaine, Crime, and Public Policy [M]. Mountainview, California: Mayfield Publishing Company, 1986, p. 6.
④ Burnham J C. Bad Habits: Drinking, Smoking, Taking Drugs, Gambling, Sexual Misbehavior and Swearing in American History[M]. New York: New York University Press, 1994, pp. 115 – 116.
⑤ Inciardi J A. Handbook of Drug Control in the U. S. [M]. New York: Greenwood Press, 1990, p. 29.

便认为可卡因是一种"神奇的药"。他在1884年写给未婚妻的一封信中,对可卡因褒奖有加。他写道:"……我要写一篇有关可卡因的论文,我希望它在医学界赢得与吗啡平起平坐、甚至高于其上的位置……我经常服用少量的可卡因来对付抑郁的情绪和消化不良,效果极好……"[1]随后,弗洛伊德又把这种药推荐给他的朋友和同事。到1890年时,美国人也发现了使用可卡因的好处,医药界迅速将其纳入家庭用药之列,不仅把它说成是"有助于治疗从酒精中毒到花柳的各种病症",而且还将之作为治疗其他药物成瘾的良方。这极大地刺激了专利药业的发展,迎来了可卡因流行的黄金时期。[2]

人们在经历了19世纪80年代对可卡因的狂热之后,开始冷静下来。虽然各种各样的补药中依然含有可卡因,但可卡因并没有像吗啡和海洛因那样具有吸引力。实际上,它的名声很不好,人们认为它能引发人们的怪异行为。进入20世纪以后,像鸦片之于华人一样,可卡因也与城市的黑社会和南方黑人联系起来。

另一种常用的毒品大麻(mari juana,亦译玛利华纳)与鸦片、吗啡、海洛因和可卡因等引入美国的方式基本相同。这种印度大麻(Indian hemp)的衍生物也是作为治疗抑郁、痉挛、歇斯底里、精神错乱等病症的良药而出售的。而且,19世纪末期,像派德(Parke-Davis)和施贵宝(Squib)这些著名的大制药公司都生产家庭用的大麻制剂。但因为大麻不能溶解,所以不能用它进行注射,而口服药效既慢又不好,加之大麻的药效变化无常,用量很难标准化,剂量很难掌握,故此,它作为一种药剂很快便失宠。但是,大麻作为一种用于消遣的毒品却能够大行其道。

三、吸毒成瘾人口及其结构变化

由于19世纪鸦片剂(包括鸦片、吗啡、海洛因、奴佛卡因等)、可卡因和大麻等毒品都是公开出售的,并且不受任何限制,致使19世纪后期(特别是内战以后)美国吸毒成瘾的现象非常普遍。人们为了解除日常生活中自己生理或心理上的病痛,大量使用含有鸦片等麻醉剂的专利药品。久而久之,人们便对麻醉剂产生了依赖性,这就是我们所说的"成瘾"。对于吸毒成瘾问题,19世纪美国的医疗界负有不可推卸的责任。由于19世纪医学还不够发达,医生们对各种病症

---

[1] Byck R. Cocaine Papers by Sigmund Freud[M]. New Haven, Conn: Yale University Press, 1982, p. 39.

[2] Inciardi J A. Handbook of Drug Control in the U. S. [M]. New York: Greenwood Press, 1990, p. 4.

的内在原因还不是很清楚,当时治疗疼痛的药品种类又很稀少,鉴于鸦片能够止痛的特性,就把它奉若神明,称之为"上帝自己的药"(G. O. M, God's Own Medicine)。19世纪美国名医霍尔姆斯(Oliver Wendell Holmes,1809—1894)也认为鸦片"好像是上帝亲赐的"。① 虽然许多医生知道,麻醉药用多了会导致患者生理上的依赖性,但他们还没有认识到这种依赖性可能造成的严重后果。19世纪的许多人正是在医生善意的治疗下对这些麻醉药品上瘾的。

由于种种原因,当时人们对吸毒成瘾现象的研究还没有确切的统计数字,对吸毒成瘾人数的推测和估计极不准确。但是当时对美国吸毒成瘾人数进行估计的专家们从总体来讲还是比较谨慎的。他们依靠的材料来源是最原始的,如公开发表的对鸦片剂成瘾者的个案研究或对药剂师和医生抽样的调查方法。1869年的一项研究估算,当时大约有8万到10万鸦片成瘾者;1871年乔治·M. 比尔德认为大概有15万;1878年初《纽约时报》说有20万。② 根据1895年的估计,吗啡成瘾者已经占到美国当时全国总人口的2%~4%。③ 而按照美国著名禁毒史学家大卫·F. 马斯托(David F. Musto)的说法,1900年美国的毒品成瘾人口已经发展到25万④。一位著名的治疗药物依赖的专家托马斯·D. 克劳泽尔博士(Dr. Thomas D. Crothers)1902年认可了10万这一数字。同一年,一个药剂师委员会估计全美有20万成瘾者。⑤ 1909年,据说亚特兰大的一家疗养院就治疗了10万患者,而其他机构治疗的也有5万人。如果这一情况属实的话,那么瘾君子的数量比专家们估计的就要大得多。有人说,及至1914年时,美国的吸毒成瘾者已达30万人。⑥

19世纪后期美国的吸毒成瘾者主要由两类人组成。一类是医疗成瘾者,他们因服用了医生开售或其自行购买的麻醉药而成瘾;另一类是鸦片烟鬼(opium smokers)或服用可卡因者。前者居多数,集中在美国中南部乡村或小镇上,主要是中上层白人,其中又以中年女性居多。妇女们服用麻醉药主要有两方面的原因。其一是为了减轻妇女绝经期的各种病痛;其二是为了解除其整日在家无所事事的烦闷与无聊,因为那时中产阶级的已婚妇女从不外出工作,她们又不能像

---

① Morgan H W. Drugs in America: A Social History 1800 - 1980[M]. Syracuse, NY: Syracuse University Press, 1981, p. 1.
② 同注①, p. 29.
③ Bertram E, Blachman M, et al. Drug War Politics: The Price of Denial[M]. California: University of California Press, 1996, p. 61.
④ Wisotsky S. Breaking the Impasse in the War on Drugs[M]. New York: Greehwood Press, 1986, p. 180.
⑤ 同注①, p. 30.
⑥ 秦斌祥. 美国的吸毒问题[J]. 美国研究参考资料, 1990(5), p. 1.

男人们一样去酒馆买醉浇愁,于是便转向她们的医生求助,医生给其提供的最好"帮助"就是不断地给她们开麻醉品,久而久之,她们便上了瘾。除了妇女,医疗成瘾者还有医生和参加过内战的老兵两个群体。前者上瘾是由于自己有接触和服用鸦片剂和可卡因的便利条件,正所谓"近水楼台";后者则是因为内战期间医生广泛使用吗啡等麻醉剂给伤员治伤而对麻醉药产生依赖的。

除了为逃避疼痛和现实中的不愉快之外,19世纪体面人中间吸毒成瘾率高还有两个别的原因,即无知和牟利的动机。虽然到19世纪70年代,医学杂志上对毒品成瘾的警告已频频出现,但是直到19世纪90年代医学课本上才开始有这样的警示。也正是在这时,一般公众才开始读到媒体上关于成瘾的各种惊人的报道。与此同时许多粗心大意和无知的医生使病人连同他们自己上了瘾,那些自行服药的人也在不知不觉中陷了进去。1882年,一位经营医疗器材的商人说:"人们发现注射吗啡不仅对缓解剧痛有极大的帮助,它还能轻而易举地让人进入陶醉状态而不失体面……现在注射器的销售量是几年前的100倍。"①

牟利的动机显然促进了毒品和注射器贸易的兴旺。制药公司为可卡因和海洛因等大做广告,并通过进口和加工鸦片剂发了横财。当地药商贩卖麻醉剂的收入也十分可观。而且,许多医生发现鸦片剂能够迅速缓解很多疾病的症状。实际上病人也往往需要这样的治疗。尤其是当时在医疗这个充满竞争的行业中,有些不讲道德的从业人员利欲熏心,他们知道一旦上瘾,病人就要大把地给他们送钱,以维持其毒瘾,那么他们就会财源滚滚,衣食无忧。

那时,因为医疗成瘾者一般都有体面的社会地位,他们又是庸医误诊或商业动机的牺牲品,所以人们对他们淡然视之,同时对他们寄以同情。

大约1900年以后,中上层社会的吸毒者人数逐渐减少。这首先是因为此时参加过内战的老兵大都已经离世;其次,医生们在开售成瘾药物方面变得非常保守;再次,一般公众由于看到文学作品对成瘾的可怕后果的描写,也开始尽力远离麻醉品。此外,这一时期禁酒运动的宣传也有助于吸毒人数的减少。

而作为第二类吸毒成瘾者的鸦片烟鬼的出现则始见于19世纪70年代的华工中间,进而扩散到美国西海岸城市的其他人群中间。这些人生活在美国社会的底层,经常是社会鄙视和遗弃的对象。从一开始,由于吸鸦片烟的场所大烟馆

---

① Burnham J C. Bad Habits: Drinking, Smoking, Taking Drugs, Gambling, Sexual Misbehavior and Swearing in American History[M]. New York: New York University Press, 1994, p.115.

(opium den)几乎都开设在城市的隔离地带——红灯区,光顾这些地方的多是妓女、罪犯、赌徒和窃贼等,因而人们总是把吸食鸦片者与犯罪、堕落、肮脏和暴力等联系在一起。开始时这类吸毒者只占很小的比例,随着社会的发展,他们的人数也迅速增加。

可卡因的使用也经历了类似的变化。19世纪80年代可卡因曾在美国上层社会盛极一时,但随着其副作用的逐渐显露和社会上关于这种药物不好的传闻的增多,可卡因更多地为城市下层青年及犯罪分子所使用,从而带上了离经叛道的色彩。

第二节 《哈里森麻醉品法》出台的原因

到20世纪初,随着吸毒人数和毒品消费量的增加以及吸毒人员结构的变化,美国毒品问题的性质也发生了变化。它由一个医疗问题转变成一个社会问题,并且开始引起美国各阶层人士的高度重视。人们从不同的角度要求联邦政府采取措施,对毒品问题加以管制,这最终导致了1914年《哈里森麻醉品法》的诞生。归纳起来大致有如下几方面的因素:道德、医学发展与行业利益、种族主义和国际因素。

一、道德

《哈里森麻醉品法》的制定,首先受到了道德因素的影响。十九二十世纪之交,美国正处于一场以革除社会弊病为宗旨的"进步运动"中。这场运动触及美国社会的方方面面,其中包括政治腐败、工业垄断、监狱体制、社会福利、生态保护、性别与种族歧视和吸毒等。当时,反对吸毒是从社会道德的角度出发的。在这个大转折的年代,人们对社会上的恶习和道德堕落现象深恶痛绝,渴望树立一种新的道德风尚。而吸毒问题又往往同道德败坏连在一起,所以大多数改革组织的注意力不约而同集中到这个问题上来。虽然这些改革组织与《哈里森麻醉品法》的通过没有直接的关系,但他们的要求同法案所要管制毒品的动机是一致的。所以对于联邦政府来说,采纳改革者们的意见有利无弊。当时的宗教团体的领袖和改革家们以"道德的维护者"自居,把毒品管制和酒精使用的立法视为他们的神圣职责。他们所谓的"道德"就是美国教会所崇尚的以宗教信仰为基础的社会秩序。他们之所以反对毒品就是因为他们担心吸毒者可能因受到毒品的支配而破坏社会秩序和他们所珍视的传统价值观念。正如俄克拉荷马大学的霍华德·W. 摩根（Howard W. Morgan）教授所言："反毒舆论的核心就是人们害怕会出现一种危及现有社会观念的生活方式……从而对社会造成伤害。"[①]应当说这种担心并不是多余的。因为使用毒品的人员构成发生了变化，原来作为吸毒者主体的中上层阶级正在逐渐被下层社会所取代，所以人们一提到吸毒，往往就会联想到犯罪、贫穷和肮脏。他们对鸦片和可卡因这些毒品产生了恐惧，害怕吸毒者在药力的驱使下迷失本性，败坏新教道德。为了维护社会风俗，人们越来越感到有必要对毒品进行某种形式的管制。这就需要政府、特别是联邦政府以法律的形式对毒品的制造、进口、经销和使用予以限制和管理。

二、医学发展与行业利益

另一种要求管制毒品的压力来自医疗界。首先，19世纪晚期，随着医学事业的迅猛发展，医生对于鸦片和可卡因等药品的认识越来越深刻。他们不再一味地把鸦片当成"神药"，而是更多地认识到麻醉品的副作用以及成瘾给患者的生理和心理所造成的巨大伤害。吗啡和海洛因的成瘾性也引起了医生们高度的注意。与此同时，医生们在治病治本方面有了长足的发展，诱发疾病的病菌理论更广泛地为人们所接受。像水杨酸盐、苯胺和吡唑酮等新一代更加温和的止痛药的出现使得成瘾性很大的鸦片类麻醉药有可能被取代。其次，医疗界支持对麻醉剂进行管制也是出于自身利益的考虑。这一时期，几乎所有的医生和药剂师都意识到了滥开或滥售成瘾药物给他们的职业带来的不利影响。因为医生和药剂师对19世纪美国的成瘾问题负有大部分责任，所以社会总是把吸毒者与医生和药剂师们相提并论。社会舆论对医疗界造成吸毒成瘾问题的指责使医生和药剂师的处境十分尴尬，进而影响到他们的经济利益。在这种情况下，为了塑造高尚的职业形象，医生和药剂师都支持制定限制使用麻醉药物的法律并要求获得药物的处方权和配药权。这样，他们既可以通过支持禁毒立法来改善自己的形象，又可以借此垄断此类药物的配售，获得更多的实惠，从而达到"一石二鸟"的目的。

改革家们和医疗界的努力很快便初见成效。1906年，美国作家厄普顿·辛克莱（Upton Sinclair）的黑幕揭发小说《屠场》（The Jungle）的发表震惊了美国上下，直接导致了1906年《洁净食物和药品法》的制定。该法对药品的使用产生了直接的影响。它禁止州际间运输掺假或标识不准的食物和药品。含有海洛

---

① Morgan H W. Drugs in America: A Social History 1800-1980[M]. Syracuse, NY: Syracuse University Press, 1981, p. 62.

因、鸦片、可卡因或大麻的专利药品仍可出售,但要求在药品的标签上将其一一列出。虽然该法未曾宣布在专利药品中使用麻醉剂为非法,但大卫·马斯托说准确标识的运用使专利药品的销售量大大减少。大众因为意识到了成瘾的问题,都纷纷避免使用含有麻醉剂的专利药品。结果,专利药品制造商一般都不再用鸦片剂和其他麻醉剂来配药。由于医疗界一再强调鸦片剂、可卡因等成分的负面作用,致使许多专利药品失去了原来的魅力,含有一种或多种别的成瘾药物的吗啡成瘾治疗药剂的销售也一下子变得难上加难。

三、种族主义

医学发展和行业利益并非促使药品制度改革的唯一动因。几乎从一开始,美国的禁毒运动就是与其根深蒂固的种族主义和本土主义结合在一起的。1880到1917年间来自东欧和南欧的移民浪潮引起了美国主流社会的忧虑,他们担心这些新移民的大量到来会威胁到美国本国人的道德和经济福祉,这种心理也刺激了世纪之交的反对邪恶和城市不道德行为的运动。这场运动的参加者们主张利用政府的权力来保护美国道德上的优势和进步。对于某些人来说,这就意味着要通过政府对成瘾药物的禁止来保护旧有的社会不受毒品的诱惑和侵害。这种对"移民使用麻醉品会损害其所珍视的价值观"[1]的恐惧心理,与具有暴力倾向的反对黑人、华人和墨西哥人的种族偏见结合在一起,推动了专门针对这些少数族裔的地方反毒法律的出笼。譬如,在美国南部,可卡因就与南方白人对黑人的偏见和歧视联系在一起。人们对可卡因能引起欣快和兴奋的特性非常害怕,因为这种特性可能会驱使服用了可卡因的黑人"不顾道德的约束去攻击白人社会"。[2] 当时社会上还流行着一种说法,使用了可卡因的"黑人便具有了超人的力量,高超的枪法,而且使他们很难被杀死"。[3] 据说由于传说黑人服用了可卡因后,3.2毫米口径的子弹就会对之毫发无伤,这使得美国南部的警察部门将警察佩带的3.2毫米口径的手枪换成了3.8毫米口径的左轮。这些传闻反映了白人对黑人的恐惧,也为白人对黑人的镇压增加了一个借口。[4] 白人对服用可卡因的黑人的恐惧产生之时,恰逢旨在剥夺黑人政治和社会权利的私刑、法律上的种族隔离和歧视性选举法的盛行时期。正如杰拉德·克劳埃德(Jerald Cloyd)

---

[1] Kinder D C. Shutting Out the Evil: Nativism and Narcotics Control in the United States[J]. Journal of Policy History, 1991, 3(4), pp. 472-473.
[2] Musto D F. The American Disease[M]. New York: Oxford University Press, 1987, p. 6.
[3] 同注①,p. 473.
[4] 同注②。

所说:"南方黑人成了阶级冲突的靶子,吸毒成了这场规模更大的政治斗争的焦点。"①反对可卡因的运动呈现出一种不同寻常的面貌,它赢得了南方政客们的支持。这些一贯反对联邦干预州内事务的人居然捐弃前嫌,在禁毒问题上同联邦政府站在一起。这并非完全出于对可卡因的深恶痛绝,而是企图借此打击黑人。此时美国报刊上刊登了大量指控黑人滥用可卡因的文章,把黑人吸毒与暴力和强暴白人妇女连在一起。其结果使得"南方人与其说害怕管制毒品的联邦权力,不如说更害怕黑人"。②

而几乎与南部迫害黑人同时,在美国西部也正在发生一场反对中国移民的运动。1873—1878年间美国正值经济危机时期,工人大批失业。在这种情况下,曾经为开发西部做出过巨大贡献、在恶劣的工作环境下为了极低的报酬而愿意出卖劳动力的华工便成了替罪羊。美国人认为是华人抢走了他们的饭碗,于是迁怒于华人。他们在鸦片的问题上找到了发泄口。各地方政府纷纷制定法令,禁止鸦片的进口和吸食。1875年,旧金山市制定了美国历史上第一个针对华人的地方禁毒立法。此法禁设鸦片烟馆及商业性的吸食鸦片的设施。禁止吸毒本无可厚非,但美国最初禁毒的动机却颇有问题,种族歧视的彩色十分浓厚,因为它并非"基于鸦片危害健康的考虑,而是因为人们相信,鸦片会促使这些中国苦力比不吸鸦片的白人工人更为卖力地工作,从而抢了他们的饭碗"。③ 不景气的经济状况和强烈的排外情绪使得美国西部各州纷纷效仿旧金山市的做法制定旨在排华的禁毒立法。这些立法的反华性质在早期的一些法庭判词中也有所表露。1886年,针对一个名叫杨忠的华工所提交的要求人身保护的诉状,俄勒冈州的一个地方法院宣称:"吸食鸦片并非我们的恶习,因此,与其说这种立法产生于保护人民免受鸦片之害的愿望,不如说是出于折磨和滋扰'愚昧的华人'的想法。"④短短数语,美国早期禁毒法的种族主义性质已表露无遗。

在这方面,美国国会也不甘示弱。1883年,美国国会提高了吸食用的鸦片的进口关税。1887年,国会又明令禁止美国的华人进口吸食鸦片,但却仍然允许美国人自己进口此类鸦片,之后再把它卖给那些吸食鸦片的华人和美国人。1890年的《关税法》再度将鸦片关税提高,达到了每磅12美元,此举导致了鸦片走私的大量增加以及药用鸦片的大量销售。针对这种情况,1897年鸦片进口关

---

① Abadinsky H. Drug Abuse: An Introduction[M]. Chicago: Nelson-Hall Inc,1989,p. 9.
② 同注①,p. 53.
③ 同注①,p. 38.
④ Bertram E, Blachman, et al. Drug War Politics: The Price of Denial[M]. California: University of California Press, 1996, p. 65.

税不得不又降至每磅6美元。① 1877到1900年间,西部有11个州先后都制定了反鸦片立法。反华运动也得到了美国当时最大的劳工组织"劳联"头子塞缪尔·冈珀斯(Samuel Gompers)的支持,他将华工诬蔑为"黄祸",并认为华工使美国工人工资降低,并破坏了罢工。1902年美国"劳联"的两份小册子预言了几十年后人们广泛认可的"传染病"理论。劳联宣称华人中的鸦片烟鬼已经将这种"致命的恶习"传给了"我们美国数以千万计的男孩和女孩"。②

尽管地方禁令一个接着一个,但吸食鸦片以及服用其他毒品的现象并未消失。吸毒后要么转入"地下",要么在有限的范围内被认可了。因此,反毒团体向国会频频施压,要求在全国范围内限制毒品的供应。

四、国际因素

除了国内因素以外,外部力量也推动了美国反毒运动的兴起和发展。19世纪末以来,在中国传教的美国传教士对他们所目睹的英国鸦片贸易所造成的道德和社会的堕落感到十分震惊。他们把关于鸦片作用的传闻传回美国并着手敦促美国政府在控制或取缔鸦片走私的运动中起率先垂范的作用。作为一种象征性的支持姿态,美国参议院于1901年通过了亨利·卡伯特·洛奇(Henry Cabot Lodge)议案,即《土著种族法案》(*The Native Races Act*),呼吁采取国际行动禁止向"土著部落和未开化种族"出售鸦片和酒精。③

1898年美西战争以后,美国作为战胜国从西班牙人手中攫取了菲律宾群岛,如何处理这一领地上的毒品成瘾问题一下子摆在了美国人的面前。早在西班牙殖民统治期间,菲律宾的吸食鸦片之风就很盛行,因为吸毒者吸毒是得到殖民当局许可的,而且向这些人提供鸦片也是合法的。为了解决这一问题,美国作战部求助于当时驻菲律宾的美国圣公会主教查尔斯·布伦特(Charles H. Brent)。布伦特主教把吸毒问题首先看成是一个道德问题。1902年,他实地考察了菲律宾的鸦片成瘾问题之后,向美国总统建议鸦片应通过国际性法律来管制,这将有利于美国更多地介入远东,乃至整个世界的事务。他还提议成立一个"国际鸦片管制委员会"(International Opium Commission)。这一提议得到了西奥多·罗斯福总统的支持。1908年,他说服西奥多·罗斯福总统召集一个管制鸦片贸易的国际会议。随后,在美国的倡议下,1909年2月1日,布伦特在上

---

① Abadinsky H. Drug Abuse: An Introduction[M]. Chicago: Nelson-Hall Inc, 1989, p. 40.
② Helmer J. Drugs and Minority Oppression[M]. New York: Seabury Press, 1975, p. 13.
③ Taylor A. H. American Diplomacy and the Narcotics Traffic, 1900 – 1939: A study in International Humanitarian Reform[M]. Durham, NC: Duke University Press, 1969, p. 27.

海主持召开了"国际鸦片管制委员会"第一次会议。会议通过了几项决议案,主要内容是要求各国采取行动,禁止在本国及海外属地、殖民地吸食鸦片,禁止向进口鸦片的国家输出鸦片。[①] 但这些决议案属于协商性质,都没有约束力。会后,美国国会通过了一个法案,禁止为非医疗目的进口和使用鸦片。但此法效力非常有限,既未对州际鸦片的买卖进行管制,也未宣布国内鸦片的生产为非法[②]。1912年,由美国召集,美、德、中、英、法等12国代表于荷兰海牙再次举行国际鸦片会议。会上各国代表意见不一,许多国家坚持要继续本国鸦片的种植、加工和贸易。以正义者自居的美国要求各国立即停止鸦片生产和贸易的呼吁遭到了其他各国的回击,他们指责美国国内鸦片的泛滥和无法可依,这使美国处境非常尴尬。会议最后通过了一个《海牙国际鸦片公约》,各签字国承诺制定法律,管制除正当医用之外鸦片、吗啡和可卡因的生产、销售和使用。1913年10月18日,美国国会批准了这一公约。1913年、1914年国际社会又两次在海牙召开国际禁毒大会,呼吁各国切实履行《海牙国际鸦片公约》。这样美国作为国际禁毒运动的发起者和国际禁毒公约的签字国,面临着强大的国际压力。为了避免1912年海牙国际鸦片会议上那样的尴尬局面和授人以柄,美国不得不对其国内的毒品问题有所表示。因此,1914年《哈里森麻醉品法》的出台,也是美国对《海牙国际鸦片公约》和国际压力所做出的反应。

《哈里森麻醉品法》(本书亦称《哈里森法》)正是这种国内国际局势的产物。

第三节 从合法到非法:1914年《哈里森麻醉品法》的制定及其影响

一、《哈里森法》的制定

早在1910年,来自佛蒙特州的众议员大卫·福斯特(David Foster)就曾经提出过一个旨在禁止鸦片剂、可卡因、氯醛和大麻用于非医疗目的的综合性议案。议案要求对这些药物的买卖进行登记和上报,对违规者将严惩不贷。由于该议案被认为过于激进而遭到医疗界的强烈反对,因此几乎一提出即遭封杀。

---

① 蒋秋明,朱庆葆. 中国禁毒历程[M]. 天津:天津教育出版社,1996,pp. 191-192.
② Wisotsky S. Breaking the Impasse in the War on Drugs[M]. New York:Greehwood Press,1986,p. 353.

到1914年，情况发生了变化。在美国国内，反毒斗士们一直在努力地宣传其反毒计划。查尔斯·B.唐斯（Charles B. Towns）博士撰写了大量禁毒方面的论文。他在文章中提醒他的读者说，他们将会发现"任何旨在限制成瘾药物销售的议案都会遇到一致的和有组织的反对"。[1] 与此同时，曾与布伦特主教一起代表美国出席1909年上海国际鸦片会议的汉密尔顿·莱特博士（Dr. Hamilton Wright）继续孜孜不倦地推动制定限制性的毒品立法，并把国务卿和财政部长也拉到他的立场上。出于对禁毒主义者和传教士们的事业的支持，国务卿威廉·J.布赖恩（William J. Bryan）也出面敦促国会通过立法以履行国务院所支持的国际反毒协定的义务。

最后，来自纽约州的民主党众议员弗兰西斯·柏顿·哈里森（Francis Burton Harrison）表示支持反毒立法。哈里森在通报了自1870年到1909年间美国人使用鸦片的数量翻了三番之后，提出了一套我们现在所熟知的管制毒品供应的逻辑：美国鸦片进口和消费如此之大的增长幅度令人震惊，这种情况的直接原因在于贩毒者能够轻易地进口鸦片并将之加工成各种各样的衍生物和药剂，然后送到个人的手上。"这个国家一直存在着近乎无耻的毒品走私活动，而且已经造就了一个犯罪阶层，甚至在上层社会中间，伴有道德和经济堕落的吸毒现象已经非常普遍。我们的国家现在已经成了一个鸦片消费国了。"[2]

哈里森最初提出的议案像被封杀的福斯特议案一样遇到了同样强大的阻力。但经过禁毒倡导者们的努力斡旋，各方利益做了让步，一个新的议案就出笼了。尽管药剂师协会反对严酷的刑法，繁琐的销售记录保留手续，但他们最终还是认可了管制麻醉品的必要性，以及早先的福斯特议案中对专利药品中麻醉剂成分的禁令。制药业和医疗界在这个议案的形成过程中也起了重要作用。他们要求议案保证行医者的职责不会受到侵害，而且制药业也保住了许多治咳嗽和其他病症的药不受管制。对于专利药品制造业，只是对其药剂的麻醉品含量进行了一些限制。

哈里森议案没有受到广大群众的广泛支持，也没有受到公众的普遍反对。舆论已经认可吸毒成瘾是一个问题以及管制毒品是正当合法的观点。而且，可卡因和海洛因的使用者也没有形成对管制有组织的反对力量。但哈里森的新议案在国会通过也并不顺利，许多南部的民主党议员不想制定可能会导致联邦政

---

[1] Bertram E., Blachman M., et al. Drug War Politics: The Price of Denial[M]. California: University of California Press, 1996, p.66.

[2] Eldridge W. B., Narcotics and Law: A Critique of the American Experiment in Narcotic Drug Control[M]. New York: New York University Press, 1962, p.9.

府行使宪法本来赋予各州的治安权的立法,所以有人认为这项议案是违宪的。最后的妥协是将联邦进行毒品管制的权力建立在宪法赋予的征税权力之上。这一妥协使得《哈里森麻醉品法》得以在1914年12月17日在国会通过。一个月后即1915年1月17日威尔逊总统签署了这一法案,是年3月1日正式生效。①

《哈里森麻醉品法》条文众多,然而最重要的只有5条。其中第一条规定,任何人合法经营该法所列包括鸦片及其衍生物吗啡、海洛因和可卡因在内的各种麻醉药物,每年都要向政府注册,并交纳1美元的特种税;第二条规定,不具国内税务局发行的正式表格而经销本法所列药物的行为均属非法;第四条规定,任何人未向政府注册和交纳特种税,都不得从事所列药物的跨州贸易;第八条规定,未经注册和交纳特种税,任何人都不得拥有本法所列药物;第九条规定,凡违反此法者,将被处以2 000美元以内的罚款或5年以下的徒刑,或者二罪并处……②

从内容上看,《哈里森麻醉品法》是一项税收措施。但征税不是目的,而是一种管制国内毒品进口、经销和使用的手段。正如哈里森议员本人所言,"这项措施的首要意图并不是为了创收,而是通过征税管制毒品的生产、经营和滥用"。③该法由财政部负责执行,而财政部规定只允许医疗行业的从业人员进行注册,并要求这些人保留其配售的每剂麻醉药品的记录,以备检查。虽然《哈里森麻醉品法》的某些条文允许注册医生"在职业实践的过程中",本着"良好的信念"给病人开售麻醉品,但如何对"职业实践"和"良好信念"进行解释却完全是另一回事。

二、对《哈里森法》的解释和执行

1. 医学界的分歧

该法行文模糊,使几个主要的问题悬而未决。例如:该法管制的对象是什么人?如何实施管制?如何看待或对待吸毒者?该法最具争议性的是关于医生是否有权给吸毒成瘾者开麻醉品的条文。美国医学界对此问题的意见一直存有分歧。《哈里森法》的第八条允许注册内科医生、牙医或兽医"在职业实践的过程中",本着"良好的信念"给病人开售麻醉品。但该法没有解释什么是"职业实践"和"良好的信念"。有些医生认为,虽然从表面看来《哈里森法》控制了毒品的传

---

① Morgan H. W. Drugs in America: A Social History 1800 - 1980[M]. Syracuse, NY: Syracuse University Press, 1981, p. 107.

② Lyman M. D. Practical Drug Enforcement: Procedures and Administration, New York: Elsevier, 1989, p. 354.

③ Inciardi J. A. Handbook of Drug Control in the U. S. [M]. New York: Greenwood Press, 1990, p. 31.

播,却允许他们有权运用职业自由为病人进行治疗。因此,他们认为自己有权也有必要继续向吸毒成瘾者提供麻醉品以此作为监督这些人吸毒习惯的一种方式。但负责执行该法的财政部官员却持有不同的看法,他们将法案中的"仅在其职业实践的过程中"解释为医生不应为吸毒成瘾者提供麻醉品,以免放纵了他们的毒瘾。他们说:"因为吸毒不是疾病,吸毒者也不是病人,所以医生把鸦片剂开给吸毒者并不属于其治病救人的职业范围。"① 迄至今日,对于这一问题的争议依然存在,有些医生也同意财政部官员的解释。吸毒应被视为犯罪,还是只作为一种疾病?吸毒者是应当被当作病人来治疗,还是应该被当作罪犯来惩办?于是,一场迟至60年代也未得解决的大辩论开始了。

2. 财政部的解释

负责《哈里森法》具体执行的是美国财政部,而又是财政部人员带头将该法变成了一个禁止性的法律。财政部(起初是其下属的国内税务局,1920年后是禁酒司的麻醉品处)主要从三方面展开其禁毒执法活动,其一是通过发布条例,其二是通过法院,其三是通过国会。

《哈里森法》刚一生效,财政部官员即颁布条例并将之解释为禁止用麻醉品维持瘾君子的毒瘾。1915年5月份财政部颁布的一项条例说明,为治疗瘾君子而开的麻醉药方"应通过用药剂量或数量的不断递减表明医生合法进行职业活动的良好信念"。② 同时财政部也开始了积极的执法活动。逮捕医生和药剂师,以制止其帮着维持瘾君子毒瘾的行为,并大肆逮捕非法拥有毒品的吸毒者。

这种禁止性的策略不仅遭到了下级法院的抵制,而且还遭到联邦最高法院的反对。最高法院认为,《哈里森法》虽然赋予了政府执行税法的权力,但法案并不包含任何禁止医生维持瘾君子毒瘾的文字。最高法院还认为逮捕瘾君子毫无根据;拥有毒品既非犯罪行为也不应受到惩罚。1916年财政部和司法部将一个试验性的反对瘾君子拥有毒品的案例提交给最高法院审理,这就是"美国诉莫伊"一案。(U. S. v. Jin Fuey Moy)。匹兹堡的金·F.莫伊医生曾经给一名瘾君子开了少量的吗啡。政府认为这位医生没有本着良好的信念或出于职业的原因帮助这名吸毒者寻求治疗而只是在维持其毒瘾。这名瘾君子未经注册而购买毒品,政府因而认为他拥有吗啡属非法行为。1916年6月,最高法院以7∶2的投票结果否定了政府有权行使这样广泛的权力,并将《哈里森法》严格解释为一项

---

① Inciardi J A. Handbook of Drug Control in the U. S. [M]. New York: Greenwood Press, 1990, p. 31.

② Musto D F. The American Disease[M]. New York: Oxford University Press, 1987, p. 123.

税收措施。在最高法院看来,国会从未打算将拥有少量的受管制药物者当成罪犯。而且最高法院认为"良好信念""职业活动"之类的字眼过于含糊。①

这一判例使反对维持瘾君子毒瘾的政策无法执行。财政部只能是敦促国会将受管制药物的经营仅仅局限于合法的人,并把没有照章纳税而拥有此类药物看成是非法行为。起码这会使对非法毒品贩子起诉更容易些。但财政部并没有被动地接受最高法院对其扩大自己权力所作的种种限制,在其1916年、1917年和1918年提交给国会的年度报告中,一再强烈要求国会重新立法,以允许其执行被最高法院否决的惩罚性的禁令。在一个时期内,主张管制但不将毒品非法化的力量非常之强,足以抵制任何禁止性的立法改革。但是财政部最终得以利用日益受到反不道德行为运动影响的社会环境扭转了这种不利的局面。

在《哈里森法》颁布后的最初几年中,反不道德行为的斗士们在城市各种日报和全国性通俗杂志的支持下,力求对医生和瘾君子们进行更为严厉的惩罚并一如既往地告诫人们毒品的罪恶。群众性禁酒团体营造了一种谴责此类不道德行为的道德氛围,即认为提倡医生用毒品治疗吸毒成瘾者,就无异于提倡用酒精来治疗酒瘾。财政部还帮着将舆论的矛头指向医生以及他们染有毒瘾的患者,执法者每逮捕或指控一名医生,都是对毒品问题的一次广告,反不道德行为的斗士们和许多新闻记者便利用这样的机会把这些医生刻画成要对这个国家的毒品问题负责任的"毒品医生"。

与日俱增的反毒情绪也受到此时正在发生的国际国内事件的影响。第一次世界大战和1919—1920年间的"红色恐慌"加剧了人们对外国威胁的恐惧心理。报纸上刊登了许多传闻,说德国人为了颠覆美国政府将毒品偷运进美国陆军培训中心;还说"德国人为了引诱他国无辜公民吸毒而以牙膏和专利药品的形式对外输出毒品"。② 在美国国内,1919年禁酒令的颁布更加推动了反不道德行为运动的发展以及20年代初反毒团体的纷纷建立。如禁酒运动的一位旗手里奇蒙·P. 郝伯森(Richmond P. Hobson)于1923年成立"国际麻醉品教育联合会"、1926年成立"世界麻醉品教育会议"以及1927年成立"世界麻醉品预防协会"等。

反毒团体也得到了各地秘密会社和同仁福利社的大力协助。其中包括哥伦

---

① Morgan H W. Drugs in America: A Social History 1800 - 1980[M]. Syracuse, NY: Syracuse University Press, 1981, p. 110.

② 同注①。

布骑士会(Knights of Columbus)、友爱互助会(Moose)①、基瓦尼斯俱乐部(Kiwanis Club)②和共济会(masonic orders)等。反毒很快成了一种许多人热衷的社会活动。政府有的决策者也是这些会社的成员,如共和党众议员斯蒂芬·G.波特(Stephen G. Porter),运用其与互助会的联系来寻求对强硬的反毒措施的支持。

反不道德行为斗士们和政府麻醉毒品管制机构发起的公众运动深刻地影响了有关吸毒成瘾问题的全国舆论。随着时间的推移人们开始对吸毒成瘾充满憎恶和恐惧,"人们认为吸毒者作为一种巨大的邪恶势力,理应为社会所消灭"。③

3. 医疗管制模式的失败

从上面的分析可以看出,在《哈里森法》通过后的一段时期内,特别是在美国最高法院否定了政府禁止医生治疗瘾君子毒瘾的权力后,医疗管制模式暂时占了上风。但随着禁毒派力量的日益强大和医疗界内部问题的暴露,这种管制毒品的模式迅速衰落。该法实际上让医生和药剂师垄断了麻醉品的合法供应权。法案颁布后,虽然医疗界在应不应给瘾君子开麻醉品问题上的意见存有分歧,但是由于医疗行业垄断了麻醉品的配售权,所以医生们继续给病人开麻醉品。因为这项法律将瘾君子由可以在公开的市场上合法购买毒品的个人,一夜之间变成了需要有处方的病人,数十万遵纪守法的瘾君子突然出现在医生诊所外面。对这个国家数量相对较少的医生们来说,突然一下子要诊疗 50 多万新增"病人",简直是件不可思议的事情,当然他们也就不可能逐一治疗。有些医生在未经仔细审查或进行必要的个人护理的情况下开始给大批的瘾君子大量开售麻醉品。医生的诊所对于吸毒者来说几乎变成了一个发药站。

20 年代初,这种情况引起了美国社会各界的关注。公众对此怨声载道,报刊上批评医生的文章连篇累牍。美国禁毒机构利用这一机会向医疗管制模式发起了攻击,许多医生因此受到违反《哈里森法》的指控。随后,负责执行此法的财政部禁酒司麻醉品处执法人员逮捕并处罚了大批不法的医生和药剂师(仅 1921 年就达 1583 人之众),对于其他乱开麻醉品的医生起了震慑的作用。医生们开始担心他们为吸毒者所开的任何药方都可能会被说成是维持而非治疗毒瘾。为了避免背上"毒品医生"的恶名和由此而带来的法律后果,他们干脆不再给病人

---

① 这是 1881 年在肯塔基州成立的一个秘密组织。
② 这是 1915 年在底特律市一个由企业家、律师和医生等自由职业者成立的会社,其宗旨是振兴商业道德,同时也是一个慈善团体。
③ Bertram E, Blachman M, et al. Drug War Politics: The Price of Denial[M]. California: University of California Press, 1996, p. 71.

开售鸦片剂和可卡因等麻醉药品。

20年代初对私人医生的打击扩大为对公共的毒品诊所的打击。1918年以后美国各主要城市纷纷开办毒品诊所。这些诊所由城市或州的卫生从业人员经营,有计划地向贫穷的吸毒成瘾者发放麻醉品,以维持其正常生活。20年代至少有44家麻醉产品诊所开业。① 许多这样的诊所是应《哈里森法》所导致的对医生开售的麻醉品之需而开办的。财政部吓退了医生之后,各城市和州的官员将这些毒品诊所进一步扩大,使之成为对付街头成千上万的没有合法毒品供应渠道的吸毒者的一种方式。

这些诊所尽管不能说"治好"了多少吸毒者,但却能够缓解他们的痛苦,使他们不致沦落为黑社会犯罪分子,并使之能够过比较正常的生活。但是这些诊所也给财政部出了一道难题:它们并非在"治愈"吸毒者,而是在维持吸毒者的毒瘾。在这一点上它们比医生们的行为好不了多少,这是财政部麻醉品处所不能容忍的。1920年,麻醉品处开始了集中查封毒品诊所的运动。到1921年底,大部分这样的诊所都被查封了。

由于医生和药剂师不愿再为吸毒者开售可卡因和鸦片剂以及毒品诊所的关闭,那些戒不掉毒瘾的吸毒者出于无奈不得不遁入黑社会,求助于黑市的毒品贩子。黑市毒品价格的暴涨,这些吸毒者有时不得不靠干些偷盗抢劫之类的犯罪勾当来维持自己的毒瘾。鉴于此,财政部便可顺理成章地将吸毒成瘾说成是一个执法问题,而不是医疗问题。这样毒品的供应权便由医生和药剂师手中转到了毒品贩子手中,一度居于统治地位的通过医药行业垄断麻醉药品的配售权的医疗管制模式逐渐为法律禁止的模式所代替。

4. 法律禁止模式的确立

美国财政部在将《哈里森法》解释成禁毒令的过程中,一直缺乏法律依据。最高法院拒绝认可财政部的解释,国会也不愿对该法进行重新修订。财政部于是不断提出案例,通过最高法院对毒品案例判词的改变,逐步使通过法律手段禁止吸毒售毒的模式得到确立。

1919年,在"韦伯诉美国案"(Webb v. United States)中,这一策略初见成效。韦伯医生因不加区别地以每张50美分的价格出售了数千张麻醉品处方而被逮捕。而此案最后落实在合法行医是否也包括像韦伯医生这样的,为非医疗目的向吸毒者提供吗啡以维持其毒瘾的问题上。最高法院判定,医生为了维持

---

① U. S. Department of Justice. Drug Enforcement Administration, A Chronicle of Federal Drug Law Enforcement[Z]. Washington, DC: 1977, p. 18.

吸毒者的毒瘾而为其开的麻醉品处方歪曲了处方的原意,因而违反了《哈里森法》。[①] 财政部对这一判决立即作出反应,告知其工作人员,最高法院开始支持对为满足吸毒者的毒品需求而向其提供毒品的医生进行起诉了。1922年,最高法院又颁布了一个支持财政部立场的裁决。在"美国诉伯尔曼"(United States v. Behrman)一案中,最高法院又向前迈进一步,宣布《哈里森法》只允许"一个注册医生在其职业实践的过程中配售这类药品"。由于伯尔曼医生的患者"并非因任何成瘾以外的疾病而需要使用吗啡、海洛因或可卡因",因此伯尔曼为其提供这些麻醉品就不属于"仅在职业实践过程中"的合法行为。[②] 最高法院规定为这样的吸毒者开立麻醉品处方即构成犯罪。这样,若非吸毒者患有需要用麻醉品来治疗的其他疾病,任何医生给他们开售麻醉品都会惹祸上身。

到1922年时,最高法院的判决实际上已经将《哈里森法》变成了一个禁毒法,而且由法律先例和反毒机构支撑的惩治吸毒的模式开始占上风。到20年代中期,倾向这种禁毒模式的社会和政治思潮已经深入人心,最高法院立场的改变也未能对财政部的执法活动或政策产生丝毫影响。1925年在"琳达诉美国"(Linder v. United States)一案中,美国最高法院提出1922年的伯尔曼一案的判词不应被理解成"……按照公正的医疗标准行事的医生永远不能为了缓解随毒瘾而产生的并发症状而给吸毒者开售少量自服的麻醉药品。执行一项税法也并不需要如此严厉的条例。如果该法适用的范围太广,那么它的实施势必要面临巨大的宪法障碍"。[③] 此时,联邦最高法院采取的立场是认为吸毒成瘾是一种疾病,缓解"随毒瘾而产生的症状"是完全正当的医疗行为,因而医生的行为并未构成违反《哈里森法》的行为。但这一判决几乎没有产生什么真正的影响。这是因为,医生们对以前的逮捕和判刑还心有余悸,所以即使法院规定可以为吸毒者进行治疗,他们也不愿再冒那种风险了。

三、评价及影响

《哈里森法》是美国第一个全国性的反毒法案。它在美国开创了通过立法的手段进行毒品管制之先河。它的制定与执行对此后美国毒品问题和毒品政策的发展产生了深刻的影响。但自该法颁布之日起,美国社会对其的评价就毁誉不一。

---

① Abadinsky H. Drug Abuse: An Introduction[M]. Chicago: Nelson-Hall Inc,1989, p. 45.
② Bertram E, Blachman M, et al. Drug War Politics: The Price of Denial[M]. California: University of California Press,1996, p. 75.
③ Linder v. United States, 268 U. S. 5 (1925).

批评《哈里森法》的人认为,它的制定引起的问题比它解决的问题可能还要多。他们说《哈里森法》将一个卫生问题变成了一个法制问题;将吸毒成瘾者由病人变成了犯人,将他们从合法社会逼入黑社会。还说该法改变了吸毒人员的构成,把典型的瘾君子由来自小城镇或乡下的中产阶级的白人中年妇女,变成了为享乐才吸食海洛因,并经常为了弄钱干些犯罪勾当的城市下层社会的少数族裔青年男子。而且,《哈里森法》的制定还滋生了一种颇具凝聚力以吸毒者为基础的毒品亚文化,这也为新的吸毒者的不断加入创造了条件。他们说,《哈里森法》的后果是灾难性的,因为该法堵塞了毒品正常的流通渠道,使毒品黑市扩大,毒品价格暴涨,毒品的走私猖獗,由此带动了犯罪、家庭、种族、失业等一系列的社会问题。他们说,很难否认,"自从通过《哈里森法》以来,鸦片剂已经变成了一个远比此前严重的社会问题"。[①]

毋庸讳言,这些批评中有许多是非常中肯的,但将现代美国的所有社会问题都一概归咎于《哈里森法》及这种立法惩治的禁毒模式未免有失公允和过于笼统化和简单化。譬如,著名的美国毒品立法编年史学家鲁弗斯·金(Rufus King)曾经说过:"吸毒的病人一出,吸毒的犯人即入。"[②]但特拉华州立大学教授和毒品问题专家詹姆斯·英赛亚迪(James Inciardi)对这一问题却有不同的看法。他认为,毫无疑问,在20世纪之初,大多数吸毒者都是合法社会的成员,但事实上,这时绝大多数的吸毒者是通过其家庭医生、药剂师或杂货商才沾染上毒瘾的。换言之,这些人成瘾是在医生治病的过程中引发的。而早在《哈里森法》通过以前,就有迹象表明这样的吸毒人口已经开始减少。[③] 这种情况的发生可以从三方面得到解释,其一,早在《哈里森法》颁布之前,医疗团体和宗教团体就已经在反对滥用麻醉品了,他们将无节制地使用麻醉品解释为一种道德疾患。对于许多吸毒者来说,仅凭社会加诸其上的污名和压力就足以让他们改变自己的吸毒习惯了。其二,1906年《洁净食品和药物法》通过后,专利药品业的衰落也被认为是吸用鸦片剂和可卡因人数大幅减少的一个重要原因。其三,到1912年时,美国大部分州政府都对麻醉品的经销实行了立法管制。因此,有理由相信在《哈里森法》成为美国最高法院的解释主题若干年前,美国的吸毒人口已经开始下降。有些观察家还注意到虽然此时医疗过程产生的吸毒者仍旧十分可

---

① Goode E. Drugs in American Society [M]. 3rd ed. New York: McGraw-Hill Publishing Company, 1989, p. 265.
② King R. The American System: Legal Sanctions to Re-Press Drug Abuse[M]. //Inciardi J A, Chambers C D. Drugs and the Criminal Justice System. Beverley Hills: Sage, 1974, p. 22.
③ Burnham J C. Bad Habits: Drinking, Smoking, Taking Drugs, Gambling, Sexual Misbehavior and Swearing in American History[M]. New York: New York University Press, 1994, p. 117.

观,但一种新的吸毒者已经出现了。这些人来自黑社会,主要成分是那些由于跟其他的犯罪分子交往而吸上毒的海洛因和可卡因使用者。这样看来,吸毒者、犯罪分子的出现并不单纯是毒品犯罪化过程,即《哈里森法》把使用麻醉品当作犯罪所造成的结果,因为许多这样的吸毒者在此之前就已经是黑社会的一员了。

《哈里森法》的颁布对美国社会的毒品问题产生了重大影响。首先,它使麻醉品由合法药物变成了非法毒品。它堵住了许多毒品流通渠道,通过让麻醉品经销者注册、纳税和保留记录等手段,改变了以往那种毒品可以随便买卖的局面,在一定程度上遏制了毒品在社会上的进一步泛滥,使吸毒人数在短期内有明显的减少。1924 年,美国公共卫生署的劳伦斯·考伯博士(Dr. Lawrence Kolb)和 A.G. 杜·梅兹博士(Dr. A. G. Du Mez)在仔细研究了所有找得到的关于吸毒的调查资料之后,估计 1922 年底美国大概有 11 万吸毒者。这说明自《哈里森法》制定以来,美国吸毒人数减少的幅度相当可观。① 其次,《哈里森法》改变了美国社会的吸毒方式。毒品非法化以后,海洛因的重要性与日俱增。在此法颁布以前,吸毒者最常使用的毒品是鸦片、吗啡和可卡因,海洛因是作为治疗吗啡的成瘾性而出现的,后来人们才发现它的成瘾性比吗啡更强。加之它具有密度大、易于掺假和走私等特点,所以毒品非法化以后它很快就受到了吸毒者和贩毒者们的青睐,其价格也随之暴涨。随着海洛因的大行其道,静脉注射毒品的方式也更受欢迎。因为通过针头注射不仅避免了长期鼻吸会烧坏鼻腔膈膜的危险,而且还能使吸毒者用最少的量获得最大的快感。由于贩毒风险的提高,海洛因的纯度大幅下降,这更使吸毒者对注射这种方式趋之若鹜。

再次,《哈里森法》也产生了某些始料不及的后果。其中之一便是一个规模更大的毒品黑市的出现。由于《哈里森法》及其后的补充法令②堵塞了许多正常的毒品流通渠道,吸毒者不得不越来越多地转而求诸毒品黑市以维持其毒瘾。按照市场的供求法则,有需求就有供应。既然毒品有市场,毒品贸易有利可图,那么,纵然国家法令明文规定非法进口和经销毒品要被罚款、被判刑,但总有人会为了那巨额的回报而不惜以身试法。而且,国家的法令越严,贩毒售毒的风险越大,毒品的价格也就越高,毒品贸易的利润也就越大。另一方面,随着毒品价格的暴涨(据说海洛因的价格在《哈里森法》制定后比制定前上涨幅

---

① Kolb L, Du Mez A G. The Prevalence and Trend of Drug Addiction in the United States and Factors Influencing It 1924[J]. Public Health Reports, 2006 (121), pp. 1179 - 1204.
② 如 1923 年通过的《麻醉药品进出口法》(又称《琼斯—米勒法》)规定,任何人涉嫌非法进口麻醉产品的活动,都会被判高达 5 000 美元的罚金和长达 10 年的徒刑。

度高达 90%①),通过合法渠道弄不到廉价毒品的吸毒者为了弄到足够的钱购买毒品,不得不靠偷盗、抢劫、卖淫、贩毒来维持自己的毒瘾。加之,贩毒集团为了争抢地盘,经常火拼、杀人,这都带动了美国犯罪率的上升。久而久之,吸毒—贩毒—犯罪便形成了一个很难打破的恶性循环。毒品交易成了经久不衰、禁而不绝的地下经济。此外,由于法律的威慑,毒品贩子和吸毒者都愿意去他们认为最安全的地方进行交易。他们转向城市犯罪活动集中的地区或是贫民窟、犹太人聚居区、唐人街以及拉美裔聚居地这些非法活动更为隐蔽或执法较为松弛的地区,于是便形成了美国城市所特有的犯罪现象。

作为第一个全国性的毒品立法《哈里森法》也奠定了美国毒品政策的基础,为此后联邦和各州的毒品管制提供了一种可以遵循的模式。这是因为《哈里森法》及其补充法令的出台为接下来的美国毒品政策的发展营造了一种法制环境,特别是侧重于执法的毒品政策的制度化使得治疗和康复的方法相形见绌。到 20 世纪 20 年代末,惩治模式在美国已经基本确立,合法渠道的毒品大部分已被清除,作为今天毒品贩子和大毒枭前身的零星小贩和走私商成了政府政策的打击目标。一方面,此法案主要强调的是对麻醉品的进口和经销,即毒品供应活动的管制,这就奠定了 20 世纪美国以减少毒品供应为主的禁毒战略的基础。虽然这种战略几十年的成效甚微,正如我们现在所知道的,美国禁毒史基本上就是一部以打击毒品供应为主的历史,曾有几届政府(如肯尼迪、卡特和克林顿)试图改变这种战略,转而重视减少国内毒品的需求,并在青少年的吸毒教育和预防方面多下点功夫,但都未成功。应该说,对毒品的供应加强管制是完全必要的,而且短期效果也很明显,但从长远的角度看,这种战略的作用是有限的。一味地去"堵"终究不是长久之计,还必须辅之以对国内毒品需求市场大力的疏导。双管齐下甚至多管齐下才有可能最后战胜毒品这个恶魔。另一方面,因为宪法将维持治安的权力赋予了各州和地方政府,所以该法的宪法基础不是治安权。由于在制定《哈里森法》时,南部各州不愿让联邦政府过多地干预各州所保留的权力,如治安权,因此,《哈里森法》最后是以税法的形式出现的,它从根本上说是一个税收法案,它的执行也一直由财政部负责执行。通过税收来管制毒品经销的方法一直沿用了几十年,直到 1968 年约翰逊总统将财政部负责执行毒品法律的联邦麻醉品局②由财政部转入司法部,与卫生、教育和福利部的"药物滥用管理局"

---

① Bailey P. The Heroin Habit[N]. // Morgan H W. Yesterday's Addicts: American Society and Drug Abuse 1865－1920. Norman: University of Oklahoma Press,1974,p.171.

② 即 Federal Bureau of Narcotics,成立于 1930 年。

(BDAC)组成一个新的机构"麻醉及危险药品局"(BNDD),毒品执法才成为司法部工作的一个重要组成部分。在这一时期内制定的很多毒品立法,如1922年的《麻醉品进出口法》、1937年的《大麻税法》(*Marijuana Tax Act*)等几乎都是以《哈里森法》为蓝本的。

《哈里森法》也成为州政府管制毒品的一个样板。到1931年时,美国所有的州都通过了本州的限制可卡因销售的法令。除了两个州以外,各州还都制定了类似的限制鸦片剂的法律。在《哈里森法》制定以前已有惩治毒品法律的州在该法颁布后又加强了惩罚的力度。然而,州一级的毒品执法活动毕竟是有限的,在这一时期,联邦毒品管制部门逮捕的人数超过了州一级毒品执法部门逮捕人数的总和。[①]

《哈里森法》是一个具有里程碑意义的法案。它是美国联邦政府禁毒运动的开端,它的制定和执行对20世纪美国的毒品问题和毒品政策的发展起到了重大作用。直到今天,这种立法惩治的政策仍然是美国整个禁毒战略中一个非常重要的方面。但我们又不得不承认,由于毒品问题的形成和发展的长期性和复杂性,要解决它并非一朝一夕之事,也并不是仅仅靠制定一两个法案就能奏效的。法律的健全和完善需要一个过程。因此,对《哈里森法》我们也不能求全责备,毕竟它是美国联邦政府第一个毒品管制法,它至少向世人传达了这样一个信息:美国不会容忍毒品的泛滥和肆虐。

---

① Meier K J. The Politics of Sin[M]. New York: M. E. Sharpe, Inc., 1994, p. 31.

第二章 立法管制的巩固和加强
（1930—1962）

《哈里森法》不仅将吸毒成瘾变成了一个全国性的问题，而且还把对这一问题的处理变成了一个主要的政策问题。在执行和解释这种政策的斗争中，美国初步确立了以罚款和判刑为主要特征的打击毒品供应的禁毒模式。到1930年时，惩治模式已经勾勒出一种新的毒品政策日程的总体轮廓：政府应该如何管制毒品走私犯，街头小贩和吸毒者。

为了进一步巩固和加强惩治模式，美国政府不断扩大毒品管制机构以使反毒制度化，而且，经过另一场关于大麻问题的政治斗争，使得吸毒与犯罪之间的关系在公众的头脑中生了根。在这场政治斗争中起主导作用的是政府的官僚以及新一代反毒斗士，其中美国联邦麻醉品局首任局长哈里·J. 安斯灵格（Harry J. Anslinger）即是一个旗手式的人物。这个人在局长任上干了长达32年，对美国毒品政策的形成和发展产生了重大影响，说他在美国毒品政策史上主宰了一个时代并不为过。

第一节 安斯灵格与联邦麻醉品局

一、安斯灵格其人

20世纪30年代，美国联邦毒品管制机构发展迅速。随着1919年美国《禁酒令》的颁布，财政部禁酒司下设了一个麻醉品处（the Nartotics Division）取代此前的国内税务局（IRS），负责《哈里森法》各项条款的执行。而当非法毒品贸易变得有利可图后，贿赂执法人员的事情也就随之发生。1930年，纽约市一个大陪审团证实联邦缉毒警察屡次伪造逮捕记录，而且贪污腐败成风。从1920年1月到1929年2月间共有752名联邦缉毒警察因"串通、渎职、提交假报表、作伪证、贪污和其他非法行为"而遭解雇，这些人占联邦缉毒警察总数的28%。① 时任美国麻醉品处处长的列维·G.纳特(Levi G. Nutt)也卷入了性质同等严重的非法活动。纳特因其儿子和女婿双双与当时臭名昭著的大赌徒、大诈骗犯和大毒枭阿诺德·罗丝斯坦(Arnold Rothstein)共同经营赚钱的买卖一事被曝光而身败名裂。②

这一丑闻为联邦毒品管制机构的重组提供了契机。1930年7月,麻醉品处脱离禁酒司组成了一个新的独立机构——联邦麻醉品局(Federal Bureau of Narcotics)。这次本来可以稳坐该局首任局长宝座的纳特,因受儿子和女婿的牵连而痛失良机。取而代之的是曾经做过禁酒司高官和职业外交官的哈里·J.安斯灵格。这个人在联邦麻醉品局局长任上一干就是32年,直到1962年才卸任。安斯灵格比其他任何人对联邦毒品政策的影响都要大。

安斯灵格1892年出生于宾夕法尼亚州的阿尔图纳(Altoona)。他年轻时曾经在当地当过短期的铁路警察。1917年他供职于美国作战部的军械处,随后作为国务院的一名官员去了荷兰。"一战"结束后,他便留在那里的美国领事馆工作。也曾在美国驻德国汉堡的领事馆供过职。后来他又前往委内瑞拉和巴哈马群岛等地干过类似的差事。在这些国家,他在反对向美国非法走私酒精方面曾得到所在国当局的配合。再后来他又进了美国财政部禁酒司的国外管制处。1930年7月,赫伯特·胡佛总统任命他为联邦麻醉品局首任局长。

安斯灵格在其担任联邦麻醉品局局长的漫长任期内,一直是个充满争议的人物。他的支持者把他当成是一个坚决反对危及国家存亡的毒品走私活动的英雄。他对于不断加大毒品执法力度的坚定信念,以及对那些在他看来心慈面软的理论家和人道主义者毫不妥协的反击使他赢得了追随者们的拥护。而批评安斯灵格的人则将他视为吸毒者们的迫害者、文明医疗和精神改造的死敌以及暴政王国的缔造者。③

安斯灵格在成为麻醉品局局长之前的背景和经历为我们提供了其禁毒方案的两条线索。第一,安斯灵格支持加强针对消费者的毒品立法。早在1928年他还在禁酒司工作时就参加了一场关于如何进行禁酒工作的大辩论。安斯灵格主张通过签署国际协定减少酒精饮料的走私,并将酗酒视为犯罪。这样饮酒者和

---

① McWilliams J C. The Protectors: Harry J. Anslinger and the Federal Bureau of Narcotics, 1930–1960[M]. Newark: University of Delaware Press, 1990, p. 34.
② Walker Ⅲ. W. Drug Contro in the Americas[M]. Albuqueque: University of New Mexico Press, 1979, p. 68.
③ Morgan H W. Drugs in America: A Social History 1800–1980[M]. Syracuse, NY: Syracuse University Press, 1981, p. 119.

贩酒者便都能受到法办。① 尽管后来酗酒没有成为犯罪行为,但吸毒却成了犯罪;第二,安斯灵格作为一个曾经负责限制酒精走私的职业外交官,对于外交政策的兴趣也预示出他力图为美国夺回国际反毒运动领导地位的雄心壮志。② 在这一问题上,到1931年时安斯灵格无疑取得了一些成就。是年在美国的倡议下召开的日内瓦会议上,与会各国在管制毒品的合法流动方面达成了协议。

安斯灵格很快便成了禁毒领域的埃德加·胡佛(1895—1972),③成了美国的第一个"禁毒大王"(drug czar)。他认为毒品执法最重要的任务是控制毒品供应,特别是来自境外的毒品供应。虽然他的财政预算和执法人员很少,但是他对地方治安执法工作也很负责任,他急需保住并扩大他管辖的地盘,并尽力避免在联邦机构重组的过程中麻醉品局与财政部的其他执法机构合并情况的发生。

二十世纪三四十年代,为了保护和扩大其权力机构,安斯灵格发动了一场大规模的反毒宣传攻势。他为专业杂志撰写了数十篇文章,积极宣传麻醉品管制的势在必行,并且把某些少数族裔、外国和意识形态团体与美国的吸毒成瘾问题联系在一起。他还鼓励愿意写这类书籍和文章的其他作者,为他们提供必要的资料;并把由此而产生的禁毒言论作为其国会听证会上的证词。安斯灵格精明过人,精力充沛。他为了实现其禁毒计划而组建了一支专业的执法队伍。他对工作认真、体察入微。唯有如此他才得以写就了一大批为麻醉品局辩护的文章,借此平息社会上对他及其机构的批评。他培植赞成其禁毒观点的大众媒体,并有效利用主张禁毒的市民团体的力量。他与美国国会、联邦行政机构和地方执法人员都保持着密切的联系。在许多国际反毒品走私的会议上,他是美国政府公认的代言人。在其任职的32年间,安斯灵格对毒品领域的事态发展了如指掌,他有效地利用了舆论的力量激发起全国人民的反毒情绪。

二、政策性管制与30年代的大麻立法

30年代的联邦麻醉品局面临着非常不利的政治环境。由于其前身早年曝出的种种丑闻,人们对联邦麻醉品局的批评非常普遍;1933年民主党人富兰克林·罗斯福入主白宫后即撤销了禁酒令,无形中这也给共和党总统任命的联邦麻醉品局局长造成了一种敌对的环境。此外,时值美国"大萧条"时期,由于经费重新调拨

---

① Musto D F. The American Disease[M]. New York: Oxford University Press, 1987, p.211.
② 美国是国际反毒运动的主要发起者。它发起召开了1909年上海国际鸦片会议,1912—1913年海牙国际鸦片会议等国际禁毒会议。在1925年在日内瓦举行的国际禁毒会议上,美国代表因会议未能对毒品供应国施加更大的压力而提前离去,从此退出国际反毒运动,直到1931年才重新加入。
③ Edgar Hoover,美国犯罪学家,1924—1972年任联邦调查局局长。

给了更为重要的项目,致使联邦麻醉品局的预算大大减少。该局的预算从1932年的170万美元降至1934年的100万美元。[①] 在这种情势之下,向各州倡导制定针对吸用大麻的立法为联邦麻醉局提供了某些机遇。通过参与起草和通过这样的法律,麻醉品局仍可保持其在毒品政策方面的领导地位,同时无需负担执行这些法律的责任,因为执法仍然是一项州政府的职能。由于没有充足的活动经费,联邦麻醉品局理智地采取了政策性管制,而将具体实施交由各州负责的策略。

为此,自30年代开始,安斯灵格力图说服各州在毒品管制方面承担更多的责任。到1931年,绝大多数州都通过了限制鸦片剂销售的法律,其中有35个州规定拥有鸦片为非法;各州还都通过了管制可卡因销售的法律,其中36个州规定拥有可卡因非法;还有8个州规定拥有皮下注射器为非法。[②] 但这些法律内容缺乏统一,执行不力。为了增强效果,安斯灵格倡导对各州麻醉品法进行统一。1932年,在"统一各州法律全国地方长官会议"(the National Conference of Commissioners on Uniform State Laws)上,他提出了一项制定《统一麻醉品法案》(*The Uniform Narcotic Act*)的建议。这一提议为几乎所有的州所采纳,及至1937年,已有35个州通过了《统一麻醉品法案》。[③]

同时,安灵斯格还与美国一些激进的改革团体维持并发展了密切的工作关系,并到禁酒组织、教会团体、妇女俱乐部以及家长教师联谊会发表演说。结果,政府内外掀起了一片要求惩治贩卖和吸用鸦片剂和可卡因行为的呼声。在这种反对毒品的社会背景下出现了一场围绕另一种毒品——大麻的政治斗争。

1. 1937年《大麻税法》

《哈里森法》的起草人当初本来也想把大麻包括在内,但发现支持者甚少,特别是来自制药业的阻力非常之大,结果该法不得不将其排除在外。可是到了20年代中期,随着墨西哥移民的骤然增多,在美国南部和西部,人们对大麻的恐惧心理也日益加重。

种族主义者和本土主义者对墨西哥移民的不信任主要集中于某些墨西哥人吸食大麻这一问题上。很快,当地的居民便将产生犯罪的根源归咎于大麻这种毒品。30年代的"大萧条"也使墨西哥人成了不受欢迎的剩余劳动力,这使墨西哥人与犯罪和大麻之间的等式在美国人的头脑中更加根深蒂固。譬如,新奥尔

---

① Himmelstein J L. The Strange Career of Marijuana: Politics and Ideology of Drug Control in America[M]. Westport, CT: Greenwood Press, 1983, p. 57.
② Morgan H W. Drugs in America: A Social History 1800-1980[M]. Syracuse, NY: Syracuse University Press, 1981, p. 122.
③ Abadinsky H. Drug Abuse: An Introduction[M]. Chicago: Nelson-Hall Inc, 1989, p. 49.

良市进行的官方调查将本地区的大部分犯罪都归咎于大麻,这很快便引起了全国性的立法团体和各种媒体的注意。许多文章指控大麻是一种性兴奋剂,说它解除了文明的约束并把吸大麻者"变成最爱滋是生非的人"。① 包括地方警察、公民团体、各州州长以及赫斯特报系②在内的社会各界向华盛顿方面频频施压,纷纷要求政府对大麻采取措施。

安斯灵格面对 30 年代初的预算紧缩,起初对让联邦麻醉品局领导打击大麻的斗争并不热衷。虽然他也反对吸用大麻,但认为这种药物的危险没法与海洛因等相比,因而也很难控制。他还认为那些关于大麻的惊人的报道有点言过其实。然而到了 1933 年,公众对大麻的关切不断高涨,使联邦麻醉品局相信大麻"在许多州已经被人们广为滥用,并呈上升势头"。于是他开始向各州官员施压,要他们加强现有的地方法律及执行力度,并推动新的州法的制定。安斯灵格在其 1935 年的报告中声称,联邦政府这方面立法的阙如,意味着各州和各市必须"采取紧急措施以铲除这种毒草",并号召"所有热心公益事业的公民积极投身到这场由财政部发起的加强大麻管制的运动中来"。③

1935 年联邦麻醉品局采取统一行动,希望通过宣传大麻的威胁来影响舆论。安斯灵格利用麻醉品局档案里有关大麻危害的资料和统计数字,让立法者们了解大麻所带来的危险。他把大麻说成是一种人吸用后能够很容易上瘾并能导致精神错乱和暴力犯罪的药物。联邦麻醉品局称,"墨西哥人、西班牙人、拉美人、希腊人或黑人居住区 50% 的暴力犯罪可以追根溯源到吸用大麻这一恶习"。④ 安斯灵格把大麻说成是产生犯罪的一个主要原因。在一份对 1937 至 1939 年的有关大麻的文献的分析材料中,人们共发现 17 篇这方面的文章。其中有 10 篇还得益于联邦麻醉品局在提供论据和数字方面的大力协助。⑤ 在另一份传播更为广泛的分析材料中,有人证实在 1935 至 1940 年间发表的 22 篇有关大麻的文章中有 16 篇受到了联邦麻醉品局观点的影响。⑥

---

① Helmer J. Drugs and Minority Oppression[M]. New York: Seabury Press, 1975, p.75.
② 赫斯特报系(Hearst Newspaper Chain)为美国报业巨头威廉·兰道夫·赫斯特(William Randolph Hearst, 1863—1951)所创,曾拥有 25 种日报、11 种周刊和多种杂志,以轰动性新闻、醒目的版面和价格竞争取胜。其报道曾详尽描述大麻控制吸毒者的方式。
③ Brecher E M. Licit and Illicit Drugs[M],Boston: Little Brown, 1972, p.413.
④ Bonnie R J, Whitebread II C. The Marijuana Conviction: A History of Marijuana in the United States[M]. Charlottesville: The University of Virginia Press, 1974, p.100.
⑤ Becker G S. Outsiders: Studies in the Sociology of Deviance[M]. New York: The Free Press, 1963, p.142.
⑥ Himmelstein J L. The Strange Career of Marijuana: Politics and Ideology of Drug Control in America[M]. Westport, CT: Greenwood Press, 1983, p.69.

安斯灵格局长的宣传攻势取得了巨大成功。及至1936年,美国全部48个州均已通过了有关大麻的销售和持有的立法。而且,除两州外,其余各州都通过了《各州麻醉药品统一法案》。这样,联邦麻醉品局就基本实现了其对于大麻的政策性管制而无需承担具体的执法责任。安斯灵格对大麻危害的宣传非常有效,不仅使人们意识到了各州制定大麻立法的必要性,而且还痛感联邦政府也有必要制定这方面的法律。

鉴于"大萧条"年代反毒预算的减少,联邦麻醉品局和安斯灵格都反对制定关于大麻的联邦立法,不愿为此而使自己承担额外的责任。直到1937年1月,安斯灵格还在说"大麻是一个各州的内部问题,各州有足够的能力解决之"。[①]但是一旦联邦政府的其他部门特别是国会和财政部为了应付公众的强大压力要有所举措时,安斯灵格便一改原先的反对立场,转而支持联邦政府对大麻进行立法管制。

在财政部的大力倡议下,1937年4月4日由来自北卡罗来纳州的众议员罗伯特·道顿(Robert Doughton)提出了旨在通过征税禁止大麻的非法生产、进口和经销的众议院6385号议案(H. R. 6385)。5月4日,该议案在众议院筹款委员会经过5天的听证后顺利通过。一个星期以后,即5月11日,这项大麻税法提案经修改后重新编号为众议院6906号议案(H. R. 6906)并提交全院委员会(the Committee of the Whole House)。一个月后即提交众议院全院辩论并顺利通过。该议案在参议院也几乎没有经过什么辩论就获通过。是年8月,富兰克林·罗斯福总统签署了这项《大麻税法》(*Marijuana Tax Act of 1937*)。该法于10月1日正式生效。[②]

《大麻税法》是以1914年《哈里森麻醉品法》为原型的。它规定对进口商、批发商、零售商和任何经营大麻的个人征收特种税。对注过册的人(如医生)售出的大麻每盎司征税1美元;对未向政府注册者每盎司大麻征税100美元。违反此规定者将被处以高达2 000美元的罚款或判处5年的监禁,或二罪并处。[③] 这样一来,大麻作为一种比较温和的麻醉品[④]被置于对鸦片和古柯产品同样严厉的管制之下了。

---

① Sloman L. Reefer Madness: The History of Marijuana in America[M]. Indianapolis: Bobbs-Merril Company, 1979, p. 80.
② Inciardi J A. Handbook of Drug Control in the U. S.[M]. New York: Greenwood Press, 1990, p. 38.
③ Brecher E M. Licit and Illicit Drugs[M]. Boston: Little Brown, 1972, p. 69.
④ 1922年国会将之界定为麻醉品。

2. 1937年以后的大麻管制

联邦麻醉品局在1937年后的策略是维持其对毒品的政策性控制。这一战略共分三个方面：其一是降低公众运动的声势，其二是垄断有关大麻的信息渠道，其三便是确保《大麻税法》的执行。这三个方面中的任何一项都有助于为联邦麻醉品局提供一个生存和发展的环境。

继续宣传大麻的罪恶会给公众造成一种联邦麻醉品局未能消除这一问题的印象。因此在1937年后，该机构尽量避免使用争取大麻立法时用过的威吓策略。他们特别关切的是一种"大麻辩护"现象，即刑事被告往往借口自己犯罪是由吸用大麻引起精神失常所致，故此请求法庭作无罪处理。[1] 针对这种情况，联邦麻醉品局不得不尽力淡化大麻问题的重要性。1937—1940年联邦麻醉品局的年度报告不再夸大大麻的威胁，而是向外界宣称大麻作为一个严重问题已经得到了有效的控制。尽管联邦麻醉品局降低了大麻威胁的重要性，但它仍继续将大麻说成是有危险的，反对任何相反的观点。这一策略的最好例证是其对拉瓜迪亚委员会（the LaGuardia Commision）的反应。纽约市长费奥莱罗·拉瓜迪亚（Fiorello LaGuardia）让纽约医药学会（New York Academy of Medicine）对大麻的使用进行一项社会学和科学的研究。有关这项研究的一篇文章发表在1942年的《美国精神病杂志》上。这篇文章以及1945年该医学会发布的最后研究报告对大麻成瘾及其导致暴力的观点提出了挑战。安斯灵格于是便指责1942年的那篇文章漏洞百出，而且不科学。当1945年拉瓜迪亚委员会的最后报告颁布后，曾经支持过该委员会1942年早期发现的《美国医学会学报》（JAMA）的编辑们却改变了对委员会工作支持的立场。该刊的一篇编者按批评这项研究不科学。虽然这篇编者按对委员会的研究及其发现的评论有很多不实之处，但是它确实起到了压制这项研究的作用。1941年安斯灵格还得以说服《美国药典》修改委员会主席厄内斯特·富勒顿·库克博士（Dr. Ernest Fullerton Cook）将大麻从《药典》中删掉。这种做法不仅使大麻的医疗作用寿终正寝，而且还终止了对大麻进行的医学研究。

最后，联邦麻醉品局得以按照有利于自己的方式执行《大麻税法》。虽然表面上该法案既没有禁止商业上大麻的使用，也没有禁止私人使用大麻，只不过是开始对大麻贩运和销售征税。但对于不是医生的人来说，这种惩罚性征税的意图显然是为了禁绝大麻的使用。此后，联邦麻醉品局按照《哈里森法》的各项条

---

[1] Sloman L. Reefer Madness: The History of Marijuana in America[M]. Indianapolis: Bobbs-Merril Company, 1979, p. 111.

款的精神发布该法的执行条例。医生开售大麻需要依从的条例极为复杂,需要大量的文件证明并接受执法官员的监督。因此,这些条例大大限制了大麻的使用。

第二节 "二战"时期的毒品问题和毒品政策

到30年代末,联邦麻醉品局已将毒品问题牢牢地掌握在自己手中。美国此时的毒品执法网既包括地方当局也包括联邦当局,毒品的国际贩运也进入低谷并趋于稳定。毒品问题的重要性大为降低。年复一年出现在官方报告和报纸报道中的是一些相同的名字和走私活动类型。一切似乎表明,杜绝毒品供应和不再增加新的吸毒者已不再是什么遥不可及的事了。

1939年第二次世界大战的爆发,进一步激发了美国最终解决吸毒问题的希望。日本对中国的入侵中断了中国对美国的毒品供应;德国潜艇和军舰切断海上运输线也使从土耳其到马赛再到美国的海洛因供应量大幅度减少;[①] 1941年美国参战以后,"为防范外国间谍渗透和破坏海军设施而采取的安全措施,事实上已经使向美国走私毒品变得不可能了"。[②] 此时似乎更有可能以战争的名义停止国际毒品走私并控制国内的毒品经销。美国财政部囤积了足够的麻醉剂以满足战时之需(这其中也包括维持注册过的瘾君子的毒瘾所需的毒品),并加紧了对制药公司的监督。

这期间,美国国内的毒品管制执法比以前更为严厉,因为这时制造和使用非法毒品既属违法,又属不爱国的行为。波士顿"美国检察官办公室"的一位发言人道出了美国官方典型的想法,他认为毒品问题"首先是……一个执法问题,这一问题演变成了一个通过管制非法麻醉品贩运来管制麻醉品成瘾的问题。医疗只不过是执法的一种附带或补充而已"。按照这种观点,只有预防才会解决毒品问题,并且那些一再重复吸毒的瘾君子所面对的必须是一个没有毒品的世界。"当毒品非常容易得到时,复吸的现象便会经常发生。"[③]

[①] 土耳其是鸦片的主要产地,历史上曾有一段时期法国的贩毒集团大量从土耳其贩运鸦片到法国马赛,经过提炼加工成海洛因后,再大量销往美国东海岸的大城市,这就是著名的"法国关系网"(The French Connection)。

[②] McCoy A W. The Politics of Heroine in Southeast Asia[M]. New York: Harper and Row, 1972, p. 15.

[③] Morgan H W. Drugs in America: A Social History 1800 – 1980[M]. Syracuse, NY: Syracuse University Press, 1981, p. 144.

整个战争期间,联邦及各州警察都在严密监视毒品的走私活动,并密切注意可能会出现麻烦的新的场所,譬如兵工厂和军事基地周围的人口密集的小镇。那种地方的流动人口手里有钱,也需要娱乐或者毒品方面的消遣。在这种场合鸦片剂不太常见,酒精依然是首选"毒品"。"大麻丸"(goofball)之类的新词开始进入美国的语言。服用巴比妥和安非他命之类药物的现象也随着寻求刺激和休闲人数的增多而蔓延开来。

第二次世界大战确实打破了正常的国际毒品经销方式,对瘾君子们来说出现了一个"饥荒期"。大部分吸毒者继续从那些毒品价格高得吓人的供应商手中购买毒品。那些商人说之所以要价这么高是因为他们所冒的风险加大的缘故。扣存货物仓库、药店及医生诊所盗窃毒品的案件与日俱增。有些瘾君子则求助于内含少量鸦片剂的专利药品,如含有可待因的止咳糖浆或樟脑鸦片酊等。联邦麻醉品局的报告显示吸毒人口成稳步下降趋势,毒品相关的犯罪也大幅度减少。有人认为导致这种明显的变化的原因只有一个,那就是战争期间许多年轻人都参了军,而年轻人是最有可能吸毒或犯罪的群体。

美国国内的毒品问题几近消失。如上所述,这一方面是由于毒品供应渠道被切断;另一方面是因为人们几乎把全部精力都投向了战争,毒品问题被搁到了极为次要的位置。在这种情况下,联邦麻醉品局一时之间"门前冷落车马稀"。安斯灵格为了维持其苦心经营的麻醉品局的生存和发展,变被动为主动,积极迎接战争所带来的挑战。

一方面,安斯灵格把战争中大量需要的医用麻醉品的供应管制起来,从而为"盟军"战胜"轴心国"部队尽了一份力量。这样安斯灵格便找到了联邦麻醉品局在战争年代的定位:通过为战争服务,安斯灵格既保住了该机构的生存,又为抗击"轴心国"进攻和维护西方安全做出了一定的贡献。尤其是在对待日本的问题上,安斯灵格认为在 1941 年美日两国真正的敌对状态开始以前,日本就已经向美国发动了许多起"珍珠港"那样的毒品攻势了。1942 年他就认为日本早在 10 年前就利用毒品这种武器向西方文明发动了战争。安斯灵格声称日本这样做基于"一个为毒品所困的国家便很容易被占领,对于外来攻击根本无力抵抗"[①]的理论。1944 年的《纽约时报》谴责日本是"世界上最大的毒品走私国之一。"[②] 日本控制了缅甸最好的罂粟种植区,为日本药用鸦片的需求提供了一个主供渠道。

---

① Inciardi J A. Handbook of Drug Control in the U. S. [M]. New York: Greenwood Press, 1990, p. 39.

② Morgan H W. Drugs in America: A Social History 1800 – 1980[M]. Syracuse, NY: Syracuse University Press, 1981, p. 144.

安斯灵格为了避免再出现类似的局面,便从近东的伊朗和土耳其大量收购鸦片,并使伊朗政府战时忠于盟军;在拉丁美洲,安斯灵格一般采取施压的做法来控制那里的毒品生产和使用。据信,战争期间阿根廷和智利这两个国家一直在为德国制造麻醉剂,也有人担心秘鲁和墨西哥的鸦片会流入"轴心国"。针对阿根廷的情况,安斯灵格对其一家主要的制药公司霍夫曼—拉罗什公司(Hoffman-Laroche Inc)威胁说,如果该公司继续为德国生产麻醉剂,美国将对其采取报复手段。美国又通过"租借计划"让秘鲁将其可卡因卖给盟国,以作医用。美国方面还曾以年薪一万美元的高价雇线民提供墨西哥的毒品生产情报。①

另一方面,安斯灵格趁各国都忙于作战而无暇顾及反毒斗争之机,与他人一道将国际联盟下辖的"中央鸦片常务委员会"和"毒品监督机构"迁到美国,从而加强了美国对世界反毒运动的控制。还使美国得以在战后稳居新成立的联合国禁毒委员会的支配地位。安斯灵格相信,不管战后发生怎样的政治和社会变化,美国能否在毒品的国际控制中发挥积极的作用至关重要。

第二次世界大战在打击毒品非法走私方面的作用比当时所有的法规或公约的作用都大。虽然在世界的某些地区,如波斯湾、地中海东部以及日本占领下的亚洲地区毒品走私依然存在,但是在美国却大幅度减少。随着美国毒品供应量的锐减,从药店里盗窃毒品的案件增加了,伪造医药处方的事件也增加了。然而总的来说,毒品供应的下降"迫使许多吸毒者不情愿地戒了毒"。正如1942年《时代》周刊的一篇编者按所言,"对于美国的吸毒者来说,战争大概是再好不过的事情了"。②

第三节 战后毒品的回潮与50年代 美国的毒品立法的加强

一、战后美国的毒品问题

随着"二战"的结束和人们正常生活的恢复,沉寂一时的毒品走私也得以死灰复燃,而美国士兵的回国也为毒品市场提供了潜在的顾客来源。美国国内的

---

① Walker Ⅲ. W. Drug Contro in the Americas[M]. Albuqueque: University of New Mexico Press, 1979, p. 161.

② Courtwright D T. Dark Paradise[M]. Cambridge: Harvard University Press, 1982, p. 6.

反毒战线看起来却很平静。虽然科学界和执法领域有些专家预测随着和平时代的到来，吸毒人数势必会骤然增多，但在40年代末，毒品还未成为公众关切的一个主要问题。

某种意义上说，联邦麻醉品局可谓成了自己以前的宣传攻势的一个牺牲品。因为毒品问题的淡化，国会不愿增加联邦麻醉品局的预算。安斯灵格1947年时曾私下抱怨说："我们的经费少得可怜，我们想把一个警察从埃尔帕索①派到境外去都不可能，除非是让他走着去，那样根本无须为汽油而花钱。"②

50年代初，随着美国吸毒人数的回升，情况发生了变化。美国的各大主要城市、特别是纽约成了有关吸食海洛因的新闻报道的焦点。全国到处都在谈论毒品的话题，这在人们心头又罩上了一层恐怖的阴云。人们担心吸毒之风会突然再次传播开来，从而威胁到人们的正常生活。《新闻周刊》这样的刊物1948年还认为毒品问题已经灭绝，1950年后期却转而警告美国人说毒品这个恶魔又以令人生畏的形式死而复活。整个1951年，《新闻周刊》成了人们读的最多的报道城市年轻人尤其是黑人和波多黎各人吸用海洛因的出版物之一。1951年秋天，该杂志称美国的青少年正在"将他们的胳膊和腿变成'针插'"。③ 就连不愿承认毒品问题升温的安斯灵格本人，1951年8月也私下提到"我国现在的毒品走私有所增长"。④

这一时期的吸毒人口也变化不定。作为毒品非法化与执法活动产物的上一代典型吸毒者正趋于消失。新一代吸毒者绝大多数是来自城市贫民窟的黑人青年男子，在东北部大城市尤其如此。据说他们靠偷盗来维持其恶习，往往与街头黑帮为伍，而且无心、同时也无力进入主流社会。

虽然这种人口的吸毒已足以令人惊悚，但是大量的报道显示主流社会的青少年也正在尝试各种各样的毒品。吸毒好像反映了年轻人一种日益形成的反叛意识。长期以来，类型学理论认为吸毒是不正常的行为，但此时此种理论正逐渐失去其统治地位。⑤《纽约时报》在1951年关于普通青年吸毒的系列报道指出："对于担心毒品迅速传播的家长和社会工作者们来说，最令人恐惧的事情莫过于这种使年轻人着魔的东西也会发生在正常的孩子们身上。"1952年大众科学杂

---

① 美国得克萨斯州一城市，在美墨边境，与墨西哥贩毒中心华雷斯毗邻。
② Anslinger to Charles B. Dyar, April 1, 1947, Correspondence files[Z]. //Anslinger Papers, p. 211.
③ 同注②, p. 146.
④ Morgan H W. Drugs in America: A Social History 1800-1980[M]. Syracuse, NY: Syracuse University Press, 1981, p. 145.
⑤ 同注④, p. 146.

志《科学文摘》(Science Digest)载文说,迫于开拓毒品市场的需要,毒品小贩们已经离开贫民窟,开始进入中产阶级的学校和生活区。毒品好像要再一次毁掉大多数人所信奉的价值观念,而年轻人正是这些价值观念的集中体现。虽然传言中新的吸毒者人数和相关的新闻报道多有不实之处,但公众的强烈反应再一次展示出反毒舆论的力量。

担忧海洛因成瘾迅速变为美国公众的共识。人们意识到某些社会群体正在吸用的毒品种类越来越多,他们这样做或是为了逃避现实,或是为了贪图享乐,或是由于这是他们生活圈子里的一种时尚。譬如,在好莱坞的电影城、纽约的时尚圈、格林威治村的文化界以及旧金山的北滩这样不寻常的地方,大麻和可卡因都已司空见惯。只要使用这些毒品的范围不超出社会给这些群体划定的区域,人们就可以容忍其存在。在美国民众的思想中,总是把毒品与反叛精神视为等同。"垮掉的一代"①就是最好的例子。

50年代公众对大麻的反对情绪不亚于30年代。50年代,多数人仍旧将吸用大麻看作是吸食海洛因的前奏。安斯灵格及其领导下的执法机构强烈反对为大麻问题进行无谓的争论,坚持现有路线方针不变。他在1953年写的一本关于毒品问题的书中这样写道:"虽然使用得当,鸦片剂可以成为一件好东西,但大麻却毫无药用价值,因而使用大麻就是滥用和不道德行为。"②大麻在毒品家族中仍属于被禁绝之列。

二、毒品立法的加强

1.《鲍格斯法》与法定最低判刑

随着"冷战"的开始,联邦麻醉品局不失时机地将毒品与国外的"共产主义威胁"联系在一起。安斯灵格利用麦卡锡时代"红色恐慌"加大了联邦一级毒品犯罪的惩罚力度。美国诬蔑新中国企图通过向美国贩运海洛因来搞垮西方社会,并借此获取硬通货来支持其海外行动。50年代的政治空气(其一是美国人对就黑手党和有组织犯罪而举行的一系列听证会十分关注;其二是美国人对所谓的共产主义侵略和颠覆怕得不得了,"麦卡锡主义"更加剧了美国人的这种恐惧心理)使美国国会易于接受安斯灵格的计划。

联邦麻醉品局于是抓住这一大好时机,发起了一场要求对初次毒品犯罪施

---

① Beat Generation,第二次世界大战后美国出现的一批年轻人,对社会现实不满,蔑视传统观念,在服饰和行为方面摒弃常规,追求个性自我表现,长期浪迹于社会底层,形成独特的社会圈子和处世哲学。
② Anslinger H J, Tompkins W F. The Traffic in Narcotics[M]. Funk & Wagnalls Company,1953, p.19.

以"法定最低判刑"(mandatory minimum sentence)的运动。安斯灵格发现来自路易斯安那州的众议员、民主党人黑尔·鲍格斯(Hale Boggs)是一个可以在国会借助的合适人选。于是1951年安斯灵格支持鲍格斯提交了一个要求设置法定最低判刑的毒品法议案,即众议院3490号议案。

批评鲍格斯议案的人认为其提出的处罚过重,说它与其是反映了20世纪中期的公众态度,倒不如说是反映了古代盛行的态度。由于该议案最主要的惩罚对象是吸毒者而非毒品贩子和经销商,因此持反对态度的人对该议案的行文和效果也提出了质疑。来自纽约州的众议员维克多·L.安福索(Victor L. Anfuso)认为鲍格斯惩罚对象不当,并认为严刑峻法阻止不了毒品的非法交易,因为这种交易利润太大了,人们甘愿铤而走险。就这一议案的听证会进行了三天。来自马萨诸塞州的众议员、听证会第一证人伊迪丝·诺尔斯·罗杰斯(Edith Nourse Rogers)要求将巴比妥的管制权也划给联邦麻醉品局。安斯灵格深知他手下那帮警察负担已经过重,再也无力去执行有关巴比妥的法律,所以他觉得这方面的执法应该划归食品与药物管理局(FDA)负责。当被问及他认为谁应对麻醉品交易负主要责任时,安斯灵格说是"所有的黑社会成员",并且悲叹对那些黑帮老大们的判刑不够长,指责司法系统没将那些人关起来。安斯灵格还认为,法官们对那些街头毒品小贩惩罚太轻,说那些人服刑太短,很快又会重操旧业。为此,他恳请国会通过有关最低判刑的立法。

当该议案在众议院进行全院辩论时,该议案某些条文的反对力量已相当可观。两个最具代表性的反对者是来自纽约州的众议员伊曼努埃尔·塞勒(Emanuel Celler)和来自宾夕法尼亚州的理查德·M.辛普森(Richard M. Simpson)。他们赞同惩罚应予以加重,但却表达了对法定最低判刑的担忧。他们担心这个议案会使法官失去自主权并且不可能判两年以下的徒刑,而且陪审团也不愿给一个面临这样严厉的法定最低判刑的零星毒贩判罪。在为其议案进行辩护时,鲍格斯议员向其同事们保证他并不想侵占司法权,但是塞勒仍然心存疑虑,拒绝支持这个议案。辩论结束时,对众议院3490号议案(即鲍格斯议案)的反对力量超过了党派界限,民主党和共和党都有人认为虽然惩罚对于职业大毒贩来说不算严厉,但是对吸毒者来说却是不公正的。尽管如此,该议案最后还是得以以呼声表决的形式在众议院通过并送交参议院辩论。1951年11月2日,经杜鲁门总统签署,这一议案正式成为法律。

该法加重了对毒品违法者的惩罚。法案不仅使控方律师更容易获取对被告的判罪,而且还规定第一次违法者将被处以最低不少于2年、最高不超过5年的判刑,可以缓刑;第二次违法者将被处以5~10年法定性判刑,不许缓刑;第三次违法者将会面临20年的法定判刑,不许缓刑(在《鲍格斯法》以前,这种情况下最高处罚是10年徒刑);所有的违法行为还须交罚金,最高达2000美元。①

该法通过不久,安斯灵格即报告说青少年吸毒人数有"惊人的下降"。他将需要戒毒治疗的青少年吸毒者数目逐渐减少归功于新颁布的《鲍格斯法》量刑的加重。这位局长说,由于量刑的加重,执法机构便能够减少毒品的销售及使用,直到毒品"对我们的社会不再是一种危险或威胁"。②

可是安斯灵格并未因《鲍格斯法》的成就而驻足不前,他开始为制定更加强硬的毒品法律而不懈努力。1951年在《鲍格斯法》的听证会上他就曾经说过,共产党统治下的中国是一个海洛因发源地,还曾两次向联合国禁毒委员会诬告中国政府把销售海洛因和鸦片作为颠覆自由国家的一种手段。到1955年对"拿着皮下注射针头而非原子武器的共产主义军队入侵"的担心已成为华盛顿的政客们关切的一个主要问题。1954年,有七位在议员席上就共产主义"毒品威胁"发言的国会议员,要么是直接引述了安斯灵格的言论,要么将安斯灵格所写的这方面的文章兼收并蓄写进了《国会记录》。为了"击中具有潜在危险的毒品问题的要害",③来自伊利诺伊州的众议员弗雷德·E.巴斯比(Fred E. Busbey)提出了众议院8700号议案,该议案要求对向未满21岁的人出售毒品的任何罪犯处以死刑或无期徒刑。虽然对这一议案无一票赞成,但是它表明了公众对于在他们看来已对年轻人构成威胁的极度盛行的吸毒成瘾问题的沮丧心理。

2. 1956年《麻醉品管制法》与极刑的出台

1955年1月14日,有42位参议员共同提出了一项加重量刑的议案,其中就包括对第二次向未成年人提供毒品的罪犯处以死刑的条文。两个月以后,即1955年3月18日,美国参议院通过了参议院第67号决议案(S. Res. 67),批准就非法毒品买卖、吸毒成瘾及吸毒者的治疗等问题进行全国性的调查,目的是为了修改有关大麻和其他药物的《联邦刑事法典》及其执法程序。以安斯灵格和马拉奇·哈尼(Malachi Harney)为代表的联邦麻醉品局积极拥护参议院这一决议案。

于是,从1955年5月底开始,参议院由来自得克萨斯州的参议员普赖斯·

---

① U. S. Congress. House Committee on Ways and Means, Control of Narcotics, Marijuana, and barbiturates, Hearings before a Subcommittee of the Committee on Ways and Means, House of representatives, on H. R. 3490, 82nd Cong. , 1st Sess. , 1951, pp. 1 - 2.

② Inciardi J A. Handbook of Drug Control in the U. S. [M]. New York: Greenwood Press, 1990, p. 42.

③ U. S Congress, Congressman Fred E. Busbey Commenting on H. R. 8700, 83d 2d Sess. , 2 April 1954[Z]. //Congressional Record, (100), pp. 4540 - 4541.

丹尼尔(Price Daniel)召集了一系列听证会。丹尼尔是参议院某小组委员会的主席,他非常赞同安斯灵格关于"中国威胁"的说法。他称"利用毒品颠覆美国是共产主义中国的既定目标。"①丹尼尔所负责的小组委员会建议进一步加强惩罚性毒品政策,还说"海洛因走私者和街头小贩"等于"分阶段的谋杀"。"这不仅导致吸毒者最终丧命,而且还夺取了与之交往而染此恶习的其他人的性命。"②结果推动了1956年《麻醉品管制法》(Narcotics Control Act,NCA)的制定。

这一法案是美国禁毒史上最为严厉的反毒立法。除了将持有大麻定为重罪以外,该法案还将《鲍格斯—丹尼尔法案》的量刑加倍,并且将初犯的法定最低判刑也包括了进去。该法将第二次毒品犯罪的最低判刑由5~10年提高到5~20年,第三次犯罪的最低判刑由10~20年提高到10~40年,并且允许陪审团对向未成年人出售海洛因的任何成年人处以死刑。③

1956年《麻醉品管制法》(也称《鲍格斯—丹尼尔法案》)不仅大幅度提高了毒品犯罪的惩罚力度,而且还要求吸毒者在进出这个国家时到移民局登记。对待其他大麻与对待麻醉毒品的惩罚措施并无二致。联邦法律不仅包括严厉的最低判刑,而且还禁止缓刑或假释。

从1956年《麻醉品管制法》的执行来看,好像该法授予了联邦麻醉品局超越宪法的权力。对名人、要人选择性执法的现象非常普遍,诱捕、违反宪法第四条修正案关于搜查和缉获的限制以及对少数族裔施以酷刑的情况在法院案例中屡见不鲜。各州以1951年《鲍格斯法》和1956年《麻醉品管制法》为蓝本制定的毒品法为联邦缉毒警察提供了一种灵活的执法方式。联邦警察可以将证据连同逮捕的犯人交给各州的法院起诉,因为美国最高法院此时还未将有关搜查、缉拿、供认、指定律师辩护和诱捕等的宪法保护规定应用于各州法院。正如一位毒品政策法制史学家所言:"在涉及毒品的案件中总会产生相当数量的严重违宪行为……"④

安斯灵格的立法成就表明美国广大公众已经接受了这些新的、更具惩罚性的毒品管制模式。吸毒在20世纪初还是一件不大为人注意的事情,《哈里森法》颁布后变成了医生们的事情,到了20年代已经成了一项引人关注的执法内容,

---

① Kinder D C. Shutting Out the Evil: Nativism and Narcotics Control in the United States[J]. Journal of Policy History,1991,3(4), p. 484.
② Trebach A S. The Heroine Solution[M]. New Haven, Conn: Yale University Press, 1982, p. 164.
③ Musto D F. The American Disease[M]. New York: Oxford University Press, 1987, p. 231.
④ King R. The Drug Hang-Up: America's Fifty Year Folly[M]. New York: W. W. Norton, 1972, p. 155.

到 50 年代则成为一个需要采取严厉措施管制的犯罪问题。流行的看法是任何毒品、包括大麻这样相对温和的毒品都可能导致犯罪,而且使用较为温和的毒品还会导致吸用更烈性和更危险的毒品,特别是海洛因。因此,惩罚贩毒者的同时也惩罚吸毒者是绝对正当的事情。这种思维抹杀了药物使用和药物滥用或危害重和危害轻的药品之间的区别。对依然存在的毒品问题,"再狠一点儿"几乎成了人们的共识。

在联邦政府的鼓动和影响下,美国各州也加大了对毒品犯罪的惩罚力度。例如俄亥俄州将持有大麻的量刑提高到初犯判刑 2 至 15 年,再犯为 5 到 20 年,三犯为 10 到 30 年。更有甚者,大约有 1/4 的州,宣布吸毒成瘾(而非一般的使用)为非法。[1]

安斯灵格局长在国际禁毒活动中的成功与其在国内的成功相映成趣。由于美国对多边协定的影响,各国毒品法的内容变得相当一致。随着联合国《1961年麻醉品单一公约》(本书中亦称《麻醉品单一公约》)的签订,美国的影响也达到了一个高峰。《麻醉品单一公约》企图采取全面行动以控制非法毒品的买卖。该公约将这些毒品划分成不同的种类,对那些被认为最危险的毒品加强管制。安斯灵格作为出席这个会议的美国代表,其影响在《麻醉品单一公约》中的一个反映就是将大麻与海洛因一道划入最危险的毒品之列。

20 世纪 50 年代是美国毒品政策一个重要时期。这一时期通过一系列的毒品立法,使 20 年代以来美国联邦政府立法管制的禁毒政策得以巩固和加强。这一时期通过的两个著名的立法 1951 年《鲍格斯法》和 1956 年《麻醉品管制法》将美国对毒品犯罪的惩罚推向了极致。对于这种毒品管制方法,美国国内颇多批评。其效果究竟如何,众说纷纭,鲜有定论。但有一点却很明确,即随着 60 年代初安斯灵格的辞职和联邦麻醉品局的衰落,美国迎来了一个毒品大泛滥的动荡时期,毒品政策也随之发生变化。

---

[1] Meier K J. The Politics of Sin[M]. New York: M. E. Sharpe, Inc., 1994, p. 40.

第三章 从治疗模式的挑战到"向毒品开战"（1963—1974）

对于美国而言，60年代是一个动荡不安的年代。民权运动空前高涨，政治暗杀事件层出不穷，[1]校园造反与反战抗议运动风起云涌，黑人聚居区暴乱事件几近失控，反主流文化运动、妇女运动和工人运动都蔚为壮观。在更为惊人的事件中还有毒品的革命（the drug revolution）。吸毒问题已经从社会的边缘地带一跃而进入社会生活的主流。毒品已不再只局限于内城、爵士乐音乐会场和喜欢标新立异、生活豪放不羁的原始文化圈子了，在美国农村和城市中产阶级青少年和成年人中间吸毒突然变得非常突出。到这十年结束之时，这个时代的评论家们断言，美国已经成了"上了瘾的社会"，而且借助毒品，数以百万计的美国人已经成了"顿悟"的"信徒"，吸毒业已成为美国社会生活的一部分[2]。

如上一章所讲，在联邦麻醉品局局长安斯灵格的任期内，以惩罚为主要特征的立法管制模式得以巩固和加强，并在50年代末逐渐占据统治地位。但是这种统治地位并不是坚不可摧的。随着60年代初白宫易主及随后联邦麻醉品局局长的换人，美国存在了近四十年的传统禁毒理念[3]受到了医疗、社会工作和科研等领域的挑战。禁毒政策的重心开始由惩治模式向治疗模式倾斜。60年代中期以后，美国社会更加动荡不安，毒品异常泛滥，犯罪率直线上升，致使1969年尼克松得以在"法律与秩序"（law and order）的口号声中入主白宫并成为美国历史上第一个"向毒品开战"的总统。

---

[1] 1963年11月21日，肯尼迪总统在达拉斯被暗杀；1965年黑人穆斯林领袖马尔科姆·X横死纽约市；1967年，美国纳粹领袖乔治·林肯·洛克威尔为其手下人所害；1968年黑人民权运动领袖小马丁·路德·金博士在孟菲斯遭暗杀；同年，肯尼迪总统胞弟、司法部长罗伯特·肯尼迪也被暗杀。另外，在地方执法官员的纵容下，还有3名民权工作者在密西西比州为三K党徒所杀害。

[2] Fort J. The Pleasure Seekers: The Drug Crisis, Youth, and Society[M]. New York: Grove Press, 1969, p.35.

[3] 传统的禁毒理念认为解决毒品问题最好的办法就是对贩毒者和吸毒者给予严厉的惩罚。

第一节　治疗模式的挑战

以惩罚为主的禁毒模式占据了统治地位并不意味着关于毒品问题的本质及其解决方案的政治斗争从此就偃旗息鼓。随着国内政治和社会背景的变换,这种斗争势必会以一种全新的形势再次展现出来,并对美国的毒品政策产生重大影响。联邦麻醉品局长期以来一直把吸毒看作是执法问题而不是健康问题,所以它在瘾君子的戒毒治疗方面无所作为。而负责对吸毒者进行治疗的医疗机构和其他相关的政府部门则将吸毒解释为一种需要保健护理而非惩罚措施的疾病。在这一问题上,联邦麻醉品局曾一度占了上风。但60年代初,执法模式一统天下的局面开始改变。

1960年,43岁的民主党参议员约翰·F.肯尼迪在大选中战胜共和党候选人理查德·M.尼克松,成为美国历史上最年轻的当选总统,从而结束了保守的共和党人长达8年的统治。他提出了"新边疆"的纲领性口号,[①]试图解决60年代美国所面临的问题,把"新政"以来资产阶级自由主义改革推向新的高潮。而且,白宫的易主本身即象征了弥漫整个美国社会的一种要求变革的愿望。这种变革的愿望不仅表现在政府实行的政治、经济、军事、外交、科学技术等方面的政策上,也表现在其处理诸如贫困、住房、卫生保健、社会福利、种族问题、学生抗议等社会问题的政策上。毒品问题当然也不例外。

20世纪60年代初,医疗行业开始再次显示出其在吸毒的治疗和研究方面的权威性。治疗领域各学科以及社会学和公共卫生领域的研究工作者开始将毒品问题聚焦为一个社会问题,而不再将之简单地归结为一个执法问题。20世纪60年代的社会激进主义对吸毒问题的影响很大,一种新的战略性措施得以实施,即吸毒成瘾者通过接受康复治疗来减少对毒品的需求。联邦麻醉品局局长安斯灵格的辞职也加速了这种反毒策略的变革。1962年,在约翰·肯尼迪总统及其时任美国司法部长的胞弟罗伯特·肯尼迪的督促下,哈里·J.安斯灵格终于辞去了其任期长达32年的联邦麻醉品局局长的职务。接替安斯灵格的是药剂师出身的亨利·L.吉奥丹诺(Henry L. Giordano),从此,美国的毒品政策开

[①] 1960年,肯尼迪在接受民主党候选人提名的演说中提出"新边疆"的著名口号:"不论我们是不是在寻找'新边疆','新边疆'已是既成事实……未知的科学和空间领域,未解决的和平与战争问题,尚未征服的无知与偏见的孤立地带,尚无答案的贫困与过剩的课题。"肯尼迪号召美国人民为开拓这些新的"边疆"作出更多的牺牲。——刘绪贻,杨生茂.战后美国史[M].北京:人民出版社,1989,p.200。

始由长期以来一直沿用的执法模式向治疗模式倾斜。

治疗模式或医疗模式并非20世纪60年代的发明,最早提出这一模式的是19世纪末的医生们。治疗模式坚持认为吸毒成瘾是一种慢性的容易复发的疾病,因而应该把成瘾者当作饱受生理或疾患之苦的病人来对待。同时,许多支持这种观点的人力图通过"毒瘾奴役论"来为"瘾君子"们开罪。这一理论的大意是,毒品黑市的垄断迫使这些"患病的"本来守法的吸毒者从事犯罪活动,以此来支持其吸毒恶习。

美国禁毒模式开始转变的另一个原因是,几十年前曾经盛极一时的反不道德行为运动已逐渐消失。在医疗、社会及科研领域内部反对以吸毒者为目标的"毒品战"的各种力量也开始联合起来。美国著名的精神病学家、毒品问题权威卡尔·M. 包曼博士(Dr. Karl M. Bowman)这样说过:"40年来我们一直在实行以惩罚为主的方法;我们加大惩罚力度,我们对吸毒者穷追不舍,我们还宣扬任何一个吸毒者都是非常危险的罪犯,对社会都会形成威胁。我们将使用麻醉品成瘾说成暴力犯罪和性犯罪的一大原因。而且联邦及州政府的执法机构竟置国内外最知名的医学权威的声明和告诫于不顾,仍然在进行这样的宣传。"[1]

包曼博士所言并非空穴来风,是有学术研究成果支持的。一个以心理学家伊塞多·切恩(Isidor Chein)为首的科研队伍对毒品所进行的一项综合研究认为,现行的惩罚性政策只不过是迫使"成瘾者从堕落走向堕落",该项研究的结论是,"每个吸毒成瘾者都有权被当作一个人来对待,并按照他本人的状况,病情和需要得到最佳的治疗",甚至包括"用麻醉品维持"的治疗方案在内。[2]

总之,安斯灵格的离任以及开始变化的社会环境为毒品问题辩论中类似这样的批评创造了新的突破口,并且,要求采取治疗模式的呼声开始在主流媒体上和社会团体中间产生共鸣。1963年4月《华尔街日报》的一篇编者按敦促美国政府"开始寻找用维持剂量来对待无药可救的吸毒成瘾者的方法,以防其铤而走险。"[3] 1965年2月《纽约时报》的一篇社论认为:"消灭毒品非法买卖的最好的办法是在医疗管制下开售毒品,特别是在城市贫民区的医院里,因为医生和精神病学家可以在那里实施全面的用药、咨询和治疗计划,以此作为帮助吸毒成瘾者

---

[1] Bowman K M. Some Problems of Addiction[M]. //Hochand P H, Zubin J. Problems of Addiction and Habituation. New York: Grune and Stratton, 1958, p. 171.

[2] Chein I, et al. The Road to H: Narcotics, Delinquency, and Social Policy[M]. New York: Basic Books, 1964, pp. 371-372, p. 379.

[3] Editorial. Wall Street Journal, 17 April 1963[M]. //Inciardi J A. The War on Drugs: Heroine, Cocaine, Crime, and Public Policy. Mountainview, California: Mayfield Publishing Company, 1986, p. 86.

战胜其毒瘾的基础。"①同年,全国教会委员会总会(the General Board of the National Council of Churches)敦促政府让医生全权决定在治疗吸毒成瘾者的过程中如何恰当地用药。

"二战"后许多联邦卫生机构的出现使治疗模式得以付诸实践。60年代初,成百上千的新的卫生官员参加了毒品问题的争论,这些人的兴趣和观点与把持政府毒品政策几十年的联邦执法官们有很大差别。随着时间的推移,联邦卫生管理机构对吸毒和成瘾有了新的认识和理解,进而拓宽了公众在毒品问题上的思路和政策。譬如,创立于1946年的国家精神卫生研究所(NIMH,即National Institute of Mental Health)在战后,尤其是在肯尼迪"新边疆"政府时代得到迅速发展。联邦麻醉品局在毒品问题上的传统观点逐渐为"国家精神卫生研究所对待社会功能失调和个人行为的态度"所取代。②

1963年官方态度发生了第一次改变。这一年,肯尼迪总统通过主办白宫药物滥用会议(the White House Advisory Conference on Drug Abuse)任命其药物滥用顾问委员会(Commission on Narcotic and Drug Abuse,又称Prettyman Commission)为这些争论提供了一个论坛。按照《毒品问题》(*The Drug Hang-Up*)一书作者鲁弗斯·金(Rufus King)的说法,肯尼迪之所以主办白宫药物滥用会议是出于政治原因。1962年时,民主党人理查德·M. 尼克松仍然被认为会是1964年总统大选共和党的候选人。在1962年竞选加利福尼亚州州长期间,尼克松就曾指责在任州长埃德蒙·G. 布朗(Edmund G. Brown)对于毒品和犯罪太手软。为了给布朗提供一个证明其反毒立场的全国性论坛,白宫药物滥用会议准备让布朗成为其发言人。肯尼迪总统还要求其药物滥用顾问委员会对美国的毒品问题和政府对策进行审查。

该委员会于1963年11月公布了其最后审查报告,其中包括25项建议。该报告对毒品领域长期统治着官方思维的许多假定提出了挑战。报告建议联邦政府减轻法定最低判刑,增加对药物滥用研究项目的拨款,增加戒毒治疗方面的经费投入,并建议将是否为医疗目的合法使用麻醉品的甄别权重新交给医疗行业。报告还批评了将大麻划入麻醉品类的错误做法,并提议将药物另作处理。可能最能显示卫生行业胜利的是该报告建议解散联邦麻醉品局,将其职能转给司法部和卫生、教育和福利部。③尤其值得一提的是,该委员会对惩罚战略的中心前

---

① Editorial. Wall Street Journal, 17 April 1963[M]. //Inciardi J A. The War on Drugs: Heroine, Cocaine, Crime, and Public Policy. Mountainview, California: Mayfield Publishing Company, 1986, p. 86.
② Musto D F. The American Disease[M]. New York: Oxford University Press, 1987, p. 235.
③ 同注②,pp. 238-239.

提提出了挑战。"联邦麻醉品局坚持认为目前的严厉惩罚对毒品犯罪是强有力的威慑力量,但该总统委员会并不同意这种观点。正如委员会在其报告的导言中所指出,很难相信一个对某种毒品产生生理和心理依赖的吸毒者会因为害怕坐的牢狱而甘愿放弃这种毒品带给他的满足,或者一个痴迷于大麻所带来的那种'极度'快感的人会想到一旦被发现等待着他的是惩罚。麻醉品和大麻的非法交易每天都在进行这一事实本身即证明了威慑论的无力。"①

肯尼迪总统药物滥用顾问委员会认为,"应该让吸毒者得到康复",而且"必须找出吸毒的根源并予以消除"。② 虽然该委员会并未完全摒弃对吸毒者的管制(如其民事关押计划准许使用恐吓和武力强制吸毒者进行治疗),但它对仅仅因为使用毒品即将其视为罪犯的做法提出了质疑。

60年代也是一个就对吸毒者的监督和治疗问题不断提出立法倡议的时期。1962年美国最高法院在"罗宾逊诉加利福尼亚州"一案(Robinson v. California, 370U. S. 660[1962])中判定吸毒成瘾是一种疾病,而并非犯罪行为,因而吸毒成瘾者不能被起诉。这一判决推动了康复和治疗运动的兴起。虽然早在1925年的"琳达诉美国"案中最高法院就曾有过类似的判决,但几十年来执法机构都对此置若罔闻。

这一案例被视为一个里程碑式的案例,它为宪法第八条修正案"不得施加残酷和非常的惩罚"提供了一种新的解释。最高法院推翻了加州法院对罗宾逊一案的判决,宣布诸如"吸用麻醉药品成瘾罪"之类的判决违宪,并且因这样的违法行为而对当事人进行囚禁有违美国宪法第八条修正案。罗宾逊案判决中鲜为人知的一面是,在将成瘾视为一种"疾病"的同时,还判定各州可以设立强制性的戒除毒瘾计划,即民事关押(civil commitment)。③ 而且最高法院还裁定这种强制性的戒毒治疗可以包括自愿囚禁的一段时期,对不能遵守强制性戒毒程序者可以施加惩罚性制裁。

1963年,美国国会通过了《社区精神健康中心法案》(The Community Mental Health Centers Act),该法案为发展社区级的精神健康中心提供经费,并在这些中心内部为吸毒病人提供治疗。④ 虽然没有什么迹象表明该法案的通过

---

① Eldridge W B. Narcotics and Law: A Critique of the American Experiment in Narcotic Drug Control[M]. New York: New York University Press, 1962, pp. 140 - 141.
② 同注①, pp. 133 - 134.
③ 通过这一计划,吸毒者被拘捕并关押,其方式类似于对精神病人的住院治疗,关押期间对吸毒者并不惩罚而代之以强制性的戒毒治疗。
④ Kaplan H L. Comprehensive Textbook of Psychiatry IV[M]. Baltimore: Williams & Wilkins, 1985, pp. 1582 - 1587.

刺激了提供给吸毒病人的服务项目大幅增加,但在法案通过后的十年中该法案似乎有可能对吸毒的治疗产生某种影响。强调在地方一级的水平上对吸毒病人提供各种治疗服务和倚重个别劝导,并辅之以适当的职业教育和其他社区援助的战略一直被沿用到 70 年代药品免费的门诊治疗计划中。虽然六七十年代许多精神健康机构所能处理吸毒问题的能力和范围十分有限,但这一社区精神健康中心计划为戒毒治疗提供了重要服务模式。

第二节 60 年代中后期的吸毒风与约翰逊政府的毒品政策

如果说由于安斯灵格时代的严刑峻法的遏制,50 年代和 60 年代初美国非法毒品的需求量还相对较低的话,那么 60 年代中后期则完全是另一番景象了。这一时期,与吸毒有关的一切污名早已被充满时代特征的反主流文化运动荡涤殆尽,各种新发明的化学合成毒品层见叠出,具有反叛意识的年轻人对这些毒品乐此不疲。他们的口号是"毒品、性和摇滚"。在"幻觉剂盛行的 60 年代"(psychedelic sixties),毒品在青年人中间流传如此之广,以致后来有观察家写道:"假如你现在还记得 60 年代的话就说明你并没有亲历那个时代。"[1]大麻最为流行,成为美国人的首选毒品。但 60 年代中期像 LSD 之类的幻觉剂的使用也有大幅增加。

60 年代中后期的毒品泛滥有其深刻的社会文化原因。进入 60 年代以后,美国经历了历史上发展最快、变化最多的一个时期。各种社会运动此起彼伏,经济与科学技术迅猛发展,在越南进行的战争日益不得人心。所有这些都猛烈冲击着美国社会,改变着人们传统价值观念。正是在这样一种动荡不安、变革频仍的时代背景下,吸毒得以大行其道。鉴于某些因素在造成美国 60 年代气氛与促使吸毒广为普及方面所起的突出作用,有必要对它们作更深入的分析。

因素之一是反主流文化。60 年代,美国中产阶级家庭子女组成了反主流文化的主体,其活动中心是东部和加利福尼亚州的几所大学。这些随着战后婴儿高潮来到世界上的幸运儿在安定优裕的环境中度过童年。他们未经历过"大萧条"时期的艰难日子,没受到过"二战"中爱国主义热潮的浸润。他们理想主义色彩极浓,富有创新精神。当 60 年代的教育、贫困、种族与民族以及越战等问题日

---

[1] Rosenberger L F. America's Drug War Debacle[M]. Avebury, 1996, p.20.

趋突出时,他们觉得自己生长其中的社会真是腐朽透顶了。在他们看来,老一代人的价值观念与传统的社会制度已经陈腐不堪,应当坚决摒弃;当核武器发射按钮的随意按动将会导致大部分人类毁灭殆尽时,生活本身已毫无意义;"平等""自由"的社会哲学不过是骗人的鬼话,因为大批的穷人和少数族裔受着极不公正的待遇;父母亲抽烟酗酒,使用各种精神药物,却反对子女吸用对身体"健康无害"的大麻,这是十足的伪善;这个自称爱好和平的大国,竟不远万里到东南亚侵略一个贫困的小国;大学的教育与社会实际风马牛不相及,不是培养人们的创造精神,而是扼杀学生的创造力……他们不满、痛苦、反抗。为数不多的文化先驱试图建立一个和平友爱的"新世界";大批青少年对传统的价值观念持不敬态度,却又找不到新的人生追求来填补精神上的空虚。于是,当毒品被一些人发现并大加宣传时,成千上万的青少年便趋之若鹜了。因为,有的毒品(如幻觉剂)能使人获得超现实的感觉。吸用非法毒品(以大麻为主)本身即被认为是对权威的反抗行为,更何况,吸毒是对此时此刻感受的追求,这与当时专注于眼前、茫然于未来的青少年思想状况恰相吻合。

这里应该指出的是,60年代青少年人口的剧增在形成与扩大青少年文化的影响上的作用。战后"婴儿潮"期间诞生的婴儿至60年代逐渐长大成人。结果,1960年至1970年间,15至24岁的青少年的人数增加了1 100万。即使青少年吸毒者的比例在60年代保持不变,也会有数目可观的新吸毒者出现。更何况反主流文化运动的洪流将不少旁观者也卷了进去。到20世纪中叶,已经不是成年人而是青少年的生活方式决定什么东西时髦什么东西过时了。比如在穿着打扮方面,青少年不断花样翻新,中年人便竞相仿效。由嬉皮士推波助澜的吸毒浪潮,不同程度地波及社会的其他成员。

因素之二是越南战争。越战或许是60年代美国社会中最大的离心力量。60年代中后期,反战运动如火如荼地展开;随着越战的升级,人们的不满情绪日甚一日。越战因素对吸毒时疫的影响主要有两方面。一是反战运动加深了民众对政府乃至整个制度的敌对态度,这在那个时代又部分地导致吸毒。二是许多青少年抱着加入反战运动的动机投身到政治斗争之中,结果却受到各种影响吸起毒来。

因素之三是鼓吹者的宣传。吸毒之风在六七十年代吹遍美国大地,这与鼓吹者对毒品的大肆宣传是分不开的。这些人本身就是反主流文化运动的一部分甚至领袖人物,他们以各种方式鼓动人们吸毒。哈佛大学教授蒂莫西·里尔利(Timothy Leary)提出了著名的"吸毒、上瘾、退出"(turn on, tune in, drop out)的口号,鼓动人们服用幻觉剂。他领导的运动带有"超尘脱世"的宗教色彩。诗人金斯伯格、莱斯利·菲德勒号召人们吸用大麻。大名鼎鼎的阿尔德斯·赫胥黎服用墨斯卡林（mescalin），写了《知觉之门》来描述他的感受。他的著作在反主流文化运动成员中间具有广泛影响。罗伯特·灵格的畅销书《靠恫吓取胜》和《关照第一号人物》赤裸裸地鼓吹享乐主义和自我陶醉哲学，将不少人引上了吸毒之路。一度为嬉皮士红人的杰里·鲁宾的《干吧！》不乏煽动性言论，标题页上的忠告是"吸毒后读此书！"属于反主流文化的地下报刊（曾多达几百种）不遗余力地号召人们与传统社会决裂，吸用各种毒品。肯·克西与他那帮"快乐的恶作剧者"开着装满高音喇叭的汽车横穿全美国，传播吸毒的"福音"。

因素之四是流行音乐的影响。美国大麻与药物滥用全国委员会的报告指出，流行于60年代末70年代初的一百多首歌曲涉及毒品。[①] 被唱到的毒品有安非他命类（即苯丙胺）、大麻、可卡因、海洛因和幻觉剂等等。有的歌曲反对吸毒，有的描绘吸毒的情景，另外一些则赞美吸毒。"滚石""大门"之类的乐队到处演唱讴歌性欲、毒品、无政府主义和享乐主义的曲子。在摇滚乐队举行狂欢大集会上（著名的如纽约的伍兹托克节和加州阿尔塔蒙特的音乐会）成千上万的人在一起听音乐、吸毒。

因素之五是宗教本身的变化。60年代的另一发展是宗教世俗化倾向的加强。其最重要的方面是人们"对超验存在的信念的终结和超自然制裁从世俗的信条与制度上的去除"。[②] 传统宗教的规范及价值观念体系失去了原来的威力，恪守宗教教条的人大为减少。宗教仪式很少带有超自然的性质；教历上的重要日子不复为神圣的日子，而成为普通的节假日；天堂与地狱、罪恶与拯救的象征对许多人来说已无足轻重；关于结婚、离婚和性关系的宗教规约的约束力所剩无几。这些变化一方面助长了人们享乐主义的生活态度，同时又使生活的不安定感得以加强。这样，人们很容易受到吸毒风潮的影响。

有意思的是，60年代美国的宗教还出现了另外一个引人注目的现象，即各种神秘宗教的勃兴。许多人从传统宗教中找不到自己的精神支柱，转而向带有神秘色彩的宗教求助。一些瑜伽术者、静坐冥想术者等为了加深神秘的宗教体验，便使用各种幻觉剂来刺激神经中枢。据说，迷幻剂使用者有时感到自己和宇宙和谐一致，对世界充满爱心。更有甚者，有人宣布他们已经成了"上帝"或者具有某种超自然力量。其部分原因是，幻觉剂的效应与服用者的期望密切相关。

---

① Schroeder R C. The Politics of Drugs: An American Dilemma[M]. New York: Free Press, 1981, pp. 63-64.
② 刘修武. 美国人吸毒原因论[J]. 美国研究参考资料，1985(9).

总而言之,60年代的各种社会、政治、经济和文化因素的综合作用促成了吸毒的泛滥。

60年代中后期的毒品泛滥引起了美国公众和政府的高度关切,因为此时,在公众的头脑里,吸毒不仅已被视为反社会的标志,而且已经与精神病和不断上升的犯罪率联系在一起了。鉴于60年代前半期的暴力犯罪增加了1/2、财产犯罪增加了2/3和总体犯罪增加了将近1/2的现实,新当选的林登·约翰逊总统在1965年3月18日致第89届国会的一篇咨文中宣布"向犯罪开战"(War on Crime)。这场打击犯罪战争的主力军就是约翰逊1966年为调查研究犯罪和司法问题而成立的总统执法与司法委员会(the President's Commission on Law Enforcement and Administration of Justice)。由于此时许多政客、家长和媒体都称吸毒成瘾对美国一半的犯罪案件负有责任,因此该委员会的一项主要任务就是调查毒品问题与犯罪之间的关系。1967年该委员会发布了调查报告,报告涉及药物滥用问题的供需两方面。在报告中,该委员会提出了如下几条建议:(1)大量增加联邦麻醉品和海关局的毒品执法人数;(2)允许法院和改造机构灵活处置毒品违法者;(3)为建立健康有效的关于危险药品的调节和刑事法律的框架而进行深入研究;(4)国家精神卫生研究所(NIMH)应该成立一个有关毒品的教育和信息资料中心。①

为了更加有效地解决迅速恶化的毒品问题,约翰逊政府出台了若干项重要的毒品管制措施。譬如,通过1965年《毒品管制法修正案》(*Drug Abuse Control Amendments*),联邦政府将安非他命和巴比妥这两类人工合成药物的制造和经销也置于管制之下,并规定对非法生产这些药物的人要施加刑事惩罚。同年,为了执行针对危险药品的联邦法律,政府还在卫生教育和福利部内成立了一个药物滥用管制局(Bureau of Drug Abuse Control)。1968年,约翰逊总统的执法与司法管理委员又敦促政府大幅度增加毒品供应管制方面的投入。② 鉴于联邦毒品执法权力分散的事实,1968年2月约翰逊总统在司法部内又成立了一个麻醉品与危险药品局(BNDD, Bureau of Narcotics and Dangerous Drugs)。虽然,三年前成立的药物滥用管制局(BDAC)被授予了某些与非麻醉品相关的干预职能,但此时财政部的联邦麻醉品局(FBN)仍然负有一些责任。为了统一联邦反毒行动步调,联邦麻醉品局和药物滥用管制局被撤销,而由新成立的麻醉品与危

---

① Lyman M D. Practical Drug Enforcement: Procedures and Administration[M]. New York: Elsevier, 1989, p. 359.

② Rosenberger L F. America's Drug War Debacle[M]. Avebury, 1996, p. 21.

险药品局全权负责美国联邦政府所有毒品法的执行,工作内容从世界范围内的行动到与州和地方执法官员的合作无所不包。此外,该部门还受命"进行一项广泛的研究运动和实施一项全国范围内的关于吸毒及其悲惨结果的公众教育计划"。① 约翰逊此次对联邦毒品执法机构的改组,被称为"1 号改组计划"(Reorganization Plan No. 1)。

约翰逊当政期间,政府也采取了几项针对毒品需求的措施。1966 年美国国会通过了《麻醉品成瘾者康复法》(The Narcotic Addict Rehabilitation Act),授权联邦地区法院对某些作为吸毒成瘾者的被告人进行自愿或非自愿的民事关押而不是进行起诉。该法还授权卫生部长为吸毒成瘾者康复和出院后开设保健项目并为各州治疗成瘾者提供资金。② 具体来讲,该法共分为 4 个部分。第一条规定美国公共卫生署署长有权对"被指控或判定违反联邦刑律又染有毒瘾、且通过治疗可能康复者免予起诉或判刑,而代之以对其进行民事关押和治疗以期使之恢复健康,重返社会";第二条规定了对已经被联邦法院判罪的成瘾者的治疗措施,对于这类犯人,治疗服务由联邦监狱局提供;第三条是关于自愿接受戒毒治疗的犯人的,对这类人的治疗服务也是由公共卫生署负责;第四条规定为以社区为基础的戒毒治疗计划提供资金。这样一来,该法案便将联邦政府放在支持地区戒毒计划的位置上了。在《麻醉品成瘾者康复法》逐步实施的同时,联邦政府在社区戒毒治疗中的作用也得以加强。③ 该法明确规定"麻醉品成瘾"是一种精神病。这样国会便实现了认识上的一大转变,这一转变为联邦支持地方药物依赖治疗计划铺平了道路,并且通过 1968 年的《精神健康法修正案》(the Mental Health Act Amendments),专门为地方药物依赖治疗提供了资金。④

可惜的是,这些积极行动相对于 60 年代中期迅猛增长的毒品需求来说范围太小,不会产生多大的影响。美国联邦政府非但没有下大力气增加遏制需求方面的工作量以应付 60 年代的毒品瘟疫,反而继续把最主要的精力瞄在减少毒品的供应上。

总体来看,安斯灵格担任联邦麻醉品局局长期间,特别是 50 年代的严刑峻法在 60 年代得到了某种程度上的缓和。60 年代中期标志着一种较为全面的毒品执法方式的开始,为管制"危险药品",亦即合法生产的幻觉剂、兴奋剂和镇静

---

① Drug Abuse Council. The Facts about "Drug Abuse"[M]. New York: The Free Press, 1980, pp. 24 - 125.
② Abadinsky H. Drug Abuse: An Introduction[M]. Chicago: Nelson-Hall Inc,1989, p. 68.
③ Inciardi J A. Handbook of Drug Control in the U. S. [M]. New York: Greenwood Press, 1990, p. 57.
④ Rosenberger L F. America's Drug War Debacle[M]. Avebury, 1996, p. 20.

剂而制定了新的法律。这些法律在语气和实质上都更加温和,标志着联邦政府企图在控制合法及非法生产的毒品上采取一种更加统一的政策的趋势。

第三节 毒品问题的政治化：尼克松"向毒品开战"

一、尼克松"毒品战"的背景

1968年11月5日,共和党人理查德·M.尼克松在总统大选中险胜民主党人休伯特·汉弗莱(Hubert Humphrey)当选为美国总统。在尼克松任职期间,"吸毒"问题得到了美国政府有史以来最高度的重视和公众最大的关注。联邦政府每年用于戒毒治疗、禁毒教育、吸毒研究和禁毒执法方面的预算也从1969年的8 140万美元增加到1974年的7.6亿美元,几乎增长了10倍。① 伴随着这样大幅度的预算增加,联邦政府制定了一系列的毒品立法、对禁毒机构和反毒计划等进行了改组和改革。毒品问题首次上升为一个政治问题。正是在尼克松总统任内,禁毒成了一个非常重要的国家政策,现代意义上的毒品战才真正开始。

1. 联邦反毒努力扩大的原因分析

不断上升的街头犯罪率是1968年总统大选的一个主要问题。60年代中期的城市骚乱和日益增高的犯罪率一并推动了总统竞选中关于美国社会目无法纪和暴力的宣传。于是,"法律和秩序"成了1968年总统竞选中共和党国内政纲的一个主题。尼克松在这一问题上的立场就是对犯罪严惩不贷。他对选民们说："……在对付犯罪的问题上,将这个国家的判罪率加倍比汉弗莱将反对贫困的资金翻4番的效果要好得多。"②

历史证明,对城市街头犯罪"采取强硬措施"的竞选承诺说说容易,兑现却难得多。联邦政府在阻止偷盗和武装抢劫这些最为司空见惯的街头犯罪方面的权力和权限是非常有限的。除了哥伦比亚特区以外,对付这类的违法犯罪活动通常是各州的内部事务,而不是联邦行为。即使国会扩大了联邦执法机构的执法权力,这些机构(如FBI、IRS和BNDD等)也没有足够的人力来有效地对付城市

---

① Trebach A S. The Heroine Solution[M]. New Haven, Conn: Yale University Press, 1982, p. 231.
② 同注①。

的街头犯罪。

尽管国会通过了允许预防性拘押、严厉的判刑以及"无需敲门"的无搜查令搜查的"强硬"立法,但正如联邦调查局的报告所说,犯罪率还是继续上升,使尼克松政府承诺的"法律和秩序"受到危害。即使是在联邦政府可以直接行使管辖权的哥伦比亚特区,尼克松任期的第一年的犯罪率也是只升不降。

很明显,仅从政治的角度考虑,为了能在1972年总统大选中寻求连任,尼克松政府也有必要在此之前在犯罪控制的某一领域有所作为。这是1969年以来联邦政府在管制非法药物滥用方面工作发展的一个潜在因素。

另一方面,使用非法毒品与街头暴力犯罪之间的因果关系经过了很长时间的发展,到60年代末,已经被认可为一个事实。在公众的头脑中,海洛因已经密不可分地与城市的犯罪危机联系在一起。随着公众对犯罪的忧虑的增加,他们对海洛因及海洛因成瘾者的恐惧也日甚一日。关于驻越美军中吸毒人数增加的报道也加重了这种恐惧心理。人们一想到将有大量的"大兵吸毒鬼"游荡于美国城市的大街小巷就忧心忡忡,这也导致他们进一步要求政府采取行动。

有数字显示,60年代末毒品迅速上升为公众关心的一个问题。在1966至1971年间刊登在通俗杂志上有关毒品问题的文章数量增加了一倍还多;盖洛普民意测验调查发现,认为毒品是美国所面临的最重要问题的人数在所有被调查者中所占的比例由20世纪60年代末的1%~2%上升到1971年的11%和1973年的20%。[①]

当时许多与毒品有关的新闻报道引起了公众的注意。而且,有资料显示在很大程度上是政府在鼓励一篇又一篇毒品报道的出笼,以期将公众的注意力引向这一问题。例如,1971年1月,尼克松总统宣布任命宾夕法尼亚州的一位前州长担任一个调查大麻滥用情况的特别委员会的主席。同时,在同一个月国家精神卫生研究所(NIMH)公布了对大学校园吸用大麻情况所作的规模最大的一项调查的结果。结果表明,有1/3的大学生曾经尝试过大麻。2月,参议员沃尔特·蒙代尔(Walt Mondale)与众议员查尔斯·兰吉尔(Charles Rangel)宣布要成立一个全国性的委员会,以找出阻止海洛因进口的方法,并负责处理美国的毒品危机。3月,联邦通信委员会(Federal Communications Commission)宣布了一项声明,规定商业广播电台不准播放任何"有推动和赞美使用非法毒品倾向"的抒情歌曲。同一个月,美国司法部和墨西哥政府官员之间的高层会晤的结果

---

① Sharp E B. The Dilemma of Drug Policy in the United States[M]. New York: Harper Collins College Publishers, 1994, p.24.

宣称因贩卖海洛因、可卡因和大麻而被捕者正日益增多。

此时，美国人经常面对的是有关政府声明、吸毒调查、缉毒行动和战果披露等方面的新闻报道，所有这些都再三强调了毒品问题的严重性。

但是，单是减少街头犯罪计划的必要性和公众对海洛因与日俱增的忧虑还不足以解释联邦反毒努力扩大的全部原因，另外还有一种因素至关重要。这第三种因素就是解决海洛因成瘾问题的新方法的出现。此时出现了三种对付海洛因成瘾及相关犯罪的新方法。虽然这三种方法各不相同，但在此后的政府禁毒计划中却得以有机地结合起来，从而使联邦政府的决策者们在解决海洛因成瘾的问题上看到了希望。

第一是联邦毒品管制的立法基础发生了变化。1970年以前，联邦政府管制毒品主要基于其征税和禁止走私的权力。因此实际上在1968年通过行政命令创建麻醉品及危险药品局（BNDD）以前，所有的联邦毒品法律都是由财政部负责执行的。就在这一新机构建立的同时，原来隶属财政部的联邦麻醉品局被取消了。随着1970年《药物滥用预防与控制综合法案》(*The Comprehensive Drug Abuse Prevention and Control Act*)的通过，这种管辖权的转移也有了法律依据。

该法涉及面广，除了执法外，还增加了对戒毒治疗、康复及教育的支持和援助。该法案第二条是有关执法的条文，它们只是通过改进联邦执法减少刑事犯罪活动计划的一部分。国会和尼克松政府力图通过该项立法将现有的毒品法律编集成一项综合性的法律。该法将大部分的毒品管制权赋予了司法部。这样，司法部长便能够对所有的危险药品和麻醉品实施管制。这是第一个规定买卖或拥有某些不宜征税药品为非法行为的联邦法律。而联邦管制毒品的理论依据也发生了变化，由原来宪法赋予国会的征税权变成了国会管制州际商务的权力。毒品执法在宪法基础方面的这种转变，使联邦政府能够更为直接地打击公众所极度恐惧的毒品犯罪。这让人们对过去屡屡受挫的打击非法毒品贩运方面看到了一线成功的希望。

第二种方法是通过双边协定减少非法毒品，尤其是海洛因的大量入境。从1912年的《海牙国际鸦片公约》开始，美国为了不让非法鸦片剂入境就曾经洽谈过双边和多边的国际协定。由于美国境内不种鸦片，因此美国吸毒者所用的海洛因都来自境外。因此，美国官方认为，假如外国不再种鸦片，美国也就不会有海洛因存在了。然而由于实际上不可能阻止所有的地方种植鸦片罂粟，所以反毒的另一道防线一直是在中途切断鸦片的国际贩运，或阻止国外的加工厂将鸦片通过化学方法制成海洛因后运入美国。

1969年1月，据信美国人使用的海洛因有将近80%是来自土耳其，而将土耳其鸦片制成海洛因然后再运往美国东海岸港口城市的则是法国人。这就是所谓的"法国关系网",所以在60年代末常常将美国海洛因成瘾率上升归咎于这两个国家的制毒贩毒活动。

为了不让非法毒品流入美国,尼克松政府寻求更大的国际合作。1971年初,正值公众对海洛因的关切达到顶峰之时,美国为了将海洛因拒之于国门之外,分别与法国和土耳其达成了协议,以期在反毒问题上得到这两个国家的配合和协助。法国政府答应采取措施关闭马赛地区的地下毒品加工厂,并不让鸦片进入和海洛因输出法国。经过长期的谈判最终在1971年6月底与土耳其达成了协议,协议规定土耳其全面禁止罂粟的种植,作为回报,美国将在三年内为土耳其农民的作物改植提供总数为3 500万美元的财政援助和收入补偿。①

在短期内这两个协议的签订使流入美国的海洛因大幅度减少,1972年和1973年美国海洛因还曾一度匮乏。这个协议被当成"毒品战"国际战线上的重大胜利而大加赞扬。随后联邦政府试图与其他潜在的毒品"来源"和"加工"国家达成类似协议进而达到控制毒品供应的目的。控制国际毒品供应遂成为美国联邦政府进行海洛因管制的第二种方法。

第三种方法是利用美沙酮来治疗海洛因成瘾。美沙酮是"二战"期间德国人发明的一种作为吗啡替代产品的人工合成的止痛剂。战后及整个50年代,美国用它来解除海洛因成瘾者的毒瘾。1960年,纽约市洛克菲勒研究所的文森特·P. 多尔博士(Dr. Wincent P. Dole)和玛丽·E. 奈斯旺达博士(Dr. Marie P. Nyswander)发现他们可以用稳定剂量的美沙酮维持6名海洛因成瘾者,使他们不再渴求海洛因。为了证明这种药的潜能和评估其戒毒作用,多尔和奈斯旺达不久便开始扩大其美沙酮维持计划(methadone maintenance program)。1966年他们汇报了其工作的初步结果,声称那些参加了这项计划的瘾君子中的犯罪活动"实际上已经消失"。②公众和政府于是对美沙酮维持计划的兴趣大增。到60年代末,许多城市都设立了美沙酮计划,这为长期以来强调节制而未见效果的那种传统的治疗方法提供了另一种可能。

虽然医务人员和海洛因成瘾者一般认为美沙酮维持计划是一种戒毒"治疗"方法,但到1969年后期,它已经成为全国性的减少城市犯罪运动的一部分。人们普遍认为,假如用合法开售的美沙酮能够使成瘾者摆脱对海洛因的依赖的话,那么犯罪率就会降低,因为吸毒成瘾者往往是为了维持其毒瘾才去犯罪。美沙

---

① Epstein E J. Agency of Fear[M]. New York: Putnam, 1977, p. 92.
② Drug Abuse Council. The Facts about "Drug Abuse"[M]. Free Press, 1980, p. 28.

酮在为海洛因成瘾者提供了一种新治疗方法的同时，也提供了一种减少城市街头犯罪的可能性。因此，美沙酮治疗方法的出现对于海洛因成瘾问题和与之相关的犯罪问题的解决十分重要。

2. 1969—1971年间联邦政府的反毒努力

1969年理查德·尼克松宣布毒品是一种"对国家的威胁"。他极力帮助国会着手制定新的毒品法律，大力促成禁毒经费的增长，发起打击犯罪的戒毒治疗计划，并将规模不大的联邦反毒机构扩大成为一种"禁毒复合体"。尼克松给美国人留下的"遗产"不仅仅是反毒运动的扩大，而且还使美国的禁毒政策更趋成熟和完善。

尼克松在"法律和秩序"的口号声中登上总统宝座后，便开始了其对毒品不屈不挠的斗争。1969年7月，他在就美国毒品和犯罪问题的严重性向全国发表的一篇演讲中说："在过去的十年中，吸毒已经从一个地方治安问题发展成了对个人健康和数百万美国人的安全的一种严重的国家威胁。全国人民对问题的严重性，都要有一个清醒的认识。为了对付这种不断加剧的对美国总体利益的威胁，联邦一级政府需要制定一项新的全国性政策。"[1]随着政府宣传攻势的展开，国会所承受的立法压力越来越大。1971年尼克松总统告诉国会说："毒品问题已经发展到了使全国进入紧急状态的程度。"[2]负责宣传的行政人员也接到了类似的参战动员令："贩毒是当今美国国内头号公敌，我们必须在全国和全世界范围内发动一场总攻。"[3]

尼克松时期宣传攻势加大的同时，反毒开支也明显增加。1969年1月尼克松刚上台时，美国的反毒投入相对来说还比较少。1969财政年度联邦在非法毒品管制方面的投入是8 600万美元；而1 970财政年度要求的预算略有增加，达到10 190万美元。[4] 1971年的财政预算是第一个完全由尼克松政府制定的预算，在这一年的预算中反毒预算比上一年增加了一倍还多，达到了21 250万美元。1971年所增加的反毒预算主要用于戒毒治疗与康复，以及教育、预防和培训方面。虽然毒品执法预算的增加幅度超过了51%，但此年用于治疗和康复的开支的绝对数额超过了执法方面的开支，这在美国禁毒史上尚属首次。（参见图3-1）

---

[1] Test of Nixon Message on Plan to Attack Drug Abuse[Z]. Congressional Quarterly Almanac, 1969(24): 57A.

[2] President's Message on Drug Control Programs[Z]. Congressional Quarterly Almanac, 1971(26): 94A.

[3] Epstein E J. Agency of Fear[M]. New York: Putnam, 1977, p. 178.

[4] Goldberg P B, DeLong J V. Federal Expenditures on Drug-Abuse Control[M]. //Drug Abuse Survey Project. Dealing with Drug Abuse. Praeger, 1972, pp. 300 – 328.

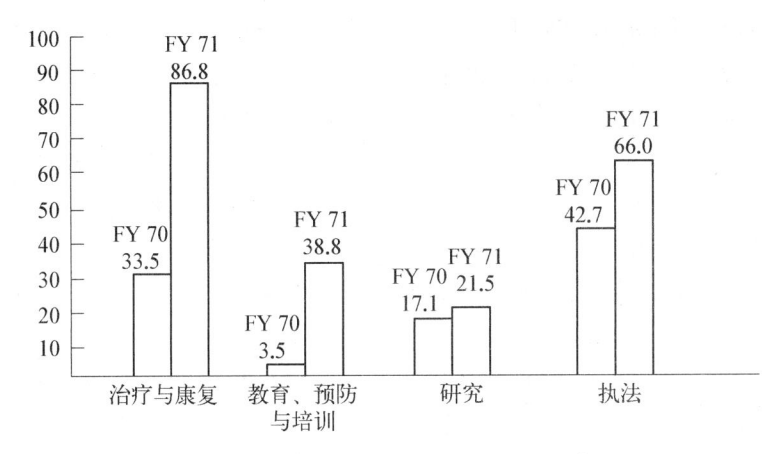

图 3-1　1970 和 1971 财政年度联邦反毒预算分类比较① 单位：百万美元

类别	FY 70	FY 71
治疗与康复	33.5	86.8
教育、预防与培训	3.5	38.8
研究	17.1	21.5
执法	42.7	66.0

由于吸毒问题日益引起公众和政府的注意，所以国会方面比较倾向于满足禁毒机构预算要求。到1971财政年度时，共有15个独立的联邦机构参与某种形式的反毒活动。对于有些机构（如教育司、退伍军人管理局和运输部）来说，1971财政年度是其参与具体的反毒活动的第一年。而对于其他部门（如住房与城市发展部和经济机会办公室）来说，与毒品相关的开支则有了大幅的提高，而在此之前它们这方面的经费还少得可怜。随着联邦反毒预算的增加而来的是部门间协调问题的突出。虽然联邦政府在反毒方面的投入加大，但总的来看，这种努力还缺乏应有的凝聚力和总体目标。有鉴于此，1972年有人评论说："联邦在反毒方面的行动好像是对现实危机采取的一种权宜之计而非经过深谋远虑的长期计划。"②

1971年公布的拟议中的1972财政年度的财政预算中，反毒预算预计为26 500万美元（此年实际反毒预算总额为41 450万美元，预防治疗方面为28 870万美元，执法方面为12 580万美元③），比上一年增加5 000万美元以上。这一预算包括9 600万美元的执法费用，10 100万美元用于治疗和康复，2 400万美元用于毒品研究，4 400万美元用于反毒的教育、预防和培训。到这时候为止，已有16个独立的联邦机构参与了禁毒活动，但彼此之间却缺乏协调。

1971年初，国家大麻和药物滥用委员会（the National Commission on

---

① Goldberg P B, DeLong J V. Federal Expenditures on Drug-Abuse Control[M]. //Drug Abuse Survey Project. Dealing with Drug Abuse. Praeger, 1972, pp. 300-328.
② Wald P M, Hutt P B. Drugs Abuse Survey Project: Summary of Findings, Conclusions, and Recommendations[M]. //Dealing with Drug Abuse, p. 39.
③ 同注①，pp. 303-304.

Marijuana and Drug Abuse)开始着手进行两年一度的调查。该联邦调查委员会成员的任命、工作范围以及完成两个调查报告的时间表,是在1970年的《药品滥用与控制综合法》中就已经制定好了的。该委员会共由13名成员组成,其中参众两院各任命两人,其余9位成员由尼克松总统挑选。国会规定该委员会应该在1972年3月以前首先完成一项与大麻问题相关的综合性调查。在第二年的工作中,国会指示其完成一项对美国"药物滥用"问题的性质、原因和意义的更为一般的探讨和分析报告,并提出与其调查结果和结论一致的立法和政府行动建议。

然而,1971年6月17日,在该委员会的第二份报告还未完成之前,尼克松总统提交给国会一份关于药物滥用问题的特别咨文。在这篇咨文中,总统要求国会为1972年追加反毒预算15 500万美元,并对与毒品治疗、教育、预防和研究,特别是协调方面的责任进行一次重组。与此同时,发布了一项行政命令,设立了总统麻醉品及危险药品特别助理一职,目的是为了使总统向国会提出的立法"尽可能在合法的范围内"。[1] 此时起,联邦政府反毒势力开始了根本性的重组。

二、1971年尼克松总统致国会的特别咨文:"向毒品开战"

1971年6月17日,尼克松总统致国会的特别咨文将毒品问题提到了前所未有的高度。这份报告是美国政府承诺减少海洛因成瘾者犯罪并使毒品问题得到控制的最高宣言。尼克松告诫美国国会和美国公众"假如我们消灭不了美国的毒品威胁,那么毒品就要消灭我们"。[2] 虽然总统对"药物滥用"问题泛泛而谈,但毫无疑问他所指的主要问题是海洛因问题。

由于美国公众对海洛因相关犯罪及吸毒成瘾的美国越战老兵的恐惧,他们要求政府采取更加有效的应对措施。显然,仅仅是增加反毒经费并没有奏效。尼克松说:"现在我们必须坦率地承认目前管制药物滥用的工作中的审慎做法本身已远远不够,这一问题已经发展到了使全国进入紧急状态的程度。"[3]

所以按照这种逻辑,如果要减少海洛因成瘾问题和城市犯罪,就要采取强有力的措施。由于毒品问题对于尼克松政府来说有很重要的政治意义,因此,实施强有力措施就需要一定的速度。无疑,尼克松政府所提倡的政策和计划与过去

---

[1] Drug Abuse Council. The Facts about "Drug Abuse"[M]. New York: The Free Press, 1980, p. 32.

[2] 同注[1]。

[3] 同注[1]。

联邦反毒活动的特征是一致的。而且,1971年尼克松政府反毒措施的立足点与此前60多年里对非法毒品危害的假定及根本论断是相同的。本届政府所提出的变革只不过策略、规模和范围变化而已。

尼克松总统认识到了此前联邦反毒斗争的弊病,所以他说:"我们必须承认,零零碎碎的反毒努力即便个别时候有所成功,但不能最终对吸毒问题产生重大影响,除非是把它们连结成一场更大的包括政府和个人努力在内的运动。如果我们想要成功打击吸毒,就需要采取步调一致的行动。"为了协调联邦政府各部门的反毒努力,政府发展了一种两面出击的策略。联邦所有毒品执法力量都在"供应"方面阻止违禁药物的非法生产、经销和使用;而在打击"需求"方面的则是联邦在治疗康复和教育、预防、培训和研究方面的各种力量。虽然这两方面策略的共同目标都是消除美国的非法吸毒及与毒品相关的犯罪现象,但彼此分离而又独立。

为了控制国内的毒品需求,尼克松政府提出了一项重大的联邦反毒机构改组计划,通过改组可以暂时将联邦在毒品治疗、康复、教育、预防、培训和研究等方面的责任集中于一个新成立的"白宫机构",即预防药物滥用特别行动办公室(SAODAP,Special Action Office for Drug Abuse Prevention)。该办公室主任直接对总统负责。从组织的角度来看,协调联邦的众多机构是很有意义的。忽视各机构职能重叠的问题可能会导致更进一步的混乱并削弱政府措施的效果。可是,这并没有说明为什么这种协调责任一定要在总统的监督之下。对此,美国国内常将之归结为两方面的原因。

一种说法是由于当时白宫人员与联邦反毒机构关系恶化之故。尤其是在资助美沙酮维持计划的问题上,白宫方面感觉各职能部门办事非常"拖沓"。尼克松手下的白宫官员相信了美沙酮维持在减少海洛因"瘾君子"方面的好处,但他们却未能赢得国家精神卫生研究所(NIMH)的全力支持和合作,该研究所本应是这些项目的资助和监督机构。NIMH官员担心政府为了减轻海洛因成瘾给社会造成的负担,会允许人们美沙酮成瘾,因而对白宫要其资助更多的美沙酮计划的压力进行了抵制。政府方面则说,NIMH之所以反对这些计划是因为认可了美沙酮维持的观念就等于精神病学界承认了其在治疗海洛因成瘾方面的失败。

虽然在尼克松总统的咨文中仅提到过美沙酮一次,其创立SAODAP的提议及随后对它的授权会有助于政府战胜NIMH,从而增加联邦对美沙酮维持计划的支持,所以尼克松政府力图绕过这个不愿配合的机构。尼克松总统任命著名的美沙酮维持计划的提倡者杰罗姆·杰夫博士(Dr. Jerome Jeffe)担任其麻醉品及危险药品事务特别顾问。在国会合法成立 SAODAP 以前，政府的用意昭然若揭。实际上，到1971年中期杰夫博士就职时，已有135个联邦资助的毒品治疗项目；18个月以后，由于毒品治疗预算的大幅增加，联邦支持的毒品治疗项目几乎翻了三番，达到了394个。① 在这一项目增加的过程中，海洛因成瘾的治疗得到重视，而且也加快了美沙酮治疗项目的增长速度。

　　白宫集中毒品决策权的另一种解释是，政府方面希望通过在打击吸毒和相关犯罪的成功，提高其政治声誉。总统的国会咨文充满了必胜的信念。咨文力图将非法毒品描绘成一场国内战争中的敌人，只能靠强有力的总统领导才能战胜它。尼克松说："毒品威胁使许多美国人心惊胆战。它悄悄地登堂入室并毁掉我们的孩子；它潜入我们的社区并破坏我们的社区结构。我们有决心有毅力来对付这个问题。我们拥有干好这项工作的道德资源。现在我们需要的是与我们的道德资源相匹配的权力和资金。正如我们赢得了其他的胜利一样，我相信我们会赢得这场'战争'的胜利。"②

　　从总统这篇咨文中可以看出政府对赢得这场反毒战争的胜利深信不疑。这场战争将会是速决战，它需要采取迅速而又决断的行动并拥有足够的"战争"资金。SAODAP 一个很重要的作用即是让白宫得以直接参与毒品管制，增加其可见性。因为尼克松知道领导一场打击毒品的战争肯定会提高其政治影响，从而为其赢得政治声誉。

三、尼克松"毒品战"的扩大与发展

　　尼克松政府在"向毒品开战"之后便开始了一场疾风暴雨式的反毒运动。为了向毒品问题发起一场全面的攻势，反毒运动在美沙酮计划、国际谈判和国内毒品执法三条战线上如火如荼地展开了。反毒资金有相当大的增加。在总统致国会的特别咨文中，他要求国会追加15 500万美元的预算以支持新的反毒计划。经国会批准后，这一追加拨款将联邦反毒预算提高到了41 800万美元，是两年以前的4倍。

　　1. 戒毒治疗方面

　　1971年尼克松总统的新毒品事务特别顾问杰罗姆·杰夫博士一就职，便首先着手处理在越南作战的士兵及复员老兵的吸毒问题。联邦政府开设了许多新

---

　　① Strategy Council on Drug Abuse. Federal Strategy for Drug Abuse and Drug Traffic Prevention 1979[Z]. Washington, DC, p. 76.
　　② Drug Abuse Council. The Facts about "Drug Abuse"[M]. New York: The Free Press, 1980, p. 33.

的治疗中心,退伍军人管理局的戒毒治疗计划得以扩大,因此该局能够吸引更多的有毒瘾的老兵寻求治疗。而且为了杜绝染有毒瘾的士兵潮水般返回美国,美国国防部在越战士兵中发起了一项大规模的验尿运动,以期在美国军人离开越南之前对其实行必要的监督。任何测试呈阳性反应的服用海洛因或鸦片剂的士兵都将被留下进行戒毒和康复治疗。尼克松总统对国会说:"我们要求让军队把任何染有毒瘾的复员士兵留下来进行戒毒治疗。必须赋予我们所有的军人康复的权利。"① 为此,总统将追加近 5 000 万美元预算用来扩大国防部和退伍军人管理局的戒毒治疗和康复的能力。

　　SAODAP 的工作人员也立即担当起了指导全国扩大毒品治疗计划的责任。虽然追加的反毒预算也使国家精神卫生研究所(精神病研究所)得到了额外 5 100 万美元的治疗和康复经费,使其治疗和康复的总预算增加到 1 亿美元,但是这些经费的开销控制权却转到了 SAODAP 和白宫工作人员手中。而扩大的治疗计划的侧重点则主要放在了海洛因成瘾的治疗上,并且"全国范围内美沙酮维持计划正在大规模地扩大"。②

　　治疗计划的第一个新目标是让任何想进行治疗的成瘾者都及时地得到治疗。这意味着以往参加戒毒治疗项目需要等待很久的现象将不复存在,而且治疗计划将会扩展到那些急需治疗设施而现在还没有的社区。1971 年 6 月杰夫博士就职时,只有 54 个城市设有联邦资助的治疗项目,而 18 个月后,这样的城市数量增长 34 倍,达到了 214 个。这样的增长速度和规模十分引人注目。1971年 10 月对参加联邦治疗计划的吸毒人数的最早的估计数字只不过是 2 万多人;1972 年 12 月这一数字已上升到 6 万人以上。③

　　除了不断扩大的美沙酮治疗以外,其他唯一被认可的治疗海洛因成瘾的方法就是节制型的(abstinence-oriented)方法。虽然对于少数吸毒成瘾者来说,这些节制计划颇受欢迎并且有时也很有效,但决策者们说这种方法没有也不可能对城市犯罪产生重大影响,因此美沙酮成了人们新的希望之所在。但食品与药物管理局(FDA)却对美沙酮计划持反对态度,少数族裔社区也因美沙酮计划是用一种成瘾代替另一种成瘾的基本思想而对它提出反对。1972 年 12 月,食品

---

① Permanent Subcommittee on Investigations of the Committee on Government Operations. Federal Drug Enforcement: Interim Report of the Committee on Government Operations, U. S. Senate, 94th Cong., 2nd Sess., Report No. 94-1039[Z]. Washington, D C: U. S. Government Printing Office, 1976, pp. 27-29.
② 同注①,p. 26.
③ Halper S C. The Heroine Trade: From Poppies to Peoria[Z]. Washington, DC: Drug Abuse Council, 1977, p. 2.

与药物管理局出台了一个新规定,放松了联邦对美沙酮的管制,将其地位由一种需要审查的新药变成了一种需要长期研究的新药。到1973年10月,有将近8万人报名参加了美沙酮维持计划。① 有些计划是联邦资助的,有些则不是,但所有的美沙酮计划的运营都需要经过联邦政府的批准。

在政府看来,美沙酮治疗计划与治疗性社区计划②相比具有某些优点。首先,美沙酮可以让较少的项目治疗更多的人,从而使该计划易于迅速扩大。对于大量的不能成功戒毒的海洛因成瘾者而言,美沙酮计划的扩大为其提供了另一种可能性。其次,每位患者在美沙酮维持方面的花费要比在治疗性社区里少得多。再次,尽管美沙酮治疗无法达到公众禁绝毒品的要求,但它却能满足大众对减少海洛因相关犯罪的要求。最后,由真正的医生参与并按更为传统的医生诊所的方式开展的美沙酮计划,更容易为公众所理解。

有鉴于此,扩大海洛因治疗计划特别是利用美沙酮治疗的计划就成了预防药物滥用特别行动办公室的首要目标。

2. 国际反毒活动方面

尼克松在其1971年6月17日给国会的特别咨文中提出了"对国际毒品贸易全面开战"的主张。为了表明其国际反毒意图,尼克松总统将美国驻土耳其、法国、墨西哥、泰国、卢森堡、南越,以及联合国的大使召集在一起共同讨论争取外国更加密切配合的方法,以期控制全世界范围内鸦片类麻醉品的非法流动和买卖。他就这次会议告诉国会:"我要让人们明白美国人的海洛因成瘾是一个严重的国际问题,而且我让我国的大使也向所在国政府阐明这一点。我们要与其他国家发展良好的关系,但我们决不能用在这一问题上的妥协立场为交换条件。"③

两周后,尼克松总统正式声明土耳其政府已经同意在1972年收获之后将全面禁绝罂粟的种植。作为回报,美国答应在三年的时间内向土耳其提供3 570万美元的援助以补偿其经济损失,并帮助土耳其农民发展替代作物,寻找新的收

---

① Halper S C. The Heroine Trade: From Poppies to Peoria[Z]. Washington, DC: Drug Abuse Council, 1977, p. 29.

② 原文"Therapeutic Community",简称"TC",这种戒毒治疗模式的实质是让"TC"内的"居民"不是被动地接受治疗,而是主动地参与制订计划和组织实施的活动。美国最著名的两个治疗性社区是加利福尼亚州的西纳侬(Synanon)和纽约州的戴拓普村(Daytop Village)。这些社区的许多成员自己曾经吸过毒,现在已经戒了毒,他们通过言传身教、现身说法来帮助还在吸毒的人。共同的经历、共同的语言,使他们这些人的戒毒方法往往更有说服力,更易于接受。因而这种治疗性社区计划在美国六七十年代曾风行一时。

③ Drug Abuse Council. The Facts about "Drug Abuse"[M]. New York: The Free Press, 1980, p. 37.

入来源。虽然此声明公布一年后才生效，但这一双边协定受到了高度赞扬，被称为"重大突破"。① 美国希望借此在全世界范围内发动一场禁绝非法鸦片生产的运动，但在随后的一年中，这一运动并未见到什么明显的效果。

1971年9月尼克松总统成立了一个新的国际禁毒内阁级委员会，主要负责监督美国国际禁毒活动的进一步开展。这个以国务卿为首的内阁委员会指示驻59个国家的美国大使馆制订禁毒行动计划（Narcotic Control Action Plans），美国据此与外国进行双边协议的谈判，进而推动其国际禁毒计划的进一步实施。但是其他国家显然不会得到像土耳其得到的那样的经济援助，而且这些禁毒行动计划的运用范围更加有限，美国主要是为了提高东道国的情报搜集能力和执法能力而为其提供执法援助。这种战略转变表明尼克松政府早在土耳其禁毒协议生效以前就意识到了这种方法的局限性。而且，虽然土耳其得到了那个"胡萝卜"，其他国家却受到了取消经济和军事援助这根制裁"大棒"的威胁。因为能够种植鸦片和加工成海洛因的国家不胜枚举，所以与所有潜在的"毒源国"谈判和签订类似的协议简直不可能。即使在外交方面有这种可能性，美国也不会投入那样大的花费。而且，由于许多鸦片种植区往往在所在国政府控制范围以外，所以即使有关国家政府同意禁毒，也并非个个都能成功地禁绝鸦片的生产。因此，国际拦截行动逐渐取代了禁止鸦片生产的方法而成为美国国际毒品控制活动的主要策略。虽然有总统积极参与，但除了与土耳其以及前面提到的法国签订的双边协议外，美国在国际战线上并没有达成什么重大的双边协议。

除了双边活动以外，美国还力图加强对联合国1961年《麻醉品单一公约》（Single Convention on Narcotic Drugs）②条文的执行。1971年，美国提交了该公约的修正案，以期提高对毒源国家非法鸦片的控制。该修正案在1972年联合国的一次全权代表大会上正式通过并提交各签字国批准。虽然这一协定并没有什么效果，但尼克松政府显然将其视为国际麻醉品管制方面的一种大胆的尝试。

作为对美国加强《1961年麻醉品单一公约》的回应，鸦片种植国也向美国施压，促其支持再签署一个管制人工合成的"精神"药物（如幻觉剂、安非他命、巴比妥及安定剂）的国际协定。这就是同年签订的联合国《精神药物公约》（The

---

① Drug Abuse Council. The Facts about "Drug Abuse"[M]. New York: The Free Press, 1980, p. 37.
② 1961年1月至3月，95个国家在纽约举行了制定新的麻醉品多边公约的国际会议。会议通过了关于麻醉品的单一公约，它将1961年以前签订的有关麻醉品管制的公约综合在一起成为一个单一的公约。该公约使联合国毒品管制机构得以精简，但在毒品管制上作为不大，是各国利益妥协的产物。由于其漏洞颇多，所以1972年经修正成为《经〈修正1961年麻醉品单一公约议定书〉修正的1961年麻醉产品单一公约》，至今仍然有效。

Psychotropic Convention)。鸦片种植国将这一条约的批准视为对工业化国家在控制药物滥用问题上诚意的考验。因此,美国支持《精神药物公约》成了鸦片生产国支持加强《麻醉品单一公约》的一个必要的交换条件。

1971 年 6 月 19 日尼克松总统将《精神药物公约》送交参议院批准。这个条约的批准遇到了强大的阻力,因为它限制了国内管制各种精神药物方面政策的灵活性。有人认为,这一条约将会进一步剥夺医疗和科研部门在美国国内毒品政策中的决策权,因此该公约在美国国内迟迟未获批准。

3. 国内的毒品执法活动

1970 年以前,麻醉品及危险药品局(BNDD)及其前身联邦麻醉品局(FBN)往往因太专注于打击吸毒者和街头小贩的执法活动而受到各方面的批评。1970 年 BNDD 这一策略发生了改变,执法目标开始转向非法毒品经销组织的高层。时任 BNDD 局长的约翰·英格索尔(John Ingersoll)在 1970 年 3 月在向一个众议院拨款小组委员会解释这种策略的预期结果时说:"BNDD 执法重点从瘾君子和零星的街头毒品小贩转向重要的非法走私者和非法的供应来源无疑会使逮捕的总人数减少。但这样做比大量地逮捕次要的毒贩对美国的麻醉品及其他药物的供应的影响要大得多。"①②

然而到了 1971 年,尼克松政府又力图通过让 BNDD 重新对付街头小贩的方式增加逮捕的数量。BNDD 拒绝作这样的转变,认为这样的活动应由州和地方机构执行,自身则继续追捕毒品分销系统的高层人员。由于 BNDD 没有对政府的愿望积极响应,因此白宫又成立了一个直接受白宫控制的新机构。1972 年 1 月,尼克松总统通过行政命令在司法部内成立了药物滥用执法局(the Office of Drug Abuse Law Enforcement,简称 ODALE)。该局主要"负责制定和执行联邦政府有关预防药物滥用的法律并与各州和地方政府在执行毒品法律时进行合作"。③ ODALE 的局长同时也是总统在药物滥用执法方面的特别顾问,所以他又是美国政府毒品执法方面的主要发言人。

在该局成立后一个月内,就选取了 33 个城市作为执法的目标并部署了由联邦探员和警察,美国助理检察官以及州和地方警官组成的打击力量。这些打击力量集中打击国内海洛因经销系统的中下层毒贩,而且据一位观察家说,这些打

---

① U. S. Congress, House of Representatives, Hearings on Appropriations, 91st Cong., 2nd Sess., 1970, Justice Pt. 1, pp. 987 – 988.

② Drug Abuse Council. The Facts about "Drug Abuse"[M]. New York: The Free Press, 1980, p. 38.

③ Halper S C. The Heroine Trade: From Poppies to Peoria[Z]. Washington, DC: Drug Abuse Council, 1977, pp. 5 – 15.

击力量受命"利用任何可能的法律手段进行逮捕,哪怕置正常的法律渠道于不顾"。① 通过将专门化的执法权力和各种各样的联邦机构(如国内税务局、海关、BNDD、移民归化局、烟酒火器局等)的权力进行合并,药物滥用执法局得以处于一种"超越正常渠道"的独特地位。打击力量经费充足,能够广泛使用便衣警察或利用"诱买资金"购买毒品和雇用线民,挑选负责调查的大陪审团。并且,ODALE还有权在抓捕毒贩的过程中使用法院授权的窃听手段和"无需事先敲门"的逮捕令。结果正如所预期的那样,逮捕的人数迅速上升,ODALE于是迅速成为联邦政府"毒品战"中一个举足轻重的角色。

美国国会对尼克松总统反毒行动的挑战很快作出反应,通过了1972年《药物滥用办公室及治疗法案》(*Drug Abuse Office and Treatment Act*)。这项新立法将联邦反毒力量进行了很大程度的重组,对州和地方政府在毒品治疗服务设施的规划和资助方面的作用也进行了重大调整,并且,还通过投票支持更高的预算授权扩大了联邦反毒力量的总体规模。与多数重大的立法相比,国会对这个议案的反应既迅速又彻底。两个参议院委员会和一个众议院委员就提出的立法议案举行了听证会,参众两院通过不同版本的议案后,经一个会议委员会消除了分歧后,两院一致通过了这一立法。

《药物滥用办公室及治疗法案》的最后用辞表明,国会与总统在有效协调联邦各种反毒力量问题上的观点总体来看是一致的。采用了基本的"供""求"策略,并且为了协调和监督联邦的药物滥用预防活动而成立了预防药物滥用特别行动办公室(SAODAP)。由于此时在许多立法者的头脑中,联邦行政部门的权限发展到了顶点,所以国会对总统将该办公室作为总统行政办公室的一部分的要求作了让步。一般认为,这种让步是国会意欲果断处理毒品问题的有力证明。国会和总统都认为,该办公室只不过是一种临时性的机构,并明确规定1975年6月30日它将为一个新的机构国家药物滥用问题研究所(National Institute on Drug Abuse)所取代。

SAODAP的首要责任是调整和指导联邦在戒毒治疗、康复、教育、预防、培训和研究等方面的计划。而且,该机构也负责协调这些打击"需求"的力量与联邦毒品执法部门的关系。该机构的任务也很艰巨,因为国会和总统希望它"从外部和上面"协调这14个以前相对独立的联邦机构的活动,并希望它在很短的时间内达到这一目标。而且它要协调的是一个在解决问题的最佳方案上意见存在

---

① Halper S C. Turkish Opium in Perspective[Z]. Washington, DC: Drug Abuse Council, 1974, p. 6.

着重大分歧的领域内的活动。

为了帮助这一新机构完成这些艰巨的任务,国会在此立法内加入了几条旨在保证联邦反毒行动协调一致的规定。其一,它将该机构设定为一种微观管理与预算办公室,其工作范围仅限于各种联邦机构药物滥用的预防计划方面。在必要的情况下,它有权对某一机构的预防药物滥用经费计划进行重新编制,以确保该机构在更大的程度上与 SAODAP 制定的总体政策目标保持一致。第二,国会为 SAODAP 设立了一项为期三年,每年 4 000 万美元的专用经费,作为对联邦各机构发挥更为有效的预防药物滥用作用额外的奖励。虽然国会规定这笔经费至少 90% 必须由联邦各职能部门而不是该办公室自己花费,但职能部门必须按照 SAODAP 的指示花费。第三,国会还赋予了该办公室"管理监督审查权"(the power of management oversight review)。虽然从未真正行使过这种权力,但此种权力让 SAODAP 可以履行不予合作的联邦机构的预防药物滥用职能达 30 天。如此明确的立法授权在美国立法史上是非常少见的。

随着 1972 年《药物滥用办公室及治疗法案》的制定以及 SAODAP 法律地位的确立,美国联邦政府的反毒政策开始明显向治疗方面倾斜。用于"瘾君子"治疗和康复的经费从 1970 年的 3 350 万美元增至 1972 年的 19 610 万美元和 1973 年的 35 030 万美元,三年中增长了 10 倍还多。而用于其他减少毒品需求的项目(包括毒品教育、预防、培训和研究)经费也从 1970 年的 850 万美元增至 1973 年的 4 570 万美元,增加了 5 倍。在同一时期内,毒品执法的经费也增加了,但其增长幅度仅为治疗和预防经费增长率的 1/2。结果,到 1972 年时,联邦用于治疗和预防的经费已是执法经费的两倍。[1]

四、"毒品战"的结束

1973 年 9 月,在《药物滥用办公室及治疗法案》制定 18 个月后,尼克松总统在白宫召开的一次毒品治疗会议上声明"在美国吸毒成瘾的问题上我们已经大为好转"。[2] 虽然在这个声明之后附有防止误解的说明,但这个声明在联邦政府的反毒史上成了一个重要的里程碑。总统的声明除了宣布毒品战的"胜利"之外,也暗示了他即将从这场战争中脱身。

---

[1] Sharp E B. The Dilemma of Drug Policy in the United States[M]. New York: Harper Collins College Publishers, 1994, p. 29.

[2] Halper S C. The Heroine Trade: From Poppies to Peoria[Z]. Washington, DC: Drug Abuse Council, 1977, p. 21.

在声明发表后,尼克松政府官员提供了大量的证据支持总统的说法。这种证据包括东海岸城市海洛因的明显匮乏,毒品零售价格的上涨,毒品缉获量和毒贩逮捕人数的增加,戒毒治疗计划利用率和供应的扩大,海洛成瘾人数的下降(据官方统计,1969 年美国有海洛因成瘾者为 68 088 人,1970 年达到了最高点为 559 000 人,1973 年则降为 150 000 人[①]),以及与海洛因有关的犯罪率的降低等。但并非所有的人都同意这种说法,有的人对数字的准确性表示怀疑,有的人则对这些数字的解释进行挑战,还有一些人对官方的证据虽然认可,却担心这种下降的趋势只不过是暂时的。

显然,尼克松"大为好转"的声明并不只是基于数字统计的结果。起作用的还有一些别的因素。回顾这一时期美国发生的事件,我们便不难发现尼克松此举的内在原因。

首先,1972 年的总统大选已经过去。尽管很难估计这件事在这届政府对待毒品问题的态度上起了怎样的作用,但它在其中的重要性是不容置疑的。毒品犯罪已经成了一个重要的政治问题,因而任何竞选国家职位的人都必须面对它。

其次,越战士兵"吸毒大军"并未出现。这一问题的严重性被过高地估计了。而对那些确实在越南吸过鸦片或海洛因的士兵的跟踪调查表明,他们回国后发生的身体机能失常和成瘾并没有像人们担心的那样多。

再次,公众对毒品问题的兴趣减退。对这一现象的解释,一说是由于这一问题被过分夸大;一说是公众的恐惧心理也被夸大,城市犯罪率趋于稳定,其他国内问题的重要性超过了毒品问题,或者这种现象只是公众兴趣自然涨落周期的一部分,而此时它又进入了低潮期。不管什么原因使然,美国公众的兴趣已转往别处是一个不争的事实。

最后,对待非法毒品使用的新方法虽有不同程度的成功,但未达到预期的效果,再扩大和强化这些领域的努力似乎也不会进一步提高其效果。例如:联邦针对街头贩毒活动的执法行动还产生了意料不到的结果。而且,药物滥用执法局(ODALE)并不受到地方执法机构的欢迎,它重创街头犯罪活动的能力受到严重的质疑。1973 年 4 月,该局特工人员卷入两起"未曾敲门"即闯入民宅的事件。这些事件导致有关方面对该局进行了彻底的审查并对其执法特权的必要性进行了重新评估。事实上,该局在"超越正常渠道"方面走得太远,它非但没有能够成为打赢毒品战的正面标志,反而成了人们批评这场"战争"的焦点。1973 年

---

① Epstein E J. Agency of Fear[M]. New York: Putnam, 1977, p. 177.

6月30日，在又一次毒品执法机构的重组中 ODALE 被取消。① 同时药物滥用执法事务总统特别助理的职位也被撤销，国会随后也撤销了联邦法规中关于无需敲门和预防性拘押的条文。联邦执法战略重又转向集中打击毒品分销系统的上层人员上来。

在国际禁毒方面，1973年土耳其对种植鸦片的禁绝确实使美国的海洛因一度缺乏，主要是美国东部。但由于政府未能与其他国家谈成任何重大的双边协定，所以土耳其的禁种效果只是暂时的。对海洛因的需求及由此带来的高额利润注定会产生新的毒品供应渠道。后来的事实也证明，美国的海洛因市场很快为墨西哥和"金三角"地区的毒品所占领。因此，双边协议也未能提供什么持久的解决方案。

在戒毒治疗方面，特别是美沙酮维持计划发展到了相当高的程度。用美沙酮维持以及脱瘾计划提供的治疗质量有所提高，参与这些计划的工作人员获得了经验也增加了专业知识。经费的增加也使该计划有了更大的稳定性。然而治疗计划供大于求，在这方面政府的目标达到了。但如果没有更多的人参加治疗，这种计划的效果也只此而已。

通过 SAODAP，政府在"需求"方面也形成了更加协调的联邦行动。革除了许多职能重叠、机构重复和办事无效的弊病。政府反应在其政策和计划的框架内运作较以前更为顺利。而且预算充足，1974 财政年度的反毒预算为 76 000 万美元。资金短缺已不再是联邦反毒潜力发挥的制约因素。但没有迹象表明预算增加会进一步使现状得到改善。

不管尼克松总统在其"大为好转"的演说中对于形势的估计正确与否，它确使政府在毒品领域的活动发生了转变，尼克松的"毒品战"大幅降温。政府预算和政策的制定者们认为没有理由再采取前几年的那样异乎寻常的措施；相反，为了证明"毒品战"的获胜需要对联邦反毒行动进行重大的变革。早在总统发表这项声明以前，毒品执法计划的管理权已经从白宫的积极参与转到司法部内刚刚成立的毒品管制局(Drug Enforcement Administration)中。联邦悄悄地放弃了打击街头毒品小贩和吸毒者的行动。虽然减少非法毒品种植和贩运的国际行动仍在进行，但不像以前宣传得那样多。SAODAP 继续存在至 1975 年 6 月 30

---

① 为了巩固和加强联邦毒品执法机构的执法能力，提高"毒品战"的效果，1973 年 3 月 28 日，尼克松向美国国会正式提交了"2 号改组计划"(Reorganization Plan No.2)，该计划得到国会方面的支持，两个月后，该计划自动生效。其内容就是 1973 年 6 月 1 日，将原来的 4 个毒品执法机构：麻醉品及危险药品局、国家毒品情报局、药物滥用执法局以及海关总署的毒品侦察处——合并为一个新的强有力的执法机构——毒品管制局(Drug Enforcement Administration，简称 DEA)。

日,但在"大为好转"演说发表之后也失去了其往日的影响。反毒预算要求的趋势也发生了逆转。(1974年1月提出的)1975财政年度的全部治疗和康复预算比上一个财政年度少了3 300万美元,标志着尼克松政府反毒预算的首次削减。而且在"新联邦主义"①的庇护和支持下联邦政府日益将反毒方面的责任转嫁给各州。

1973年尼克松宣布毒品战胜利的声明以及联邦政府随后对毒品问题的降温产生了一系列的后果。它这样做使一项本来比较安全可靠强调减少需求的反毒战略功败垂成。首先,尼克松宣布胜利后不久,毒品市场铁定的供求法则便又大行其道。正如有人所指出的,此时美国"海洛因价格飞涨,为了支付海洛因高昂的价格而进行的犯罪案件也随之猛增。受其高价的吸引,伊朗、阿富汗和巴基斯坦(生产鸦片和海洛因的'金新月'地区)的犯罪集团和东南亚的犯罪分子(缅、老、泰'金三角'地区)纷纷将目光瞄准了美国这一毒品市场"。②

第二,可赢可输的"毒品战"的比喻说法到了里根时代会再次出现并困扰任何一个想负责任地处理吸毒问题的人。但负责任地处理吸毒问题与打仗是完全不同的两回事。吸毒是影响到个人和整个社会的一种状况,没有什么应急措施和技术良方。总之,战争的比喻给美国人带来一种虚假的期望:"毒品战"似乎可以打赢。但历史告诉我们,吸毒问题在军事意义上更像一个不可战胜的越南。

第三,"毒品战"的比喻也让美国人相信毒品问题的主要责任在国外。美国被外国毒品贩子及其产品围困的形象在反毒者的头脑里历久弥新。因此美国政府逐渐把毒品问题的责任从美国毒品消费者转向外国罪恶的毒品供应商。这种"外国威胁"论对惯于用简单的方法解决复杂问题的美国人来说颇具吸引力。随着决策者们越来越把毒品问题看成一个外来之敌,美国政策会越来越注重使用打击供方的战略。

总的说来,尼克松的"毒品战"并没有成功,他管理下的政府一个最显著的特点是实行了一种比较平衡的供求战略(至少在财政预算方面如此)。这一战略直到70年代中期福特任期一直是联邦政府的基础。一般来讲,预算的分配能够反映出这种平衡。从尼克松上台后联邦政府的反毒预算情况可以看出,1975年以前联邦用于吸毒预防和治疗方面的开支实际上超过了用于管制毒品供应方面的开支。(见表3-1)

---

① 尼克松担任美国总统期间的一项施政计划,其内容主是"还权于州"和税收分享。
② Rosenberger L F. America's Drug War Debacle[M]. Avebury, 1996, p.24.

表 3-1　1970—1976 财政年度联邦反毒预算分类比较[1]　单位：百万美元

	治疗与康复	教育、预防与培训	研究	计划	药物滥用预防总投入	执法总投入	总计
FY70	33.5	8.5	17.1		59.1	42.8	101.9
71	86.8	38.2	21.5		146.5	65.9	212.4
72	196.1	50.4	42.2		288.7	125.8	414.5
73	350.3	45.7	64.3	23.9	484.2	200.0	684.2
74	329.4	58.6	52.1	21.7	461.8	292.1	753.9
75	309.9	65.6	48.3	23.0	446.8	320.8	767.6
76	321.9	55.6	46.4	28.5	452.4	370.8	823.2

虽然毒品问题悄无声息地退出了国家议事日程，但尼克松政府制定的法律，成立的研究机构和毒品战的逻辑却留了下来。反毒经费依然很高，尽管在总统"大为好转"的演讲发表以后，反毒经费的增长速度慢了下来，但联邦反毒预算从未降到以前的水平。为进行尼克松的"毒品战"而成立的各种机构继续存在和发展。尼克松在公众的头脑中打上的毒品与犯罪之间联系的烙印并未随其"毒品战"的结束而消失。

---

[1] Drug Abuse Council. The Facts about "Drug Abuse"[M]. New York：The Free Press，1980，p. 57.

第四章 政策的"断层"与政策的传承(1974—1980)

继尼克松之后的福特和卡特两位总统在毒品管制方面少有建树。从表面看,美国的毒品政策在70年代后期似乎出现了断层,但实际上这两届政府处理毒品问题的方式和结果都不同程度地反映了美国联邦毒品政策的连续性和传承性。一方面,作为一位"守成的总统"①,福特基本上沿用了尼克松政府的既定政策,是"没有尼克松的尼克松政策"。②但其态度更加务实,更加重视治疗、预防和执法各方面的协调与平衡,反毒的调子也急转直下。虽然在其短暂的任期内并未有什么重要的毒品立法出台,但在对反毒机构的改组和重新授权等问题上,白宫和国会之间却摩擦不断,这说明美国政府内部在这一问题上的意见存有严重分歧,也从一个侧面反映了从尼克松时期开始的国会与白宫之间的权力之争到福特时期并未偃旗息鼓。另一方面,随着美国新政式国家垄断资本主义危机的进一步加深以及美国世界霸权地位的相对衰落,民主党人卡特所领导的政府在国内政策上开始背离新政传统,表现出相当保守主义的色彩。但在毒品问题上卡特政府却表现出前所未有的容忍态度,毒品政策出现了极端自由主义的倾向。

第一节 福特政府与反毒机构的改组

1974年8月8日,理查德·尼克松因"水门丑闻"被迫辞职。次日,副总统杰拉尔德·福特宣誓就任美国总统。从而成为美国历史上唯一一个未经选举而当上副总统,进而当上总统的人。福特政府面临的较大困难是平息美国民众对水门事件的强烈不满和对联邦政府的信任危机。福特为此实行了一系列人事变动和行政措施,以表明他的内阁将是一个"开诚布公的政府"。相比之下,禁毒问

---

① 刘绪贻,杨生茂.战后美国史[M].北京:人民出版社,1989,p.412.
② 同注①,p.413.

题在他的工作日程中不占什么重要地位,从这个意义上说确实出现"断层"。

尽管毒品问题在福特政府时期不再是美国人瞩目的焦点,各个领域的经费水平仍然比较稳定,各种反毒活动运作也很平衡。虽然因土耳其鸦片禁绝而一度出现的海洛因短缺已被后起的来自墨西哥的毒品供应填补上,但福特政府并未再发动新的"毒品战"。全国范围内现有戒毒治疗设施的利用率有所提高,并且这方面的经费也增加了。尽管此时大权在握的毒品管制局(DEA)每年都能缉获大量的非法毒品,但对这类非法贸易的总体影响却无足轻重。所有这一切都表示尼克松时代的禁毒措施仍然在发挥作用,福特没有取消什么,也没有增加什么,可以说原有的禁毒政策仍在继续。

在国内委员会药物滥用特别工作组(the Domestic Council Drug Abuse Task Force)1975年提交总统的一份报告,即《药物滥用问题白皮书》(*White Paper on Drug Abuse*)的指导下,福特政府认可了毒品问题不能根除的定论。这份白皮书说:"我们对于毒品战中联邦政府的作用和反毒成效须抱一种务实的态度……不应不切实际地期望能把药物滥用现象从我们的社会中完全消灭。"[①]现政府不准备再兴师动众来根除"药物滥用"现象,而是让公众更大限度地容忍这一现象的存在。

尼克松"毒品战"一个最重要的"遗产"就是卫生教育与福利部的国家药物滥用问题研究所(National Institute on Drug Abuse,简称NIDA)的创立。1973年9月23日,卫生教育与福利部长宣布成立国家药物滥用问题研究所,其主要责任是"在预防、控制和治疗麻醉品成瘾和药物滥用以及有关人员的康复方面,为联邦行动提供领导、政策和目标"。[②] 显然,联邦政府成立这一机构是为了让它接替预防药物滥用特别行动办公室(SAODAP)充任联邦反毒行动"需求"方面的领导机构。

但是国家药物滥用问题研究所没有也不可能取代SAODAP。SAODAP是一个政策和协调机构,其直接责任极小。而NIDA则被赋予了大部分的治疗责任,但协调权力非常有限。SAODAP的权力大都是《1972年药物滥用办公室及治疗法案》所授予,这些权力未经国会同意是不能转给NIDA的。即使这些权力交给了NIDA,由于它是卫生教育与福利部的所辖机构,处于层层管理之下,其决定和指示显然不会像白宫宣布同样的行动时那样有分量和引人注意。

---

① Bertram E, Blachman M, et al. Drug War Politics: The Price of Denial[M]. California: University of California Press, 1996, p. 75.

② Drug Abuse Council. The Facts about "Drug Abuse"[M]. New York: The Free Press, 1980, p. 45.

虽然，NIDA 的提早成立及尼克松"毒品战"结束后 SAODAP 的衰落使许多参与戒毒治疗和预防的人对未来忧虑重重，但有些人也因戒毒治疗和预防工作不再受国家精神卫生研究所(NIMH)的直接控制而感到安慰。卫生教育与福利部经过重组，国家药物滥用问题研究所成为一个与国家精神卫生研究所平起平坐的机构。由于毒品问题在许多方面不属于传统的精神卫生的范围，所以独立于 NIMH 之外的 NIDA 的成立受到戒毒治疗和预防领域许多人的欢迎。

到 1974 年中期，虽然 NIDA 已经充分运作，但 SAODAP 却依然在行使职能，因为要到 1975 年 6 月 30 日它才会"寿终正寝"。① 尽管此时其工作人员大幅减少，行政地位也大不如前，但它依然行使着那些不能转交给 NIDA 的协调职能。而且它还是毒品治疗和预防部门与毒品执法部门在组织上处于均势的一种象征，这种作用是 NIDA 所不具备的。

到 1975 年初，人们开始对 SAODAP 终结日的一天天临近产生忧虑。联邦禁毒工作将来的发展方向和工作范围似乎也不确定。杰拉尔德·R. 福特接替尼克松之后，其在禁毒方面的观点和承诺大都不甚明朗。

1975 年 3 月，参议院酗酒及麻醉品小组委员会主席威廉·海瑟威(William Hathaway)，提出了修正《1972 年药物滥用办公室及治疗法案》的立法议案。该议案呼吁对 SAODAP 进行改组，将其重新命名为预防药物滥用政策办公室(Office of Drug Abuse Prevention Policy，简称 ODAPP)。该办公室将继续行使其前身的某些决策和协调职能。SAODAP 以及 1972 年这项法案的其他条文的到期，使国会首次有机会对联邦反毒现状进行审查。

国会的审查也促使福特总统指导国内委员会(Domestic Council)首先进行自我评估，以便更清楚地阐明现政府的毒品政策，并使政府对国会的审查行动有所准备。国会和行政部门进行的这些评估，以一种明显不同于尼克松政府过于政治化的方式，重新审视了现政府处理非法药物滥用问题的调子和方法。

国会和政府都力图避免使用尼克松政府所惯用的战争辞令。诸如"胜利""消灭"之类的用语已被更为审慎的诸如"目标"和"目的"之类的词所代替。国会用更温和的词句修正了其《国家政策宣言》(Declaration of National Policy)。国内委员会给总统的报告在对目标的评估方面则说得更加坦率："对从我们社会中彻底根除吸毒现象我们不应抱不切实际的想法。同时，我们也决不应默认吸毒现象的存在或不再承诺继续进行根除毒品的努力。严峻的现实是，任何社会

---

① 按照《1972 年药物滥用办公室及治疗法案》规定，预防药物滥用特别行动办公室只是一个临时机构，到 1975 年 6 月 30 日，它将会被卫生、教育与福利部新成立的国家药物滥用问题研究所取代。

里都会有人试图通过吸毒来逃避生活的压力。预防、教育、治疗和康复会使这些人的数量减少,但不会彻底消灭吸毒现象。只要有毒品需求,在潜在的利润超过被发现和被惩罚的风险的情况下,毒贩子就会进行毒品供应。严厉打击毒品供应的努力会减少但不会断绝毒品供应,而且某一种毒品供应的减少可能只会使有吸毒倾向的人转向另外一种毒品。所有这些表明,毒品问题在某种程度上很可能会永远存在下去。因此,为了将这一问题控制在最低限度,并将吸毒所造成的不利后果减少到最小程度,我们必须把我们的努力和承诺无限期地进行下去。"[1]

这种坦白对各种反毒计划的执行并未产生直接的影响,它只不过是要改变公众对这些活动的期望值而已。国会和福特政府通过遏制尼克松政府后期开始出现的反毒预算削减趋势,缓解了毒品治疗领域人们的忧虑。虽然对于政府提出的预算是否充足人们存有怀疑,但许多机构和个人对这种临时性的行为已感满意。

国会和总统在类似于预防药物滥用特别行动办公室的机构是否有继续存在的必要问题上意见出现了分歧。国会里有许多人支持这种机构的存在,福特及其政府却持反对态度。支持再成立一个类似机构的人说白宫在反毒工作中的协调作用仍然是必要的。他们坚持说,如果该办公室的职能没有哪个机构接替,那么早先的那些组织上的弊病就可能会再度出现。这些人坚持要把1972年国会批准成立这一机构时所用的逻辑应用于1975年拟议中的预防药物滥用政策办公室(ODAPP)。国会方面还进一步认为1973年成立的国家药物滥用问题研究所作为卫生、教育与福利部的一个下属机构,永远不会对联邦反毒努力的"需求"方面实现实质性的管制。他们说联邦用于毒品预防方面的开支有51%是NIDA以外的机构花费的,因此,要NIDA去协调和领导联邦毒品预防工作,无论从组织结构的角度还是从财政的角度来看,实际上都不可能。

福特总统与国内委员会特别工作组(Domestic Council Task Force)在进一步协调的必要性上意见一致,但在通过什么方式来实现这种协调的问题上与预防药物滥用政策办公室的支持者持有不同的意见。福特总统主张对减少需求计划采取"强有力的内阁管理"的方式,而不是让一个白宫机构专门协调联邦反毒工作的"需求"方面。1976年4月,福特成立了预防药物滥用内阁委员会(Cabinet Committee for Drug Abuse Prevention),由卫生、教育与福利部长任该

---

[1] Drug Abuse Council. The Facts about "Drug Abuse"[M]. New York: The Free Press, 1980, p. 48.

委员会主席,委员会由国防部部长、劳工部部长和退伍军人管理局局长组成,主要负责监督和协调联邦所有与毒品预防、治疗和康复有关的活动,将内阁所有有关部局的行动联成一体。

此外,福特总统与国内委员会特别工作组也认可了协调治疗和执法两方面反毒行动的必要性。国内委员会在其报告中称:"为了使联邦各部局的反毒努力更为有效,我们需要有强大的协调机制。"[1]福特政府坚持认为无需专门的白宫机构也能实现这样的协调。因而,政府方面采取了将尼克松政府时期形成的反毒职能分工定型的方法。因此,政府的对策是将联邦的反毒努力分为三个独立的领域,每一领域都有一个领导机构。毒品管制局(DEA)是毒品执法领域的领导机构,国务院是国际禁毒活动的领导机构,国家药物滥用问题研究所(NIDA)是吸毒预防和治疗领域的领导机构。为了加强各职能领域内部门间的协调,福特总统成立了三个独立的内阁委员会,每个委员会在其领域内都有监督和协调的责任。

福特总统和国内委员会不仅仅满足于认可在白宫办公厅监督和协调部门间计划的必要性,他们又提出了几项建议。其中最重要的就是建议对药物滥用战略委员会(Strategy Council on Drug Abuse)[2]重新授权,使其为联邦反毒机构提供全面的政策指导,并建议让国会管理与预算局(OMB)的工作人员协助战略委员会和白宫办公厅制定毒品政策。但这些建议离成立白宫药物滥用办公室的要求相差甚远。

国会需要有一个人或一个办公室在所有联邦毒品政策方面对国会直接负责的论点被政府方面拒绝。福特总统说:"获取这类信息的最好的地方是拥有直接责任和权力的各部和各局。"[3]

美国毒品治疗、康复、教育、预防和研究等领域的个人和团体强烈支持成立预防药物滥用政策办公室的计划。这些领域都受到了尼克松政府最后一年预算削减的威胁,撤销药物滥用预防特别行动办公室(SAODAP)更增加了今后联邦承诺的不确定性。这些大多发端于预算激增年代(1971—1973)的团体积极游说国会,支持成立这个白宫机构。国会发言人们注意到了药物滥用政策办公室的象征意义,并说明"撤销这一办公室(指 SAODAP)对这一领域具有重大的象征

---

[1] Drug Abuse Council. The Facts about "Drug Abuse"[M]. New York:The Free Press,1980,p. 50.

[2] 《1972 年药物滥用办公室及治疗法案》授权成立,由总统任命的政府官员和平民组成。

[3] Ford G R. Statement Issued by the Office of the White House Press Secretary 20 March 1976[Z]. //Drug Abuse Council. The Facts about "Drug Abuse", p. 50.

意义,联想到近来削减经费的提议,这一举动无法让人觉得只不过是联邦政府预算的一次大幅削减"。

福特政府对药物滥用政策办公室的反对立场虽然也是象征性的,但与毒品问题无关。福特总统曾经保证要削减白宫办公厅的权限,恢复内阁各部及联邦机构的权力。他希望改变尼克松政策时期总统权力过于集中的状况,SAODAP 的撤销对这一趋势既是一个象征性的举动,也是一项实际行动。对于福特政府来说,在白宫成立一个新的、哪怕是很小的一个毒品办公室,其负面的象征意义远远超过了其给毒品领域带来的正面意义。

1976 年 3 月,在预防药物滥用特别行动办公室到期 8 个月后,国会通过立法在白宫成立了药物滥用政策办公室(ODAP, the Office of Drug Abuse Policy)。与其前身 SAODAP 相比,ODAP 的组织机构小且权力有限,但是其协调责任却扩大到执法和国际谈判领域,从而使其职权范围比其前身要大得多。

福特总统之所以签署这项成立 ODAP 的立法,只是因为该议案的某些条款包括了继续对治疗和预防领域的联邦行动提供经费的授权。原则上福特总统仍然坚决反对 ODAP,在签署这项立法时他说:"我曾经强烈反对在白宫再设立一个专门对付药物滥用的办公室。我认为这样的机构是重复建设而且没有必要。它会分散内阁对联邦药物滥用计划的有力管理。因此在我出于让联邦政府为药物滥用的预防和治疗提供经费的目的而签署这项议案时,我并不打算为该议案成立的药物滥用政策办公室寻求拨款。"①

这种僵局贯穿着福特的整个任期,ODAP 依法成立了,但仍不过是一个"纸上"机构,既无工作人员亦无办公经费直到 1977 年 3 月,卡特总统才在国会压力下为其配备了工作人员。而福特总统则继续通过三个内阁委员会来实行其监督政府的反毒计划,一个负责国内执法,一个负责国际毒品管制,一个负责毒品治疗和预防。

虽然福特政府反毒的方式与以前有所不同,追求的目标也低得多,但它的反毒政策的基础在很大程度上仍然是指导美国政府整个 20 世纪反毒活动的那种假定,即非法毒品本来就是有害的。福特政府的反毒政策仍然依赖于旨在从根本上禁止使用精神药物的执法战略。虽然这一假定并未受到挑战,但"解决"毒品问题的局限性,最终得到了认可,这与前几届政府相比是一个重大的变化。

福特总统在他 1976 年 4 月 27 日致国会的咨文中,仅用了不到三段的篇幅

---

① Ford G R. Statement Issued by the Office of the White House Press Secretary 20 March 1976 [Z]. //Drug Abuse Council. The Facts about "Drug Abuse", p. 51.

来谈治疗和预防的问题。这份长达6页咨文的其余部分则全部用来谈论毒品与犯罪的关系、执法工作、对毒贩实行法定最低判刑和不准保释的建议、海关的活动、利用国内税务局追踪毒贩以及实行国际管制与合作等。福特政府之所以支持治疗和预防计划，是由于长期以来人们对非法毒品，吸毒者及非法毒品对社会的影响的恐惧和假定使然。

杰拉尔德·福特短暂的任期对美国的毒品政策没有产生什么持久的影响，在此期间政府几乎没有通过什么重要的毒品立法。福特政府总体来看是承认了执法对于药物滥用作用有限，并对毒品问题进行了低调处理。福特总统不再强调对大麻的管制，尽管负主要执法责任的州和地方政府并没有放松对大麻的管制。从1974到1976年间，各州进行的毒品逮捕案件大约有70%是由于大麻犯罪。联邦政府对大麻管制的放松到接下来的卡特时期发展到了极致。

第二节　卡特政府的"内部解决"方案与大麻非罪化运动

一、对共和党政府毒品政策的传承与发展

1976年民主党人吉米·卡特当选美国第39位总统。卡特上台后，美国新政式国家垄断资本主义的危机进一步深化，美苏战略地位的对比，继续向不利于美国的方向发展。这就必然导致民主党人卡特在国内政策上开始背离新政传统，表现出相当的保守主义色彩。在社会经济政策上，卡特日益注重反滞胀问题，甚至不惜以经济衰退和高失业为代价，他还取消和减少了联邦政府对企业的许多管制，建议削减社会保障开支，并在劳资纠纷中采取比较明显的反劳工立场。然而，他的这些政策举措未能为摆脱新政式国家垄断资本主义的危机找到新的出路，反而使经济形势更加恶化，在滞胀的漩涡中越发不能自拔。这种不景气的状况决定了卡特在禁毒方面难有作为，最多只能把前任的政策继续下去，可能还要略加收缩。

在毒品管制方面，卡特政府继承了前两任总统的某些"遗产"，其中之一就是福特政府时期成立的一个反毒机构——药物滥用政策办公室。由于福特总统起初并不赞成成立这一机构，所以在其成立后，福特总统既不为其配备工作人员，也不为其申请办公经费，它实际上一直处于有名无实的状态。1977年3月，在国会的压力之下，卡特总统正式成立了药物滥用政策办公室（Office of Drug

Abuse Policy),任命与其过从甚密的毒品问题专家彼得·布厄恩(Peter Bourn)博士为该办公室主任。人们希望该办公室能够制订出一项更加统一和协调的政府反毒计划,将治疗、预防和执法等领域有机地结合起来。

然而,该办公室刚一成立,卡特总统就又宣布将它撤销。这一声明是其1977年1号改组方案(the Reorganization Plan No. 1 of 1977)的一部分,通过这一改组方案卡特总统力图精简白宫工作人员,提高行政工作效率。结果药物滥用政策办公室于1978年4月在完成了一系列的从治疗、预防到执法领域的毒品政策调查研究之后即告废止。该办公室的职能则转到了总统本人手中。布厄恩博士仍然是总统的毒品政策特别助理,其部分职责是"在解决毒品问题上为总统出谋划策,并协助总统协调各反毒机构之间的关系"。① 药物滥用政策办公室部分工作人员转到国内政策参议部(Domestic Policy Staff)②工作,他们在那里继续对毒品政策问题进行全面审查。这一改组方案的结果与福特政府所提倡的通过"某种"行政协调加强内阁管理计划有些相像。

在宣布了他的改组方案不久,卡特总统就向国会提交了他关于毒品问题的第一个主要咨文。他最担心的是反毒计划及反毒机构的权力分散和缺乏协调。卡特总统强调了继续进行国际合作的必要性并指示各有关机构应对毒品问题提起高度重视。和尼克松、福特总统一样,卡特强调禁绝非法毒品种植和打破国际贩毒网的国际执法工作,并督促国会批准了《精神药物公约》(*The Psychotropic Convention*)。③

在国内毒品执法方面,卡特总统宣布支持对毒贩进行"迅速而严厉的惩罚"的计划。这些计划包括调查有组织犯罪和贩毒之间的关系,吊销大毒贩的护照并冻结其财产,通过政府行为支持提高缉获或没收毒品犯罪分子财产价值的立法,修改《税收改革法案》(*Tax Reform Act*)以便更容易对大毒贩进行调查。这些提议在很大程度上与尼克松和福特的主张是一致的,都力图制定措施打击大毒贩,以期减少街头的非法毒品供应,这反映了联邦毒品政策一定程度上的连续性和传承性。

在戒毒治疗方面,卡特总统要求国家药物滥用问题研究所(NIDA)为巴比妥、安非他命及其他毒品的滥用者设立更多的治疗项目。他支持为以前的海洛

---

① Drug Abuse Council. The Facts about "Drug Abuse"[M]. New York: The Free Press, 1980, p. 53.

② 根据1977年1号改组方案,设立国内政策参议部,隶属于总统办事机构,1978年3月正式建立。1981年改称政策制定办公室。

③ 1971年2月21日联合国《精神药物公约》在维也纳签订。其主要任务是使精神药物的生产和使用仅限于医疗和科研目的。公约中规定了对精神药物的监督和管理措施。

因成瘾者扩大康复和职业培训计划。卡特总统还表示要更好地协调联邦发起的各种毒品研究活动。

巴比妥类药物的滥用成了70年代一个主要的毒品问题。卡特总统指示给予巴比妥及其他止痛或催眠药物特别关注，对医生的处方活动要进行审查，对故意滥开精神药物的医生要加强起诉，毒品管制局（DEA）对街头毒品的买卖活动进行调查并对合法生产药品的公司加强审计。卫生教育与福利部将对巴比妥类药物是否仍然应在市场上销售的问题展开调查。卡特总统通过对滥用巴比妥类药物的重视，将联邦反毒努力的范围扩大到了海洛因、可卡因和大麻这些传统的非法毒品以外的领域。

卡特总统关于毒品问题的咨文并未表明政府具体反毒举措有什么根本的变化。不过卡特所采用的调子确实不再像70年代初期那样情绪化，既不利用舆论工具大张旗鼓地进行宣传，也不使用激烈的词句抨击毒品的巨大危害。他不动声色地扩大了禁毒的范围，将可能会被误用的合法药品也包括在内。这样，他就使"吸毒"的概念有了更广泛的涵盖面。卡特总统的咨文也反映了当时公众舆论和公共政策缓慢的转变过程，即从严厉地集中地打击某几种毒品转向较为宽容地限制更多毒品的转变。

二、卡特的反毒方案

由于面对的棘手问题成堆，卡特政府不准备把禁毒问题摆在突出的地位以免给联邦政府惹来更多的麻烦，所以在卡特政府时期，毒品问题只不过是诸多值得关注的问题之一。卡特的毒品政策也只是一般性政策，不可能作为竞选中同对手辩论的主题。卡特解决毒品问题的方式也采用了解决一般问题的典型方式，即将禁毒问题作为政府的行为，对其进行调查研究，然后做出处理决定，倾向于用技术专业知识而非政治手腕来解决问题。在担任佐治亚州州长时，他就以一种极富远见而又重视深入细致的调查研究且颇有成效的综合工作方法而闻名遐迩。[①] 简而言之，卡特是一个理性的崇尚技术专家治国论的总统。这一阶段的毒品政策倡议及其结局都受这种非政治手腕的影响。

此外，这些倡议也受到卡特总统的毒品政策特别顾问彼得·布厄恩的强烈影响。布厄恩是一个精神卫生和药物滥用问题方面的专家。他也是一位精神病学家，并在卡特担任佐治亚州州长期间从事佐治亚州的戒毒治疗。他发表的有

---

① Barber J D. The Presidential Character[M]. 3rd ed. Englewood Cliffs, NJ: Prentice-Hall, 1985, p.432.

关毒品政策的文章在本质上属于改革派,明确强调对"毒品战"再思考的思想以及向着治疗方面的转变。① 或许最重要的是布厄恩使卡特与一个由大量具有改革头脑的毒品专家组成的团体发生了联系。这个团体以药物滥用问题委员会(Drug Abuse Council)为中心,该委员会是一个由基金会资助的药物滥用问题专家组成的组织,早在尼克松政府时期它就是一个重要的争取变革毒品政策的游说组织。这一专家团体对卡特政府时期以内部解决为主要特征的毒品决策方式起过非常重要的作用。

由于侧重专业技术知识,卡特政府的毒品政策似乎没有连贯的主题和打击重点,但却有几个重要的特点。其一是采用更加综合和平衡的毒品问题解决方法。其二是运用理性的调查和研究。其三是通过改组使联邦毒品决策合理化。

总的说来,卡特时代的毒品政策受管制使毒品的范围有所扩大,也使联邦更加重视那些凭处方合法销售但也常被滥用的药物,特别是巴比土酸盐和其他镇静剂。卡特总统1977年5月在洛杉矶的一个电视访谈节目中的回答表明了他个人对这方面毒品问题的重视。他说:"我们还需要承认人们不只是服用了海洛因之类的外来毒品才会受到伤害,因为巴比妥已是迄今致死的一个主要原因,所以对整个毒品领域,进行一次全面的分析并对受到毒品伤害者进行治疗,将是我们反毒计划的一部分。"②卡特在其1977年8月2日致国会的一个关于药物滥用问题的咨文中强调指出:"联邦的反毒计划给予了海洛因成瘾者过高的重视,却忽视了那些对其他毒品产生依赖的人。"因而他命令卫生、教育与福利部长"增加用于巴比妥、安非他命和多种药物混合使用者医疗保健的资源投入"。这些评论揭示了这一时期毒品政策的第一个主题:在朝着全面和平衡,解决毒品问题的方面发展。③ 从这种意义上说,卡特政府的毒品政策会变得更加全面;因为给予某些药物的重视基于对滥用这种药物所造成的健康问题的严重性和滥用程度的客观考虑,所以这些政策也表现为更加平衡。

卡特政府处理毒品问题比较低调,并且运用的是一种利用现有方案而非主张对问题进行解决和纠正的方法,因而卡特的毒品政策议程涉及的都是相对细小的技术问题。例如,关于毒品法律的执行,卡特政府第一年的政策活动包括努力加强美国海关与DEA之间的协调合作,加强联邦、州和地方执法机构之间的

---

① Trebach A S. The Heroine Solution[M]. New Haven, Conn: Yale University Press, 1982, pp. 237 – 238.

② Sharp E B. The Dilemma of Drug Policy in the United States[M]. New York: Harper Collins College Publishers, 1994, p. 38.

③ 同注②。

联络,对边境管制活动进行一次审查等。①

三、1977—1978年的大麻非罪化运动

卡特政府做出的唯一一项与其禁毒政策相矛盾的行动是支持大麻非罪化的倡议。然而这不是卡特总统的心血来潮,而是有广阔的社会背景的。从几个方面看,到1977年时,改革联邦政府大麻政策的时机似乎已经成熟。事实上,早在尼克松政府时期就已经出现了温和的变化。1970年以前,联邦对持有大麻罪的惩罚与海洛因和可卡因之类的"硬性"毒品(hard drugs)一样严厉。初犯可能会判5到20年的监禁,再犯可能会判10到40年徒刑。1970年的《综合药物滥用及管制法案》也确实将大麻与海洛因、LSD和可卡因划入一类。但该法将对持有和经销大麻行为的惩罚减至初犯判最高5年的徒刑和15 000美元的罚金,再犯加倍。初犯还可以缓刑并可以不将罪行判决书放在其档案中。②

而且此时,美国许多州已经开始改变其大麻的有关法律。1968年阿拉斯加、加利福尼亚、佛蒙特三州减轻了对持有大麻罪的惩罚;到1970年,已有33个州将持有大麻降为轻罪,对此罪典型的惩罚是7年以下的监禁。1973年俄勒冈州将持有少量大麻非罪化,规定对持有1盎司以下大麻的行为只处以100美元的罚金。到1977年,8个州(俄勒冈、阿拉斯加、缅因、科罗拉多、加利福尼亚、俄亥俄、明尼苏达和密西西比)对拥有少量大麻行为只处以100到200美元的民事罚款。③

公众对大麻问题态度的明显改变也似乎表明大麻非罪化时机的成熟。到1977年时,有评论家称:"在过去的几年中,公众对大麻的态度已发生了充分的变化,因此支持它的合法化已经成为一个政治安全立场。"④1976年和1977年的盖洛普民意测验结果也支持了这一断言。当人们被问及他们认为应不应将拥有少量大麻当成犯罪行为时,有53%的人说不应。41%的人说应当这样,6%的人则说不知道。⑤

《奇异的大麻经历》(*The Strange Career of Marijuana*)一书的作者杰罗

---

① Sharp E B. The Dilemma of Drug Policy in the United States[M]. New York: Harper Collins College Publishers, 1994, p. 39.
② Lyman M D. Practical Drug Enforcement: Procedures and Administration, New York: Elsevier, 1989, pp. 360 – 363.
③ Reinold R. Smoking of Marijuana Wins Wider Acceptance[J]. Newsweek, 1977 – 5 – 23, p. 46.
④ 同注①, p. 40.
⑤ Gallup G. The Gallop Poll: Public Opinion, Vol. 2, 1976 – 1977[R]. Wilmington, DE: Scholarly Resources, 1977, p. 1081.

姆·希姆尔斯坦(Jerome Himmelstein)认为吸用大麻群体的社会构成的变化是公众对大麻的看法改变的关键所在。60年代末以前吸用大麻的现象并非特别普遍,美国公众大体上都认可《麻醉品及危险药品局》对大麻的定性,即大麻是一种危险毒品。这种定性与使用大麻的少数族裔和类似爵士乐歌手等豪放不羁的社会边缘人的公众形象极其吻合。但是60年代末和70年代随着大量的中产阶级青年和成年人开始吸用大麻,大麻也"资产阶级化"了。到1970年代后半期,在被调查的18至25岁的人中有将近1/2的人说在过去一年中他们服用过大麻,大约1/3的人说在过去一个月中服用过大麻。[1]

服用大麻之风的蔓延导致了美国公众对吸食大麻者看法的改变。通过媒体或切身经历,美国人了解到,代表着吸用大麻的群体是他们自己的孩子和别的显然是正常的中产阶级成员,而并非那些不正常的人、犯罪分子或"危险阶层"的成员。大麻的"资产阶级化"也创造了新的政治力量,因为年轻的中产阶级吸大麻者能够动员各种团体就大麻问题进行政治游说。这些团体包括"全国学生联合会"(National Students' Association NSA)、"全国改革大麻法律组织"(NORML)等。对于吸大麻者的新看法以及这些新的政治力量让许多美国人相信大麻并不像以前想象得那么坏,而且还让大众更加容易接受对持有大麻的惩罚减轻的做法。

然而,尽管发生了这些变化,但要将大麻非罪行化说成是一个政治安全问题似乎为时尚早。从前面提到盖洛普民意测验结果看只有微弱多数支持大麻非罪化;美国人在这个问题上还存有深刻的意见分歧。而且公众虽然在一定程度上支持合法化,但他们对大麻并没有好感。在盖洛普民意测验中有2/3的美国人说大麻不应完全合法,53%的人认为对大部分人来说使用大麻是有害的。虽然人们不再把大麻看成是"杀人草",但公众开始接受关于大麻是"无动力综合征"病因的权威说法。换言之,人们相信大麻会"损害人的雄心和创造力,并且降低人们应付生活中各种挑战的能力,还使人消极避世,脱离现实"。[2] 这说明人们对大麻问题的看法仍存分歧,大麻仍被大多数人视为一种不良药物。

由于许多游说团体的努力,大麻非罪化的问题被推上了政府的议事日程,其中最重要的团体就是全国改革大麻法律组织(NORML)。该组织是凯恩·斯特鲁普(Kein Stroup)于1971年成立的。斯特鲁普是乔治城大学法学院的毕业生

---

[1] Statistics on Alcohol, Drug and Tobacco Use[R]. Detroit: Gale Research, 1996, p.88.
[2] Himmelstein J L. The Strange Career of Marijuana: Politics and Ideology of Drug Control in America[M]. Westport, CT: Greenwood Press, 1983, p.125.

并且是前全国产品安全委员会(National Commission on Product Safety)的职员。受这个拉尔夫·纳德①式组织的保护消费者利益的工作方式的启发,并在前司法部长兰姆塞·克拉克(Ramsey Clark)的支持下,斯特鲁普着手成立了一个旨在使联邦政府废除对吸用大麻的刑事惩罚的游说团体,并使其极具影响力。

大麻非罪化的问题也被全国大麻委员会(National Commission on Marijuana)推上了政府的议事日程。大麻委员会曾经向白宫汇报过其1972年的发现。这些支持大麻非罪化的发现令当时的总统尼克松非常震惊。该委员会所谓的发现是除非大量或长期使用,并无证据表明大麻会造成生理和心理伤害或产生生理依赖。因此,该委员会认为拥有少量大麻不应受到刑事惩罚,它还敦促各州将有关大麻的法律进行相应的变动。虽然尼克松立即否决了这项研究结果,但这份报告在改变公众对大麻的看法方面很有影响力。这很大程度上得益于该委员会的人员组成。该委员会的成员都是由尼克松任命的,其中包括政客和科学家,其主席是宾夕法尼亚州的州长、共和党人雷蒙德·沙佛(Roymond Shafer)。全国改革大麻法律组织这样的团体因而在进行争取大麻非罪行化的运动中得以利用全国大麻委员会的调查结果。

到1977年,大麻非罪化问题在公众的意识里酝酿了至少有5年之久。如此看来,这已经远不是什么新问题了。然而卡特决定利用总统的力量来支持大麻非罪化运动的举措十分引人注目而且这是其毒品政策议程唯一引起争议的部分。这是"具有历史意义的一步,因为这是第一个建议减轻对非医疗目的使用某种毒品的刑事惩罚的总统"。②

卡特政府发言人在1977年的大麻非罪化听证会上的辩论提出了这届政府进行这种努力的三个原因:其一是当时实行的大麻处罚的结果适得其反,并造成了重大伤害;其二是书上的法律规定与实际的执法实践的不一致;其三是从卫生保健角度看,尤其与被滥用的其他药物相比大麻有一定的医疗作用。关于第一条理由,当时的药物滥用政策办公室主任彼得·布厄恩博士阐明了政府的逻辑推论:"我们目睹过刑事惩罚使本来守法的年轻人也进了监狱,而且给他们的谋职和职业的能力带来永久性的伤害。这种惩罚给他们的生活所造成的伤害比毒品本身所产生的任何后果都要大,而且惩罚往往会产生相反的结果。"③

---

① 拉尔夫·纳德(1934—),美国律师,美国保护消费者利益运动的领导人,发表论文维护消费者利益,设立"汽车安全中心"、"公共利益研究组"等研究机构。
② Trebach A S. The Heroine Solution[M]. New Haven, Conn: Yale University Press, 1982, p. 239.
③ Sharp E B. The Dilemma of Drug Policy in the United States[M]. New York: Harper Collins College Publishers, 1994, p. 43.

政府含蓄地承认联邦政府没有足够的人力、物力和财力切实执行反对持有大麻的现有法律。① 在听证会的其他要点上，布厄恩认为改革大麻法律的部分原因与其被作为滥用的首选毒品有关。他说："由于人们受到误导，10 年前发生过恐慌。那时人们觉得大麻是一种危险的毒品，其危害可以与海洛因不相上下或者比它还危险。我们进行过大量的研究，与以往的许多看法相反，我们尚未发现大麻所产生的严重医学后果。"②

通过这个听证会，人们看到这项合法化改革建议虽然想法很激进但实际上却幅度很小。大麻合法虽然对只是拥有大麻的惩罚降到了少量的民事罚金，但大麻依然是被禁止的药物。彼得·布厄恩指出："我们并不是说从此人们便可以得到完全合法的大麻，这仍然是一种违禁的药物。只是威慑力量不同了……我们不是要改变禁止使用大麻的态度。而且我认为那些将大麻非罪化的州使用大麻的人数并没有大幅增加的发现会佐证这一做法。"③

在很大程度上，卡特政府的毒品政策未能实现。特别是其将大麻非罪化的倡议和对更加理性的、以医学为基础的毒品政策的承诺，在彼得·布厄恩因一起医疗事件被迫辞职以后便偏离了正轨。那起事件涉及布厄恩为其助手爱伦·梅茨基(Ellen Metsky)开的一张镇静剂的药方。梅茨基一直遭受失眠之苦，虽然布厄恩作为一名医生，有资格也有权力为其开这种药(安眠酮)但主要问题在于药方上的名字用的不是爱伦·梅茨基，而是一个假名。无疑这是一种非法行为。结果，在当局逮捕那个为梅茨基配药的人时，布厄恩牵连其中的消息立刻成了媒体一再炒作的事件。在这次处方事件发生后，新闻记者杰克·安德森(Jack Anderson)又报道说在头年冬天华盛顿举行的一个晚会上，布厄恩曾经吸过可卡因。布厄恩承认他参加了那个晚会并置身于吸可卡因的人中间，但否认自己吸过可卡因，参加晚会的别人则声称布厄恩确实吸了可卡因。

无论如何，在这种情况下布厄恩的辞职已经不可避免，卡特的毒品政策倡议也因此信誉完全扫地。正如一个评论家所言："毒品法律改革运动随着彼得·布厄恩的去职而灰飞烟灭了。"④

从上面的分析看，如果将卡特毒品政策的失败只归咎于布厄恩事件未免过于简单。表面上看这种政策的失败是出于偶然因素，但实际上大麻非罪化

---

① Sharp E B. The Dilemma of Drug Policy in the United States[M]. New York：Harper Collins College Publishers，1994，p. 43.
② 同注①。
③ 同注①。
④ Anderson P. High in America：The True Story behind NORML and the Politics of Marijuana [M]. New York：Viking Press，1981，p. 22.

运动失败的命运是必然的。因为,除了布厄恩处方事件这一表面因素外,还有其他制约这一时期毒品政策转变的因素。一个是卡特总统毒品政策议程的散漫特性(the diffuse character)。卡特自己承认,在其任职的最初一两年中,他试图一下子干太多的事情。他这样做的结果是不得不在许多政策战线上收缩,特别是在华盛顿这样稳固的权力中心,卡特作为外来者受到许多方面的限制。

另一因素是毒品政策的议程安排的性质。如前所讲,卡特运用的是一种"内部解决"(inside - access)的解决方式。他不像尼克松那样通过引起公众的关切和媒体的注意等形式将毒品问题炒得尽人皆知,卡特解决毒品问题用的是把它作为可以通过毒品政策专家们理性重估进行改进的一个技术问题。这种不予声张的方法如果只局限于细小的技术问题,例如,对于受管制药物的治疗作用的研究和对与海洛因之类的其他毒品的滥用的关注等来说可能是很理想的方法,但呼吁大麻非罪化并非一件例行公事或技术上的小事情。虽然有许多因素把这一问题推上了政府议事日程,并且讨论这件事的时机看起来好像成熟了,但一旦进入实际运作它仍然是一个爆炸性的话题,这并不是一件仅通过诸如在吸大麻等相对无害的医疗后果上取得技术上一致意见就能使政策改变的事情。在这种情况下,改变政策的努力势必会遇到专家结论与公众恐惧心理的冲突。要改变毒品政策,需要公众意见达成新的一致。"内部解决"模式忽视了大众态度的重要性。总而言之,"内部解决"方法可能很适合卡特自己的专家技术政治风格,但对大麻非罪化的问题来说却极不合适。

最后也是最重要的一点即是政治斗争的影响。自从尼克松政府以来,国会和总统的权力斗争就一直不断。而且自70年代初以来国会在毒品问题上有越来越大的发言权。尽管卡特执政期间采取了许多保守主义的措施,但在毒品的问题上他却表现出极端的自由主义倾向,发展到批准大麻非罪化的地步,这必然会招致国会上保守议员们的反对,终致落得失败的命运。

四、70年代末美国的毒品泛滥

由于福特政府和卡特政府禁毒不力,卡特甚至公开支持大麻非罪行化,70年代末,服用大麻的现象已经泛滥成灾。据有关资料统计,此时美国非法毒品市场每年的需求量大概如下:50吨大麻,25吨可卡因和10吨海洛因,[①]有人估计

---

① 倪寿明,邓早阳.毒品面面观[M].北京:东方出版社,1992,p.154.

此时美国吸用大麻者人数可达5 000万;[1]美国司法部的统计则显示,1977年18～25岁的年轻人中在过去一个月中吸过大麻的占27%,1979年则升至35%。[2] 在这种形势下,美国警方认为对服用大麻者采取强硬执法徒劳无益,所以他们就放松了对服用大麻者的管制。

与此同时,可卡因在70年代末和80年代初又卷土重来。到1978年美国可卡因的消费量已然上升到19吨到25吨之间。可卡因的再度流行是受到了摇滚歌手和以可卡因毒贩为主人公的电影的刺激。到了这时候,以前可卡因的危害在很大程度上已经被忘记了。可卡因尤其在中产阶级的雅皮士中间更为流行。

要说到吸用大麻与吸用可卡因之间有无必然的因果关系,两种毒品的药理表明大麻并不能创造对可卡因的需求,因为两种毒品的效果不同。大麻使人萎靡不振而可卡因则令人兴奋异常,二者虽无生理学上的联系,但它们却有社会联系。正如梅利尔·考莱特(Merril Collet)所指出的:"使用这两种毒品有一个共同的根源,即是煽动青年人挑战主流社会吸毒禁忌的反抗亚文化。在60年代,包括迷幻剂、安眠酮、普斯普(PCP)、巴比妥、吸入剂等各种非法毒品的消费都有所增加。正是在这种大众吸毒的浪潮中可卡因得以重新走俏的。"[3]

总之,此时美国人对毒品的需求变得几近贪婪。什么原因使然呢?是否这就是人们说的现代"道德失重",还是美国人在"苦中作乐"?不管什么原因,包括烟酒在内的毒品已经彻底渗透到美国社会的角角落落,政府如果要将吸毒从美国民族文化中剔除就得撕裂美国的社会肌体。

虽然卡特总统并未明确地将毒品与美国更广泛的社会问题联系在一起,但他在一篇演说中确实说过美国丧失了其道德方向和目标。美国人精神空虚,就像得了病。可卡因的卷土重来只不过是这种更为广泛的社会道德败坏的一种反映罢了。

然而,据盖洛普民意测验调查结果显示,从1977—1979年间报刊登载的关于毒品的文章数量来看,公众对毒品问题的关注非常之低。但是即使毒品问题不再是公众关注的焦点,它仍然还在政府的议事日程之中。有资料显示,70年代末国会有关毒品问题的听证会的数量接近尼克松"毒品战"期间的数目,但是这两届政府对此问题关注的性质却有很大的不同。在相当大的程度上,毒品在

---

[1] Inciardi J A, The War on Drugs Ⅱ [M]. Mountainview, California: Mayfield Publishing Company, 1992, p.43.

[2] U. S. Department of Justice, Office of Justice Programs. Bureau of Justice Statistics Drugs, Crime, and the Justice System[Z]. Washington, DC: U. S. Government Printing Office, 1992, p.31.

[3] Rosenberger L F. America's Drug War Debacle[M]. Avebury, 1996, p.25.

国会的议事日程之内不是因为有人提出了什么新的立法倡议或是正在调查反毒计划的进展情况,而是因为正在对反毒计划和反毒团体进行重新授权或监督审查。例如,1977年举行的与毒品相关的听证会中包括:一个关于毒品管制局重新授权的听证会,一次对执法援助局(Law Enforcement Assistance Administration)筹集的反毒经费的审查,一个致力于修改现存的退伍军人卫生保健法的听证会,两个确认总统新任命的禁毒官员的听证会。① 总之,毒品问题在卡特时期是被当作一个例行公事的技术性问题来处理的。除了关于大麻非罪行化的听证会之外,卡特时期的毒品政策不再像尼克松时代那样引人瞩目。

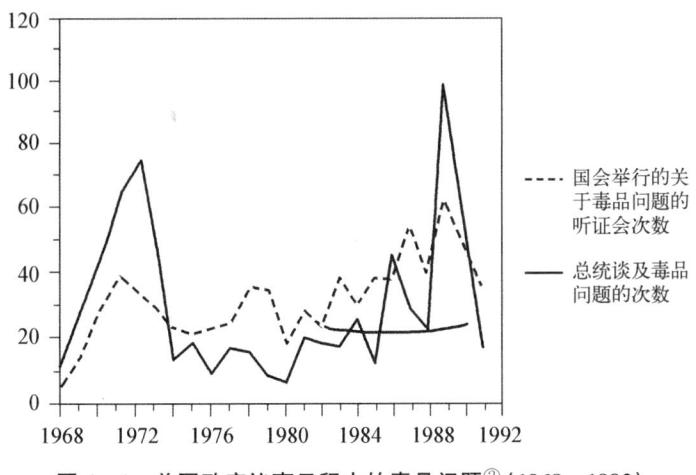

图 4-1　美国政府议事日程中的毒品问题②(1968—1992)

从图4-1也可看出卡特政府时期总统对毒品问题的重视程度也与尼克松政府时期有所不同。在其整个总统任期内,吉米·卡特公开谈论毒品问题的次数比他前面的尼克松和他之后的里根都少得多,但这并不表示毒品已不再列入卡特政府的议事日程,而只说明这两届政府在对待毒品问题方式的差异。尼克松用的是一种全民动员方式,这种方法靠的是引起全体公众对毒品问题的高度关注。而卡特运用的则是"内部解决"的方法。这种方法强调通过政府内部专家利用专业知识不事声张地研究和解决毒品问题。这样做的结果使政府的禁毒政策同社会脱钩,既不能影响社会舆论,也得不到社会舆论的支持。禁毒和对毒品的控制都显得软弱无力。毒品在美国的再次泛滥就不足为奇了。

---

① Sharp E B. The Dilemma of Drug Policy in the United States[M]. New York: Harper Collins College Publishers, 1994, p.35.
② 同注①,p.36.

福特和卡特时期是美国毒品政策一个相对缓和平稳时期。这两届政府内没有重大的毒品法出台,也没有政策的重大变革。两位总统基本上沿用了尼克松时代的毒品管制模式,卡特总统虽然要进行一些策略上的调整,但终因反对力量太强而告失败。

第五章　登峰造极的时代：共和党再次"向毒品开战"(1981—1992)

1981年是美国反毒运动的一个分水岭。此前的福特和卡特两届政府由于种种原因对毒品问题的重视程度大为降低。他们认可了"毒品问题不能根除"的论点，因而对吸毒者采取了非常宽容的态度，甚至发展到了要将大麻非罪化的地步，致使70年代末美国的吸毒之风再掀高潮；1981年后，随着以里根为代表的共和党极端保守势力的上台，美国的毒品政策也开始转向严厉，里根因此成为美国历史上继尼克松之后第二个"向毒品开战"的总统。80年代中期以后，"毒品战"急剧升温，到另一位共和党人乔治·布什当选美国总统时发展到顶峰。与此同时，围绕毒品问题而展开的政治斗争也几近白热化，使这一时期反毒运动的政治色彩更加鲜明。而且，这一时期美国军队在反毒方面的作用逐步加强，又使"毒品战"呈现出一种前所未有的"军事化"倾向。

第一节　第一届里根政府的毒品政策

一、里根政府早期减少毒品需求的活动

1980年总统竞选中，共和党候选人罗纳德·里根击败卡特。次年上台后实行"新保守主义"。所谓"保守"是宣扬美国建国时期体现在宪法中的传统的自由主义。这种传统的自由主义主张政府，尤其是联邦政府，恪守宪法所规定的权限，不干预人民、地方和州权限内的社会和经济事务。里根的"新保守主义"实际上是传统自由主义在新形势下的演进和发展。里根"新保守主义"的"新"主要表现为并不取消国家干预，而是把国家干预的侧重点移到刺激资本家的投资兴趣上。[1] 可见，国家干预仍然是里根政府的一项政策。

里根上台后面临着严重的经济滞胀问题，不得不全力以赴地实施一揽子

---

[1] 杨生茂，陆镜生. 美国史新编[M]. 北京：中国人民大学出版社，1990，pp.536-537.

经济复兴计划,暂时还不能采取有效的禁毒措施,所以有些人推测,里根总统在毒品问题上可能会同意货币学派经济学家米尔顿·弗里德曼[①]的只要毒品需求有增无减,旨在杜绝毒品供应的反毒战略便不会奏效的观点。的确,他当时所能采取的解决吸毒问题的首要方法也就是教育和预防等控制需求的措施。[②]

里根总统在就职后的三个月内,曾多次强调要劝说吸毒者放弃这种陋习,从而减少对毒品的需求。在1981年3月7日的一次新闻发布会上,有人问里根其毒品政策的工作重点是什么,他说是减少毒品需求,并且批评了减少毒品供应的政策。他说:"我曾跟人谈论过加强阻止邻国向美国输出毒品的问题。由于我国有着漫长的边界,因此将拦截作为解决美国毒品问题的主要手段实际上是不现实的,这就像用筛子端水一样,徒劳无功。我深信,毒品问题的最终解决在于我们能否赢得吸毒者,也就是说我们能否让人们远离毒品。"[③]

1982年10月,当时的总统毒品政策顾问卡尔顿·特纳博士(Dr. Carlton Turner)宣布要发动一场强调靠个人之间相互帮助阻止毒品需求的反毒运动。据报道,里根政府的许多官员也都承认执法战略的局限性,并支持采用减少需求的禁毒方略。虽然这种新政策包括一些具体目标(例如:使高中生吸毒人数减少30%等),但1986年以前联邦政府并没有为吸毒预防和教育提供足够的资金。所谓对减少需求方面的重视在很大程度上只停留在口头和象征性的姿态上。

虽然联邦政府吸毒预防和教育方面的经费不足,但白宫方面却找到了一种既省钱又有效的遏制毒品需求的方法,这就是第一夫人南希·里根发起的"就说我不要"(Just Say No)运动。1981年,第一夫人在加利福尼亚州的一所小学参观时,有个孩子问她:"如果有人要我吸用毒品,我该怎么办?"南希简洁地回答:Just Say No(就说我不要)!此事一经宣扬,便立即在全国引起了反响。各地纷纷成立了"就说我不要"俱乐部,进而于1985年在里根夫人的帮助下成为一场全国性的毒品预防教育运动。这一运动非常有效,它主要靠的是自发自愿的行动。这一运动从美国政府的最高层传出一种响亮而清楚的信息:即毒品是有害的,

---

① 米尔顿·弗里德曼(Milton Friedman),美国芝加哥大学教授,货币主义(也称货币学派或芝加哥学派)创始人,1976年诺贝尔经济学奖获得者,自由市场经济权威。他认为毒品对社会造成的危害在很大程度上是由于视毒品为非法引起的。
② Powis R E. The Money Launderers[M]. Chicago, Illionois:Probus Publishing Company, 1992, p. 259.
③ Sharp E B. The Dilemma of Drug Policy in the United States[M]. New York:Harper Collins College Publishers, 1994, p. 49.

它毁掉人们的生命,并给人们的身心造成永久性的伤害。为此,第一夫人行程60万公里,走访了美国 28 个州和 6 个国家。她在全国各地的中学频频出现,四处传播禁毒拒毒的信息。"就说我不要"一时之间家喻户晓。第一夫人还督促设立了许多减少吸毒现象的计划,包括发展社区毒品教育计划,学校开除吸毒和售毒学生的计划和各种自发自愿的毒品教育计划。这一运动不仅吸引了广大学生家长团体(如全国不吸毒青年家长联合会,毒品教育家长资源研究所等),而且还是对左派、反主流文化和自由人文主义的一种象征性打击。尽管很难衡量反毒运动的成就,但"就说我不要"运动在无需政府资助的情况下不失为一种劝阻青年人吸毒的成功手段。1985 年美国国家药物滥用问题研究所进行的全国家庭吸毒状况调查显示,该年美国的吸毒人口估计为 2 300 万,而三年后则降为 1 450 万。[①] 1987 年的调查指出,中学高年级学生和大学生使用可卡因的现象下降了20%。[②] 这样大的下降幅度,第一夫人所倡导的毒品预防与教育运动功不可没。

二、里根政府以某些地域为目标的毒品执法行动

里根政府早已承认了通过边境封锁和针对毒贩的执法行动来解决毒品问题的局限性和难度。然而在其上台一年后,他发现单靠减少需求来遏制毒品泛滥是远远不够的,还需要根据联邦政府的实力,有选择地、有重点地堵截毒品供应渠道,所以里根总统就采取了一套旨在减少毒品供应的新举措,这就是 1982 年 1 月底南佛罗里达打击犯罪特别工作组(South Florida Task Force on Crime,本书亦称南佛罗里达特别工作组)的创立。其目的是:(1)打击毒品交易特别猖獗的一个地区;(2)将过去毒品执法中步调不一的政府不同机构的力量联合起来。南佛罗里达特别工作组由副总统乔治·布什统一指挥。联邦政府之所以将佛罗里达作为打击的重点,是因为迈阿密—戴德县地区已经成为一个从中南美进口毒品的主要据点,是全国毒品活动最猖獗地区,那里的执法系统已捉襟见肘,难以应付。电视系列剧《迈阿密风云》(*Miami Vice*)把这种情况表现得淋漓尽致。

特别工作组的一个重要作用是协调相关政府机构行动,特别是协调像毒品管制局和海关局这样的互含敌意又必须合作的联邦机构之间的行动。同时,特别工作组还要协调这些联邦机构与州和地方的执法机构的行动。

南佛罗里达特别工作组利用了许多以前在毒品管制活动中不曾起过重要作

[①] Powis R E. The Money Launderers[M]. Chicago, Illionois: Probus Publishing Company, 1992, p. 260.

[②] 倪寿明,邓早阳. 毒品面面观[M]. 北京:东方出版社,1992, p. 156.

用的部门的资源。例如,海岸警卫队参加特别工作组后加强了对以走私著称的加勒比海地区的巡逻活动。为了支持他们的行动,特别工作组还为海岸警卫队配备了"285名新水兵和其他人员以及新装备,先是两艘高速气垫船和两只新快艇,后来又增添了直升机和新猎鹰型喷气式远距离搜索飞机。"①

更有甚者,军队也参与了反毒行动。1981年以前,1878年《地方武装法》(Posse Comitatus Act)禁止美国军队参与民事执法活动。紧随内战之后通过的这一法案,反映了内战后军事占领南部期间人们对平民和军队之间关系的关切。20世纪50年代末,随着南部民权运动时代的开始,原来的《地方武装法》未曾涵盖的军种也被置于其管制之下。由于这种长期一贯的政策,美国军队与民事执法机构之间一直局限于间接、辅助的关系,例如出借装备,人员培训或利用设施等。但1981年,国会通过修正《地方武装法》,放宽了军队对民事执法辅助活动的解释。南佛罗里达特别工作组因而得以在其加强毒品拦截的行动中大量使用军队,海关局使用了陆军直升飞机,在毒品拦截中还使用了先进的跟踪飞机的海军雷达和空军载有雷达的气球。此外,海军也开始更加直接地参与毒品拦截活动。

这种特别工作组的方法在佛罗里达备受关注,很快被当成了一种四处效仿的主要模式。毕竟,部门间和政府间毒品管制行动的协调比争权夺势和互不联系更为有用,对于上层毒枭的集中打击行动比缉捕下层毒贩的分散行动更为成功。从逻辑上讲,一项全国性的行动必须包括一个由地区性特别工作组组成的网络。这也正是1983年里根政府所执行的策略。

南佛罗里达特别工作组的行动是否成功,美国国内观点不一。批评它的人认为这是一场没有取得任何成效哗众取宠的政治行为。批评它的人抱怨说政府没有为这种行动申请到额外的经费,而是利用了有关部门的现有预算和资源。美国毒品管制局官员抱怨说,这次行动含有将执法系统政治化以树立加强总统和副总统形象的目的。民主党派的政客们批评特别工作组抽调了美国其他地区的资源,使那些地区更易受到毒品的威胁,他们还抱怨说这个特别工作组未能使毒品问题得到解决,只不过是将毒品交货地点从南佛罗里达转到了加利福尼亚和其他沿海和边境州。这种批评虽然不无道理,但也从另一个角度承认了这次行动的成功,即毒品走私者被迫重新寻找活动地点。

特别工作组在许多战线上都取得了成功。缉获的毒贩和毒品数量增加了,有1 000多人因涉嫌毒品犯罪而被逮捕。南佛罗里达的暴力犯罪案件大幅下

---

① Wisotsky S. Beyond the War on Drugs[M]. Buffalo: Prometheus Books, 1990, p. 92.

降。毒品走私分子不得不经常寻找新的登陆点。特别工作组证明协调一致的行动能够在有限的范围内对贩毒活动给予沉重的打击。

南佛罗里达特别工作组的成功也证明了联邦反毒执法机构协调行动的必要性。为了进一步扩大战果,1983年3月23日,里根总统宣布实施国家毒品边境拦截系统计划(National Narcotics Border Interdiction System,简称NNBIS),布什负责这一计划的具体实施。该系统的作用是通过建立六个区域中心协调拦截毒品走私的活动。这一计划的主要内容包括获取更多毒品走私活动情报,利用军队资产提高情报质量并促使军队参加实际的拦截行动。佛罗里达中心于当年3月与总统宣布这一计划的同时成立。另外5个区域中心设在新奥尔良、埃尔帕索、长滩、芝加哥和纽约。每个中心由来自海关、海岸警卫队、DEA、FBI、国内税务局(IRS)、CIA和军队等机构的代表组成,由一名海岸警卫队军官或海关官员进行领导。国家毒品边境拦截系统(NNBIS)则由总统办公室副主任丹·墨菲(Dan Murphy)上将统一协调。

总体来看,国家毒品边境拦截系统实现了其主要目标,提高了提供给拦截机构的情报质量。在迈阿密、新奥尔良和洛杉矶等地区缉获了大量毒品。但这些成就在来自国会和媒体,特别是DEA的批评面前黯然失色。

三、有组织犯罪缉毒特别工作组

里根政府最成功的行动是其"有组织犯罪缉毒特别工作组"(OCDETF)计划的制定。这一计划由司法部副部长鲁迪·居连尼(Rudy Giuliani)于1982年发起。居连尼在司法部是3号人物。他原来当过纽约州的联邦检察官,他认为很有必要发动一场打击贩毒组织的全面运动。居连尼知道任何一个部门都单独对付不了毒品问题。在目睹了迈阿密的南佛罗里达特别工作组和"美钞行动"(Operation Greenback)[①]金融特别工作组部门间成功协调行动的效果之后,他想出了一个在全国不同地区设立12个由多部门人员组成的特别工作组的计划,旨在利用联邦、州和地方的执法机构来处理贩毒的问题。这一想法在某些方面基于60年代初以来就存在的司法部有组织犯罪特别工作组计划,也参照了"美钞行动"计划,但比它更为广泛,参加的部门更多。1982年10月14日,里根总统宣布成立"有组织犯罪缉毒特别工作组"计划。是年12月,国会批准了该计划

---

① 财政部1980年在迈阿密地区发起的一场打击"洗钱"活动的行动,主要是通过由多部门组成的金融特别工作组(Multiagency Financial Task Force)集中打击洗钱犯罪活动,该行动一直持续到1984年,效果颇佳。

的经费。在此计划之下,联邦执法机构人员增加了1 000人,联邦检察官人数也增加了200人。

在总统宣布该计划后不到一个月的时间里,该计划的指导思想、行为准则和组织结构都已形成。最初参加这一计划的机构有酒烟火器局、毒品管制局、国内税务局、海关总署、美国执法官局、海岸警卫队、联邦调查局和美国检察官办公室。各机构的高级官员组成了起初的OCDETF工作小组,后来称为管理审查委员会(Executive Review Board,ERB)。管理审查委员会的下面是一个"华盛顿机构代表小组",负责为各地的特别工作组提供支持。

在组织结构上,12个最初的大区(1984年参加这一计划的又增添了第13个大区,即佛罗里达和加勒比海地区)又各自包括若干个联邦司法区(Federal Judicial Districts),大区的总部设在该区的核心城市。每一核心城市的美国检察官对司法部副部长负责,并负责成立一个特别工作组顾问委员会(Task Force Advisory Committee),此外,还要挑选一名美国检察官助理协助其工作。

"有组织犯罪缉毒特别工作组"计划在里根时期是一大成功,该计划证明多部门参加的行动在集中的统筹指挥下能够取得成功。但这项计划也有其不足之处,各个核心城市的区域性特工组的进展不平衡,相互之间有差距。一般来说,特别工作组的成绩取决于主要领导人的能力。如果上面有一个强有力的美国检察官,又有一个强有力的美国检察官助理,就会取得突出的成绩,否则就没有明显建树,"有组织犯罪缉毒特别工作组"计划由于成绩斐然,因此得以一直存在下去并成为布什政府反毒战略的一块基石。

四、里根"向毒品开战"与80年代毒品问题政治化的开端

早在1982年6月,里根就意识到加强反毒宣传的重要性。他首先在行政系统正告联邦机构,毒品战将成为现政府一项优先考虑的任务。18个联邦机构的首脑、副总统、军队领导和国内税务局局长随即接到命令到白宫去听里根总统所作的一篇特别演说。里根说:"我们拒绝采取那种说吸毒现象十分普遍,我们对它无可奈何的无助态度。我们要把在众多的反毒行动中挂起的白旗扯下来。我们要把胜利的战旗升起来。我们有能力打击毒品问题,而且一定能够获胜。"[1]

里根总统还充分利用演说和广播讲话等形式将其对毒品战的主张传达给国会和每个美国家庭。1982年10月14日,总统在将采取一切必要措施结束毒品

---

[1] Bertram E, Blachman M, et al. Drug War Politics: The Price of Denial [M]. California: University of California Press, 1996, p.112.

威胁的保证声中宣布要发动"立法攻势",以便更容易给毒品犯罪分子定罪并使他们坐更长时间的牢。里根在其1983年致国会的国情咨文中认为:"现在是该让我们的城市重新安全的时候了。本届政府在此向毒害我们年轻人的重大的有组织犯罪和毒品骗子们全面开战。"①

在1983年大部分时间里,里根总统不断地向国会,尤其是民主党控制的众议院施压,要求就总统的毒品立法倡议采取行动,在好几次星期六下午的广播演说中,他还指责众议院的民主党议员没有参加打击犯罪和毒品的斗争。随着1984年大选的临近,民主党众议员对此类攻击的忧虑与日俱增,他们开始致力于应付来自总统的挑战。

1984年,在里根政府的强大压力下,国会制定了一项打击犯罪的立法即《综合犯罪管制法》(Comprehensive Crime Act),该法案有几条规定对开展毒品战十分重要。其中之一,该项立法扩大了政府把"没收财产"作为打击毒贩的武器的权力。通过财产充公政府可以缉获并保留罪犯通过犯罪活动取得的财产。1984年以前,没收价值超过1万美元的财产就必须经过民事法庭听证,没收价值低于这个数额的财产可以不经过正常的法庭诉讼程序。1984年这项立法将需要法庭诉讼的财产价值提高到10万美元。此外,司法部和财政部为受理、保存和促进没收财产权的使用还设立了专项经费。②

于是里根政府的司法部官员开始利用没收财产权缉获毒贩辩护律师的辩护费。其理由是既然不让毒贩享用其非法所得,那么也不应让其用这种钱购买到最好的辩护。但有人说:"罪犯聘请辩护律师的费用之所以对政府检察官有吸引力,不只因为这些钱是非法所得,而且还因为它们也是犯罪嫌疑人向收入微薄的执法人员炫耀非法财产的一种方式。无疑,这是一种对法律和执法人员的一种公然蔑视和嘲弄,是法律所不能容忍的。"③1984年的这项立法还加重了对毒品违法者的量刑,并且规定,假如某种新药被认为是对公共安全的一种直接威胁,那么司法部长就有权将其划入第一类受管制药物之列(毒品法律管制最严的一类)。最后,这项立法制定了关于保释和预防性拘留的新要求。该法规定,如果有足够的证据指控某人有重大的毒品违法或某些其他的严重犯罪行为,那么法

---

① Bertram E, Blachman M, et al. Drug War Politics: The Price of Denial[M]. California: University of California Press, 1996, p. 113.
② Sharp E B. The Dilemma of Drug Policy in the United States[M]. New York: Harper Collins College Publishers, 1994, p. 52.
③ Dombrink J, Meeker J W, Paik J. Fighting for Fees-Drug Trafficking and the Forfeiture of Attorney's Fees[J]. Journal of Drug Issues, 1988 (18), p. 429.

官有权否决对被告审判前释放。① 变化之所以这样大,是因为考虑到毒品贩子对社区来说是一大威胁,而且很可能会在审判前逃跑,所以即使还没有经审判给他们定罪,也应该拒绝对其进行保释。关于制定这一立法的依据,居连尼曾经说:"在迈阿密这样的地方,对一个毒贩被告来说一般保释金是 75 000 美元,而有 17%的这类被告从不到庭受审。对他们来说,保释金只不过是生意上的一些损失,也是逃避起诉的一种手段……总之,联邦关于保释的法律并没有有效地保护公众不受凶暴的罪犯和毒品贩子的危害。"②

里根在毒品问题上取得的进展提高了执政党和政府的声誉。国会的民主党人不愿意看到里根政府完全控制毒品问题主动权的局面出现,遂在1984年通过的这项主要打击犯罪的议案中加入了反毒的条文。《综合犯罪管制》扭转了此前毒品犯罪量刑变轻的趋势,对重大的毒品犯罪的惩罚大大加重。联邦检察官有权没收毒贩的财产和非法所得,但惩罚的加重主要集中在毒品的制造和销售而非拥有毒品的行为上。1984年开始,毒品问题再度政治化,标志着更为强硬的毒品政策时代即将到来。

第二节 "毒品战"的升级

一、克拉克引起的风波

虽然20世纪吸毒问题已经有好几次成为美国重要的社会问题了,但80年代后期的反毒浪潮是以前所不曾有过的。这种现象的产生在很大程度上缘于克拉克可卡因③(crack cocaine)的盛行。80年代中期克拉克的出现,刺激和推动了新的"毒品战"。这场战争强调惩罚和社会控制,它使法院案件积压成堆,监狱人满为患,使公众的反对情绪重又高涨。

而且,80年代末联邦政府反毒政策的主题是惩治吸毒和售毒者,给予吸毒成瘾者的社会和健康需要的关注却非常有限。联邦的大部分反毒经费投向了作物拔除、中途拦截和执法活动上。在克拉克流行的年代给予扩大戒毒治疗与戒

---

① Sharp E B. The Dilemma of Drug Policy in the United States[M]. New York: Harper Collins College Publishers,1994, p. 53.
② 同注①。
③ 80年代中期出现在美国街头的一种可点燃抽吸的可卡因,制造工艺简单,无色透明,价格低廉,能使人瞬间达到高潮,成瘾性极强,深受低收入吸毒者的欢迎。因其点燃时发出一种轻微的爆裂声,故又译"裂毒"。

毒治疗方法研究的支持也很有限。

20世纪80年代末的反毒浪潮起源于克拉克问世以前。特别是80年代初，社区对许多城市街头公开的毒品市场的忧虑与日俱增，这种忧虑导致他们向政治领袖施压要求他们对这样的街头毒品市场作出反应。那个时候让人们担忧的毒品还是海洛因以及可卡因粉剂。随着80年代初可卡因零售价格的下降，它成了一种更为"亲民"的毒品，它不再是一种只有上流社会才吸得起的毒品。实际上，可卡因价格的下降是导致克拉克现象出现的一个重要原因。

1985年末随着几篇关于纽约街头出现一种"新型"可卡因的报道，克拉克引起传媒和政界的关注。公众第一次注意克拉克是由于1985年11月29日《纽约时报》上的一篇报道，说的是青少年在抽过克拉克后因吸用可卡因而寻求治疗的事。此前，1984年的《洛杉矶时报》上曾有过关于"硬块"可卡因的文章对克拉克进行过新闻性的描述，但并未引起美国人的注意。六个月后也就是到1986年春夏之交，克拉克才真正成为舆论的焦点。报纸、杂志、电视台竞相发布最具轰动性的关于克拉克对使用者产生可怕后果的消息。政府的各个部门对此也作出了强烈的反应。

二、执法部门的反应

20世纪80年代中期克拉克的出现迅速招致联邦执法机构对街头克拉克买卖双方的惩罚和逮捕。1986年春，纽约警察局成立了美国第一个"反克拉克"警察特别工作组队。这一班精干人马每月逮捕数以千计的克拉克犯罪分子，纽约市警察局长称1986年为"克拉克年"，他派出许多精干的毒品执法分队捣毁街头的贩毒网，袭击毒贩活动的街区，逮捕克拉克的吸毒者。不久其他遭遇类似问题的城市也竞相效仿，纷纷采用这一战略。

其实，在克拉克出现两三年前，在许多城市人们对街头毒品交易的忧虑就与日俱增，警方也越来越注意捣毁这些街头毒品市场。1984年初在曼哈顿下东区开始的"压点行动"（Operation Pressure Point）使几千名街头毒贩被捕，街头明目张胆的毒品交易锐减。警方和社区领导相信，由于警方不断的扫荡，毒品犯罪和非毒品犯罪都有所减少。与此同时在马萨诸塞州开展的一项类似行动也使海洛因交易大幅减少。[1]同时，公众对一般犯罪的容忍度也在下降，他们对罪犯康复的可能性越来越怀疑，越来越相信惩罚是控制犯罪的一种最有效方法。这

---

[1] Belenko S R. Crack and the Evolution of Anti-Drug Policy[M]. Westport, CT: Greenwood Press, 1993, p.11.

一观点得到了里根政府的支持和推广。

克拉克出现前的刑事司法系统对毒品及相关犯罪分子的大量抓捕,影响了该系统对有关克拉克案件的反应。克拉克时代的不同之处是,抓捕的毒品犯罪人数猛增,监狱和拘留场所异常紧张。而强调惩罚的公众情绪和压力使得联邦检察官和法官更加难以拒绝毒品案件的受理,或者通过自愿要求接受非囚禁判刑迅速达成认罪辩诉协议。毒品违法者也没有资格选择其他形式的监督来代替上法庭受审,所以激增的克拉克案子充斥了城市的法院。

虽然公众压力对法庭的影响难以量化,但那些法官和检察官们最起码对传媒和政治影响作出了反应。此外,选民主张严惩毒品也意味着他们会任命或选出更加严厉的法官和检察官。有证据表明在克拉克风波出现前后,公众就要求对严重的毒品违法者施以特别严厉的惩罚。1987年进行的一项关于对违法者惩罚的问卷调查显示,答卷人把出售可卡因列为比用武器攻击,入户偷盗或行凶抢劫还要严重的犯罪。而且,有89.9%的人倾向于将监禁作为对出售可卡因行为的首选判刑,这一比例与因车辆事故杀人罪的判刑差不多,但高于对偷盗、放火及攻击的比例。人们认为,对出售可卡因合适的平均刑期为126个月,吸毒罪为67个月。①

1986年进行的其他调查却显示了在对待毒品犯罪问题上的不同态度。有32%的人同意对定了罪的海洛因毒贩应施以死刑,而85%的人认为对大部分吸毒者来说最好的去处是治疗机构而非监狱。虽然有56%的人感觉逮捕贩毒者是管制毒品犯罪的有效手段,30%的人则认为逮捕吸毒者并非一种十分有效的政策。②

最后,最近的研究表明,虽然治疗和康复未能减少吸毒和毒品犯罪已是人们的一种共识,但公众仍然支持扩大毒品治疗并将康复作为制裁某些违法者的目标。

因此,在了解了美国对新出现的毒品的历史反应和当时起作用的社会力量后,当初美国对克拉克的突然重视和刑事司法系统的强烈反应便不难理解了。有几种因素使人们对克拉克的恐惧心理趋于复杂化。第一,克拉克售价很低,最低可达每支3美元,这使任何人包括那些先前买不起可卡因的人都能得到它。第二,克拉克使人瞬间产生的强烈快感可以持续15~20分钟,随后便是昏迷和

---

① Belenko S R. Crack and the Evolution of Anti-Drug Policy[M]. Westport,CT:Greenwood Press,1993,p.12.
② 同注①。

再度吸毒的强烈欲望。这种能够迅速达到高潮的特性、以及大脑对可卡因的立即吸收使克拉克具有较强的成瘾性。第三,制造克拉克工艺简单,成本低廉,潜在巨大的利润等特点吸引了许多年轻、没有经验的小贩从事这种买卖。① 由于用很少的设备和低质的可卡因就能开业,所以出现了许多加工、包装和销售克拉克的家庭制毒作坊。此外,市内很快涌现出了不计其数的吸毒者可以购毒和吸毒的"克拉克之家",给业主带来了大量的利润,给附近的居民却带来了无尽的忧虑。为了争夺销售市场也产生了大量暴力犯罪。于是警方很快便把大城市杀人率的上升归因于与克拉克有关的暴力。街头暴力加剧了加强执法和对克拉克刑事制裁的紧迫感。

三、立法机构的反应

在社会舆论的压力下,国会接连通过了两个严厉的立法议案来对付毒品的泛滥。1986 年通过的《1986 年禁毒法》是一个涉及面很广的议案。它共有 15 条内容,几乎涉及联邦预防和控制吸毒的所有方面。它规定了法定的最低判刑,提高了对涉及大量危险毒品的犯罪行为的最高判刑,扩大了对武装部队支援民事执法的授权,并授权司法部长代行州和地方执法官员的职责。在国际禁毒方面,该法案为玻利维亚、哥伦比亚和墨西哥继续接受美国经济和军事援助设定了附加条件,并反复强调原有的法律中让美国驻多边发展银行的代表反对投票给产毒国家贷款,除非美国总统认证该国在的毒品战中予以了充分合作。②

1986 年的反毒法案显露了重惩罚、轻预防的倾向。法案授权将拨付的大部分联邦反毒经费划给了执法、监狱、拦截和其他减少毒品供应的活动,而非治疗和预防。为了向州和地方执法机构提供逮捕、起诉和囚禁毒品犯罪分子的经费设立了一种新的毒品执法拨款项目。该法宣布毒品是一个"国家安全问题",是对国际社会的一大威胁,呼吁加强国防部的毒品拦截作用,为此还提供 27 800 万美元购买或维修 8 架飞机、8 架直升机和 7 只载有雷达的气球。这项法案总共批准了 17 亿美元新增反毒经费,这是在此前批拨的 22 亿美元的基础上追加的经费。在这 17 亿美元中,只有 2 300 万美元(约 1.4%)拨给了治疗教育和预防活动。③

1986 年法案还加重对毒品犯罪的惩罚,其中就包括对第二次被判犯有重大

---

① Johnson B D. The Crack Era in New York City[J]. Addiction and Recovery, pp. 24-27.
② Vallance T R. Prohibition's Second Failure[M]. Praeger, 1993, p. 139.
③ Belenko S R. Crack and the Evolution of Anti-Drug Policy[M]. Westport, CT: Greenwood Press, 1993, p. 14.

毒品罪的个人的法定最低判刑。联邦法律也没有对吸毒者掉以轻心。该法规定,拥有某种受管制药物第一次的法定最低罚金为 1 000 美元,第二次为 2 500 美元,第三次为 5 000 美元并处至少 90 天的监禁。① 在联邦一级水平上,持有毒品法律放宽的趋势又发生了明显的逆转。而且,这一法案使大麻与其他毒品没有任何区别了。其他的规定还有禁止吸毒器具的州际买卖,限制人工合成毒品的出售,加强打击洗钱活动。

里根政府在执行《1986 年禁毒法》时语言多于行动。里根总统在口头上做出各种承诺,但所提出的 1988 财政年度的反毒预算却要求从这项法案授权的反毒经费中削减 10 亿美元。批给地方政府的钱迟迟不能下拨,里根政府内部众多与药物滥用管制相关的机构(如 DEA,FBI,海关总署,海岸警卫队,边防巡逻队)各行其是,甚至为了争夺对毒品拦截的控制权而明争暗斗。按照国会技术评估局(Congressional Office of Technology Assessment)的说法,虽然执法部门缉获了大量毒品,但对流入这个国家的毒品供应几乎没有什么影响。

1988 年,国会又审议了一个更为严厉的禁毒议案。该议案于 1988 年 10 月 14 日在参议院以 87∶3 的压倒性票数通过;随后又在众议院以 346∶11 的票数通过。1988 年 10 月 22 日两院一致通过了这一议案,最后的这个法案版本远不如最初参众两院的提案态度强硬。与最初的版本及《1986 年禁毒法》相比,它更加强调治疗和教育。该法要求将其授权的第一年反毒经费的 50% 用于减少毒品需求,在以后的年份中这一比例应达到 60%。②《1988 年禁毒法》的条文共有 10 条,其中主要内容有:(1) 加重对与贩毒相关的犯罪行为的惩罚,制定了新的联邦犯罪及管制要求,改变了刑事程序;(2) 关于联邦反毒行动的组织和协调;(3) 通过增加治疗和预防资金投入减少毒品需求;(4) 通过制裁吸毒者减少需求;(5) 减少境外的毒品生产和非法毒品的国际贩运;(6) 普遍增加联邦毒品管制的经费和拨款。法案还对吸毒者规定了新的惩罚措施,被判犯有毒品罪的人将得不到公共住房,联邦津贴、贷款、合同以及联邦的职业许可证。对克拉克犯罪的惩罚加重;连续三次进行毒品犯罪者可能会判无期徒刑且不许假释;该法还授权对大毒枭可判死刑。③

还有一些规定对具有改革意识的人们具有特殊的意义,它们是:(1) 宣布美国政府的政策目标是到 1995 年以前创立一个"无毒的美国";(2) 禁止联邦政府

---

① Meier K J. The Politics of Sin[M]. New York: M. E. Sharpe, Inc., 1994, p. 51.
② Sharp E B. The Dilemma of Drug Policy in the United States[M]. New York: Harper Collins College Publishers, 1994, p. 57.
③ Vallance T R. Prohibition's Second Failure[M]. Praeger, 1993, p. 140.

给未采取具体措施以创建无毒工作场所的任何组织拨款和合同;(3)表达了国会对麻醉品及其他危险药品合法化的反对立场;(4)如果房客或其客人参与或被判犯有毒品罪,公共住房管理局可以将房客逐出房屋;(5)将秘鲁、哥伦比亚、玻利维亚、墨西哥、巴基斯坦和老挝列为在与美国反毒活动合作方面应予特别关注的国家;(6)确定给各国的反毒活动的具体援助款项,包括军事援助、军火和人员培训,以及安全有效的用飞机播散铲除古柯的除草剂等费用。[1] 该法仍保有关于死刑的条文,但死刑不再是法定判刑了。治疗成为联邦毒品政策的一个目标(1989年国家禁毒战略这一目标存在时间极短),最后该议案还包括打击洗钱活动的广泛规定。[2]

此项立法所采取的一项最引人瞩目和最重要的措施是成立了一个内阁级的机构——"国家毒品管制政策办公室"(Office of National Drug Control Policy, ONDCP),负责协调联邦各禁毒机构的行动,主管毒品的国际管制,情报搜集和处理、毒品拦截,国内戒毒治疗、教育和研究等各项工作。此外,该办公室还是联邦政府与州和地方禁毒机构之间的联络机构,该办公室主任被人们称为"禁毒大王",可见其权力之大。自彼得·布厄恩担任卡特总统的毒品事务特别顾问以来,毒品问题还从未上升到如此显赫的地位,以前毒品问题方面也从没有过内阁级的职位。1989年3月,威廉·贝内特(William Bennet)被任命为美国禁毒政策办公室首任主任。该法要求国家毒品管制政策办公室主任在任命后180天内向国会提交一份国家禁毒政策报告,即《国家禁毒战略报告》,而且此后每年的2月1日前都要提交一份类似的报告。[3] 这份报告即作为国家控制和减少吸毒的短期及长期目标和战略。这样就使得联邦政府的反毒政策制度化并提供了更多的检讨和修改政策的机会。

《1988年禁毒法》还扩大了几种治疗和预防计划的授权,并试图把这些计划的实施作为行动的目标。在酒精、药物滥用和精神卫生局接受的专项拨款中,对州和地方政府戒毒治疗和预防计划的财政支持,随着对酒精中毒治疗和一般精神卫生计划的援助一并得到了加强。1988年这项立法授权1989财年专项拨款15亿美元,但是每个州所能得到的款数是很有限的,除非将这些经费全部用于药物滥用项目。虽然治疗感染了艾滋病毒的人是优先考虑的对象,但经费不能用

---

[1] Vallance T R. Prohibition's Second Failure[M]. Praeger, 1993, p.140.
[2] Belenko S R. Crack and the Evolution of Anti-Drug Policy[M]. Westport, CT: Greenwood Press, 1993, p.17.
[3] Sharp E B. The Dilemma of Drug Policy in the United States[M]. New York: Harper Collins College Publishers, 1994, p.57.

在给吸毒者分发卫生针头的计划上。酒精、药物滥用和精神卫生局下属的一个不大的联邦机构预防药物滥用办公室（Office of Substance Abuse Prevention）1989 财年得到的拨款是 9 500 万美元，另有 1 亿美元用来支持公共的非营利性毒品治疗中心。此外，该法还授权专门为印第安青年和退伍军人设立的治疗计划的拨款。

至于药物滥用教育项目，《1988 年禁毒法》授权增加了《无毒学校和无毒社区法案》的经费。该法案原本是《1986 年禁毒法》的一部分。它原定的经费为 1 亿美元，《1988 年禁毒法》将其经费增至 35 000 万美元。其中包括 1 600 万美元用于大中小学"酒精与药物滥用预防方面的教师培训计划"；1 500 万美元拨给"非营利性的私人或公共团体，用作预防和减少青少年从事与毒品相关活动计划"的经费；4 000 万美元用作各州"社区青年活动计划"的经费。[①]

然而，《1988 年禁毒法》的治疗和预防措施与这项立法的执法和拦截措施相比便黯然失色。此法案加重了对吸毒者的惩罚，甚至授权公共住房管经理人员，将在公共住房内或附近从事与毒品有关活动的房客逐出住房。初次被判犯有贩毒罪的个人五年内得不到补助、合同和贷款（退休金、福利、社会保障和类似的权利除外）等联邦给予的各种利益保障，第三次再犯就永远得不到这些利益保障。对于仅持有非法毒品者施加类似惩罚的时间为一年。

政府没收罪犯财产的权力在 1984 年的《犯罪管制法》中已经得到了加强，1988 年的立法又进一步加大了这一权力没收财产的力度。为了加强执法过程中没收财产手段的运用，《1988 年禁毒法》设立了司法部长可以使用的一项特别基金，用以支付"缉获、扣押、盘存、保护、保养、广告或出售缉获或扣押的财产所需要的各种费用"。这项经费之所以必要是因为多年来政府通过行使其没收财产权已经聚积了大量财产。在 1984 年《犯罪管制法》制定之后没收价值 1 万美元以上的财产已经不须经过长时间的法庭诉讼程序，联邦毒品执法机构得以大量增加没收财产的数额。到 1988 年，司法部和美国海关总署缉获的财产库存总价值已达 8 亿美元之巨。[②]

第三节 "毒品战"的巅峰时期

人们或许认为随着 1988 年总统大选的尘埃落定和最为全面的《1988 年禁

---

① Sharp E B. The Dilemma of Drug Policy in the United States[M]. New York: Harper Collins College Publishers, 1994, p. 58.

② 同注①, p. 59.

毒法》的通过,毒品问题会暂时被人们遗忘到脑后去,但戏剧性事件的再度发生又使对毒品问题的关注周期得以延长,特别是关于毒品暴力事件的种种报道使公众充满忧虑。1989年据犯罪控制研究所(the Crime Control Institute)报告,在上一年中被杀害的警官人数创历史最高纪录。此外,这个国家某些城市的杀人率也空前之高,而这些命案多与毒贩之间的暴力有关。

在这种情况下,1989年9月5日,曾任美国"犯罪管制和毒品执法特别工作组"组长的新任总统乔治·布什,在其入主白宫后的第一次电视讲话中即宣布了一项非常全面且耗资巨大的禁毒战略。在那篇讲话中,布什总统从头至尾谈的都是毒品问题,并声明虽然对毒品问题的各方面都要重视,但重中之重是毒品法的执行。总统提议将联邦政府给予州和地方执法机构的财政援助增加一倍,并且承诺增加毒品管制其他方面的资源投入。他说:"我还提议在地方、州和联邦等各级水平上全面地扩大我国的刑事司法系统。我们需要更多的监狱,更多的牢房,更多的法庭,更多的检察官。我请求将联邦用于毒品执法方面的总开支增加15亿美元。"①布什还号召对吸毒的治疗和预防倍加重视,将用于学校和社区毒品预防计划的经费增加25 000万美元。②

美国扩大毒品战的最大困难是资金问题。总统反毒计划出台时恰逢美国财政预算极度困难时期,党派在如何将预算赤字降到最低的问题上的争斗更加剧了这种反毒预算的难度。而且,1988年布什在总统竞选中曾经保证不会再加税。在这种情况下,总统扩大毒品战的计划势必会在国会遇到很大的困难。布什在发表其电视讲话后的一个新闻发布会上也承认了这一点。他说:"我们已经向国会方面就如何资助这一计划的问题提出了具体的建议,而且并未要求加税。我在这个城市已经好久了,知道总会有人主张'加税',并且说没有必要全面资助我昨晚宣布的国家禁毒战略。"③布什政府建议,可以通过削减联邦给予各州的移民援助来得到其提出的反毒计划将近一半的资金,剩余部分则可以通过取消经济发展局、削减司法部的青少年司法项目开支、让国防部延缓购置新的通信系统并动用原本打算用于管理公共住房工程的资金等方法来筹集。

虽然总统在其电视讲话中提出的反毒开支听起来数目庞大,但实际上提出的1990年反毒开支只增加了7.16亿美元,与联邦1.1万亿美元的总预算相比,

---

① Text of President's Speech on National Drug Control Strategy[J]. New York Times,1989-9-6,p.10.
② 同注①。
③ Public Papers of the Presidents of the United States[Z]. //George Bush,Book Ⅱ,1989. Washington,DC:U.S. Government Printing Office,1990,p.1144.

不过是个小数目。而且,这与各州和地方政府自己的禁毒开支相比也是一个相对较小的数目。在总统的电视讲话发表后没两天,总统的禁毒政策办公室主任威廉·贝内特就不得不承认:"要达到布什先生的国家禁毒战略目标,州与地方政府还得投入数十亿美元,仅增建新监狱一项明年就可能需要 50 亿到 100 亿美元。"①为了得到禁毒经费,各州与地方政府需要制订耗资巨大的新的反毒计划,而联邦实际拨给州和地方政府的反毒经费又远远不够。

布什总统的禁毒战略承诺,将把 2/3 以上的经费用于执法,而用于治疗和预防的经费则不到 1/3,这一事实受到了各方面的批评。在国会就新禁毒战略举行的一个听证会上,众议员詹姆斯·H.舍尔(James H. Scheuer)认为反毒的重点错了,他说:"在我看来,当我们将 2/3 的钱用于历史上并未取得多大成就的惩罚性执法活动时,我们并未为毒品教育追加经费。从成本收益的角度来看,我们是在坐失良机。"②

最后,在如何使用联邦政府给予各州和地方政府的反毒援助的问题上,各级政府之间也存有争议。在总统的毒品政策建议提出后一个月内,美国市长联席会议便不断要求联邦政府将下拨的毒品预防和治疗经费直接交给他们,而不必再通过州政府,这样做的原因正如密尔沃基市市长诺基斯特(Norquist)所指出:"各个城市才是发动毒品战的地方,因此它们也应是资源投放的地方。"③而与此同时,全国州长联合会则坚持继续通过州政府来分配联邦反毒经费。

虽然存在诸多的争议,虽然国会里的民主党人将毒品战的开支增加了 11 亿美元,但布什任职总统期间毒品政策的口径和性质很大程度上由联邦政府所定。当时的"禁毒大王"威廉·贝内特称:"争论的条件由我们的战略来定。如果什么人要加上些头饰或其他装饰物的话,由他去加好了。我们的战略就是载体。"④贝内特所称的这种战略就是继续强调执法和拦截战略。

虽然关于 80 年代的毒品战成效的资料很少,但有些指标则表明了毒品的供应并没有减少。虽然 1989 年可卡因的缉获量高达 15 吨,但可卡因的街头价格并未受影响。每克可卡因的街头价格从 1979 年的 780 美元降至 1987 年的 100 美元。同时,可卡因的纯度则从 12% 增至 60%。80 年代海洛因的零售价格也

---

① Sharp E B. The Dilemma of Drug Policy in the United States[M]. New York: Harper Collins College Publishers, 1994, p. 61.

② U. S. House of Representatives. Select Committee on Narcotics Abuse and Control, National Drug Control Strategy[Z]. Washington DC: U. S. Government Printing Office, 1990, p. 44.

③ 同注①, p. 62.

④ 同注③.

相当稳定,其纯度则从1983年的3.9%增至1986年的6.1%。1990年对高中生进行的一项调查显示,有将近85%的人知道在哪里可以买到大麻。在1990年的这项调查中,其他毒品"市场"的知情人占比分别为LSD41%,可卡因55%,海洛因32%,安非他命60%。①

由此可见,80年代的毒品政策和以前的毒品政策一样并不成功。非法毒品市场仍然很大;国家药物滥用问题研究所估计,每年有6 000万美国人要在非法毒品上花掉1 500亿美元。② 拦截计划虽然在缉获毒品时引起媒体的广泛关注,但所起的作用甚微。究其原因大概有三条不可忽视。其一,大麻和鸦片在各种各样的地区都可种植,且成本低廉,而古柯种植也突破了地域限制,向原来被认为不宜种植地区迅速推广;其二,街头的毒品价格数倍于其生产成本,这样的暴利驱使一些人铤而走险;其三,毒品供应的潜力大大超过了当前毒品的需求量。有人估计,即使世界可卡因产量的50%被缉获,街头的毒品价格也只能增加3%。③ 没有人相信拦截能够完全控制住流入这个国家的毒品。经验丰富的毒品走私犯前仆后继,毒品制造者和提炼者也到处都有。

虽然美国的禁毒政策总体上是不成功的,但是至少在两个方面有所收获。第一,调查资料显示非法使用毒品的人数在80年代有大幅下降,中学高年级学生中承认在过去一年中用过大麻的人数比例由最高年份1979年的50.8%降到了1991年的23.9%。使用可卡因的人数比例则从其最高年份1981年的12.4%下降到1991年的3.5%;中学生吸毒人数的下降在因毒品犯罪而遭逮捕的全国统计数字上也反映出来。1981年因毒品犯罪而被捕的个人的平均年龄是21.9岁,这一年龄到1990年提高到了27.1岁。④

第二,与毒品有关的逮捕记录显示执法部门对毒性更强的毒品更加重视。截至1982年,美国因毒品罪而被捕的人中有72%是因为大麻犯罪而被捕的,只有13%的人是因为可卡因或海洛因而被捕的。到1990年时,只有30%被逮捕的人与大麻犯罪有关,而这时与可卡因和海洛因有关的逮捕所占比例则升至54%。这些数字并不表明因大麻犯罪而遭逮捕的人数减少,而只不过因为被逮捕的总人数增加了,增加的这部分主要集中在可卡因和海洛因上。因毒品犯罪而被捕的人员由大麻向可卡因和海洛因的转变与逮捕的目标转移有关。以吸毒

---

① Meier K J. The Politics of Sin[M]. New York: M. E. Sharpe, Inc., 1994, p.57.
② Moore M H, Kleiman M A R. The Police and Drugs[Z]. Washington, DC: National Institute of Justice, 1989, p.2693.
③ 同注①。
④ 同注①。

者为目标的逮捕比例从1980年的82％降至1990年的68.4％。[①] 虽然有这种比例上的变化,但统计数据显示执法对象中首当其冲的仍是吸毒者而非贩毒者。尽管在此前的8年中因拥有毒品而被捕的案件在所有逮捕的人数中所占比例已经下降,但因拥有毒品而被捕的实际人数却增加了76％。此外,许多州将拥有超过一定量的毒品的行为定义为"有销售意图",因此把某些拥有毒品的案例算作贩毒的案件来处理。

对于毒品战的热情到1993年克林顿上台时明显消退。经济问题取代了吸毒问题而成为全国最优先考虑的重点。然而,政府并没有因此而削减反毒经费,所以90年代毒品执法活动仍然延续了下来。

第四节 毒品问题的再度政治化

一、美国总统与毒品政治

毒品问题与选举政治的结合在80年代是一个十分令人关注的问题,但这种结合并不是80年代才有的新现象。早在70年代初,共和党人尼克松就已经认识到把毒品问题作为一种竞选武器的重要性了,但80年代毒品问题政治化的程度更深,持续的时间更长,影响也更大。

80年代以来,随着美国毒品,特别是可卡因的不断泛滥,毒品问题在美国政治生活中的地位也日益重要,共和党和民主党都力图把禁毒问题抓在自己手中以便增加所掌握的政治筹码。共和党总统接连"向毒品开战",国会中的民主党人也忙于制定严厉的毒品立法,执法部门也如临大敌,就连一向不过问民事执法事务的联邦军队也加入了战团。在这场前所未有的扫毒大战中,毒品问题再次成为政治斗争的一个焦点。

在这场斗争中,除两个对立的政党以外,联邦政府各部门也都抱有自己的目的,为各自的切身利益而战。总统为了实现其毒品政策必须赢得大众和国会的支持;行政官员们为了维持本部门的存在和发展,需要获得更多的经费;国会中的两党议员们为了寻求连任,需要争取更多的选民投票。

随着1914年《哈里森法》的通过,行政部门正式开始负责全国性禁毒政策的

[①] Maguire K, Flanagan T J. Source Book of Criminal Justice Statistics 1990[Z]. Washington, DC: U. S. Government Printing Office, 1991, p. 80.

执行。但直到 60 年代末,很少有职位高过联邦麻醉品局局长哈里·J. 安斯灵格的行政官员关注禁毒问题。也正是在那个时候,尼克松总统把毒品变成了一个主要的国家政策问题。而我们现在所熟知的毒品战也正是从那时候开始的。自尼克松以来,美国总统在维持和推动毒品战中一直起着举足轻重的作用。

美国总统制定毒品政策主要靠三种工具。其一是说服公众的能力;其二是立法倡议权;其三是指导联邦行政管理机构的权力。尼克松、里根和布什三位总统都非常注重运用总统具有感染力的演说以及对联邦职能部门的管理来扩大毒品战。从美国历史上传承过来的惩罚型禁毒模式也保证总统对毒品以及与毒品有关犯罪的强硬言论会大受欢迎。联邦执法机构和国会对惩罚政策的一贯支持也为这些行政管理机构的扩大及严刑峻法的出台打下了基础。在这种情况下,那些想对毒品政策进行改革的总统的日子则要难过得多。要想更改禁毒机构的执法方向或革除某项立法,他们必须与国会和联邦禁毒机构中的反对势力奋力抗争。他们想赢得必要的公众支持的企图一再落败,因为禁毒政策改革者们很难利用演讲说服公众支持他们的举动,公众根深蒂固的信念制约了这些人的说服力。最后,尼克松以来的每一位总统都不得不将这场打不赢的"毒品战"进行下去。

里根总统上台伊始,便宣布"向毒品开战",并发动了一系列的政策"立法攻势"。1982 年 10 月 14 日,里根总统在司法部发表的一篇演说中,向毒品犯罪宣战并毫不动摇地承诺将"采取一切必要措施来结束毒品的威胁"并"瓦解美国犯罪团伙的势力"。[1] 里根政府成立并改组了反毒机构,其举动远远超过尼克松时期,实际上把整个政府(包括军队在内)都卷入了毒品战。

里根总统对国民的反毒情绪的直觉似乎很准确。总统的反毒主张并不是从上面强加到公众头上的,它具有广泛的政治支持。比如,在其 10 月 14 日的演说发表之前,司法部长的打击暴力犯罪特别工作组就曾建议对打击国际国内毒品贩运作出明确的承诺。[2] 参议院为了将毒品管制当作其工作重点,成立了一个由 28 位参议员组成的禁毒核心小组。而众议院麻醉品滥用与管制特别委员会则敦促总统"向毒品宣战"。

国会自己很快也变成了"毒品战"的支持者。首先,里根政府说服国会将其"立法攻势"中所有的立法倡议变成法律,并把有关假释、判刑、没收犯罪分子财

---

[1] Wisotsky S. Breaking the Impasse in the War on Drugs[M]. New York: Greehwood Press, 1986, p. 3.
[2] Office of the Attorney General. Attorney General's National Task Force on Violent Crime, Final Report, 1981, p. 28.

产和排斥规则的法律加以强化。其次,呼吁国会给毒品战以财政支持。国会则作出了积极的反应,毒品战的第一年即发放了一笔特别拨款,100％地满足了政府1983年正常反毒预算之外的追加拨款要求。政府与国会之间在毒品战问题上的这种政治凝聚力反映了一种不断高涨的社会舆论,即非法毒品已经到了无法控制的地步。

有人说,总统这一时期发动的立法攻势在许多方面都取得了政治上的成功。政府设法赢得了国会的支持,通过新扩大的反毒机构来加强刑事司法程序和执法。按照前司法部副部长斯蒂芬·特洛特将军(General Stephen S. Trott)的说法,政府打算在毒品执法中采用"焦土政策",不仅要把毒贩子们关进监牢,而且还要用新出台的没收财产法,没收"他们拥有的一切财产……"[1]

把里根总统初期的毒品立法攻势归结为选举政治的需要有其自身的合理性,因为每个政客为了达到自己当选的目的,总要对解决某些公众关心的问题作出某种承诺,不管其当选后这些承诺能否兑现,至少可以给选民带来一线希望。尤其是现任总统为了能够赢得连任,总在可能的情况下,运用自己手中的权力做点什么以收买民心,这也就是所谓的"政治秀"。里根总统上台后对毒品问题给予了高度的重视。不管是由第一夫人南希发起的"就说我不要"运动,还是里根总统的毒品立法攻势,其目的都是为了其政治前途服务,都是在为其下一次大选打基础。更何况80年代初的美国吸毒状况问题确实已很严重,政府如再不加控制,就有可能发展到无法收拾的地步。

里根利用了公众的情绪,在任职期间使吸毒成为一个主要的政治话题。1984年10月,迫于里根政府的强大压力,国会制定了《综合犯罪管制法案》。该法案授权可以对毒品犯罪分子实施审前拘押、将毒品犯罪判刑延长至20年并加强了没收犯罪分子财产的措施。

毒品问题在美国总统大选中的作用在1988年初就已露端倪。1988年2月,里根政府召开了一个"争取一个无毒的美国"白宫会议,这是一个十分引人瞩目的会议,它为政府展示其反毒活动和反毒思想提供一个论坛。在这次会议上,第一夫人南希·里根声明今后毒品战的最新主题将是严厉打击"间断性的吸毒者"(casual user)。在这一年中,里根总统也经常就毒品问题发表讲话,其主旨也是与打击吸毒者有关。譬如,在1988年3月白宫举行的一场吸毒基本状况介绍会上,他说:"吸毒并不是一种没有受害者的犯罪,它也不是一件纯个人的事

---

[1] Trebach A S. The Heroine Solution[M]. New Haven, Conn: Yale University Press, 1982, p. 184.

情。我们必须对数以百万计的因为某些人使用非法毒品而付出高昂代价的无辜公民给予极大的关切。"为此,里根政府制定了一套"零容忍政策"。①

民主党候选人都纷纷指责里根当局在禁毒方面"雷声大,雨点小""治标不治本"。他们呼吁对那些禁毒不力造成毒品外流而又拒绝国际合作的国家不仅不应该给予财政支持,相反应给予一定的制裁。国家应该追加资金,扩大和完善海岸警卫队、海关和毒品管制局的建制。同时实施更多的毒品治疗和康复计划。民主党人的这些观点显然赢得了许多人的赞同,他们的竞选活动取得了一定的成功。在1988年5月的一项民意调查中,当被问及什么是当前美国社会最严重的问题时,回答毒品的占到16%;当被问到哪个党处理毒品问题的方案更有效时,37%的人认为是民主党,24%的人认为是共和党;当被问到如果今天选举,你投谁的票时,49%的人说投票支持民主党候选人迈克尔·杜卡基斯(Michael Dukakis),只有39%的人说支持布什。② 显然拥护杜卡基斯的人认为在反毒政策方面,民主党比执政的共和党表现得出色些。民主党人正是企图利用这种舆论抨击里根政府,使自己在竞选中获胜。

里根的反毒行动经常受到民主党人的批评,其实里根在禁毒方面还是作出过努力的,他曾视察康涅狄格州的海岸警卫队学校,他在那儿的讲话几乎都与反毒有关。在莫斯科苏美最高首脑会晤的讲话中,里根阐述了世界反毒的重要意义。在国内他还号召两党消除政治分歧,共同来研究如何对付毒品。

当毒品已成为美国总统选举的热点问题时,共和党人意识到,如果对毒品问题重视不够,势必会在竞选中处于劣势。共和党总统候选人乔治·布什于是急忙赶到曼哈顿发表演讲,要求对毒贩从严处置,对首犯处以死刑。同时,他在洛杉矶参观了一处被警察破获的"克拉克"毒窟。他强调自己在反毒品战争中并非无名之辈,曾经担任过南佛罗里达州边境禁毒机构(指国家边境毒品拦截系统NNBIS)的负责人,为避免大量毒品流入美国作出过贡献。这位当时的副总统还向公众展示有关文件,说明他任中央情报局局长时就是一位反毒领导人了。布什与民主党总统候选人杜卡基斯尽管是政治对手,但在批评里根的毒品对策时,他们又是一致的。里根政府曾与巴拿马强人诺列加谈判:只要这位巴拿马政治强人愿意自己下台,美国将考虑免除对其贩毒的指控。但布什却暗示,他决不会

---

① 这是一项海岸警卫队和美国海关积极执行打击持有非法毒品行为的有关政策。所谓"零容忍"意思是海岸警卫队在其正常的巡逻、上船检查的过程中发现个人使用剂量的非法毒品后,将会在法律的范围内将船只缉获并逮捕有关人等……海关方面制定了一种管理程序,通过该程序船主提供证据证明他是清白的,并采取了合理措施不让其船被用于违法的事……如果船主达到了这些要求,那么按海关政策,船只要归还船主,否则,船主要受到适当的惩罚直至没收船只。

② 倪寿明,邓早阳.毒品面面观[M].北京:东方出版社,1992,p.200.

向诺列加将军妥协。

二、毒品问题、国会选举和党派政治

1. 毒品问题与 1986 年国会选举

20 多年来,几乎所有重大的毒品立法都是在美国的选举年份制定的。早在 1970 年,美国《国会季刊》(Congressional Quarterly)就曾对这种现象作过这样的评论:"受选举年和尼克松向'犯罪宣战'等因素推动,1970 年美国第 91 届国会通过了管制犯罪的议案,给人们留下了深刻印象。"[①]而其中最重要的就是 1970 年的《吸毒预防与管制综合法案》(The Comprehensive Drug Abuse Prevention and Control Act),该法于这一年的 10 月 14 日在国会以压倒的票数通过,而此时正是国会中期选举的高峰期。

这种立法方式在 80 年代中后期特别明显:每一场关于毒品立法的斗争都是在国会会期的最后时刻展开和解决,并且都是在竞选的高潮时。那么不断扩大的毒品战背后的选举逻辑何在呢?

里根在其任职总统的早期即把反毒战变成了一项全国性的运动,而当 80 年代中期,克拉克这种毒品开始肆虐,与毒品有关的犯罪开始上升之时,白宫方面的反毒辞令和媒体报道的效果得到了加强。80 年代中期的民意测验结果显示,毒品已成为一个公众最关切的问题;在 1986—1992 年间进行的民意测验中,毒品问题一再被列为美国所面临的最重要的问题。[②]

每个选举年份,这种对国民意向的测试把国会和总统的积极性都调动起来,双方为了在扩大"毒品战"中争取主动展开了争夺,而两党各自的国会议员为了树立最强硬的反毒立场也展开激烈的竞争。国会中许多议员力图击败对手,赢得声望。即使那些对"毒品战"抱怀疑态度的人和实用主义者也尽力避免因为在毒品问题上"手软"而受责备。在新政策出台时,这种"比狠"竞赛不仅发生在国会选区的竞选中,也发生在国会山上。

《1986 年禁毒法》的制定过程很能反映选举年份选民、竞选和毒品政策制定三者之间的互动关系。1986 年的民意测验将毒品列为公众关心的首要问题。从夏季到秋季,里根总统和国会一直在为了重大的反毒立法倡议争夺公众的注意力。结果国会在中期选举运动的高峰时期通过了一个非常全面的反毒议案,

---

① Bertram E, Blachman M, et al. Drug War Politics: The Price of Denial [M]. California: University of California Press, 1996, p. 137.

② 民意测验显示,1986 年、1988 年和 1989 年这些年份毒品问题被列为公众最关心的问题,1992 年毒品和犯罪问题则排在经济问题之后而名列第二。

里根总统在选民参加民意调查之前将这个议案签署生效成为正式法律,即著名的《1986 年禁毒法》(Anti-Drug Abuse Act of 1986)。

在选举前的几个月中,毒品问题已经引起了公众的注意,其重要性与日俱增。1986 年 6 月 19 日和 29 日,马里兰州立大学篮球明星莱恩·拜亚斯(Len Bias)和克里夫兰布朗橄榄球队运动员唐·罗杰斯(Don Rogers)两位名人因吸用可卡因过量致死的相关报道使公众对吸毒问题的关切度骤然升高。而此时正值国会议员回到各自的选区开始竞选之时。7 月末,众议院议长蒂普·奥尼尔(Tip O'Neil)宣布了一项重大的反毒倡议。众议院所有对毒品问题有管辖权的委员会,在 8 月中旬以前都要为一项拟议中的综合毒品议案提交政策建议。[①]
8 月 4 日,里根总统向全国发表了一篇电视讲话,号召全民行动起来,与毒品进行最后一战。一方面,国会拟定了关于新增经费的大规模立法计划;另一方面,总统则向美国人民承诺要为他们造就一个没有毒品的国家。8 月初,总统、副总统和几十位总统助理为了树立一个道德样板带头进行了尿检,发动了大规模的验尿运动,有人戏称之为"烧杯大战"。

9 月份,这场争取一场规模更大、效果更好的"毒品战"的竞赛发展到了众议院。在此,众议员们以 392 对 16 的票数批准了 60 多亿美元的反毒经费。为了加重对毒品犯罪的惩罚,加大联邦的反毒投入,立法者们通过了一个又一个的修正案。立法者们提出的每一个追加反毒经费和扩大反毒努力的修正案都无一例外地被采纳,每一个力图削减反毒开支和项目的修正案都遭到否决。来自科罗拉多州的众议员、民主党人帕特里夏·施罗德(Patricia Schroeder)说:"橄榄球赛中有一个术语叫'一拥而上',我想在大选前我们所看到的正是这种政治上的一拥而上的景象。"[②]众议院推出的议案授权对大毒枭处以死刑,授权美国军队追击和抓捕毒品走私犯,并要求总统下令在 45 天内封锁边境以打击毒品走私。

9 月 14 日,里根总统再度向全国人民发表电视讲话,他号召美国人掀起一场"全国性的反毒运动",并且认为只有总统才能够将这个国家的道德传承下去。他说:"吸毒行为是对美国的全面否定。其毁灭性和对人类的伤害是对我们的传统的嘲弄。"里根夫人又在一旁作补充说:"根本就没有什么道德中间立场。冷漠的态度不足取。我们要求你们协助我们营造一种对吸毒行为毫不容情的氛围。为了我们的孩子,我恳请你们每个人在反对毒品的立场上决不

---

① Bertram E, Blachman M, et al. Drug War Politics: The Price of Denial [M]. California: University of California Press, 1996, p. 138.
② 同注①, p. 139.

要让步,决不要动摇。"①第二天里根总统向国会提交了他的立法倡议,即《无毒美国法案》(Drug Free America Act)并发布行政命令要求某些联邦雇员进行毒品化验。

共和党人控制下的参议院则把里根总统的许多反毒主张加进它的议案中。参议院的议案于9月27日以97:2的票数通过。在中期选举举行前几周,全体国会议员就这一揽子立法提案的最后稿进行辩论。因急于通过毒品议案,诸如死刑之类问题上的严重分歧因而暂被搁置在一边。毒品战在许多次选举中的作用有目共睹,两党都不愿冒险否决这个议案。最后的议案以378:16的票数顺利在众议院通过,在参议院则是通过呼声表决通过的。

与此同时,在这一问题上的竞争激烈程度在国会山上也异常激烈。1986年佛罗里达州共和党参议员保拉·豪金斯(Paula Howkins)与民主党州长鲍勃·格雷厄姆(Bob Graham)之间的竞争即是一个最好的例子。当参议员豪金斯将自己说成是"参议院'毒品战'中的主将"时,格雷厄姆州长则以一条电视广告予以反击。在这个广告中,州长首先是坐在一架警用直升机内,发布缉毒的强硬命令,然后又站到一架被缉获的贩毒飞机旁,呼吁加大军队在反毒战中的作用,并对豪金斯反对增加海岸警卫队反毒经费的立场进行大肆攻击。《国会季刊》对选举驱动的"毒品战"升级现象评论说:"在国会选举即将结束的几周内,下保证,说大话成了竞选活动中一个司空见惯的特征。"②

30年前,候选人们承诺打击国内的共产主义"运动";1986年,政客们承诺的问题则是禁毒。共和党人和民主党人都试图在支持打击毒品贸易的问题上压倒对方。竞争对手在接受毒品检验的问题上向对方挑战,并力争对毒品犯罪提出最严厉的惩罚方案。

有些政客对于选举之年的异常表现态度非常坦率。俄克拉荷马州的民主党众议员戴夫·迈科迪(Dave Mac Curdy)承认,1986年的禁毒议案"无法控制"但又补充说,"当然,我支持这个议案"。③ 毒品问题的这种推动力并不仅限于1986年。两年后,北卡罗来纳州众议员,民主党人蒂姆·瓦伦丁(Tim Valentine)在一个"无毒品工作场所"的修正案中表明了其对"国家灾难的'种子'"的关切之后,不加思索地对修正案投了赞成票。

---

① Rovner J R. Senate Republicans Join Drug War[M]. Congressional Quarterly, 1986-9-20, pp. 2191-2197.

② Four Key Issues Playing Role in Congressional Tests[Z]. Congressional Quarterly, 1986-10-18, p. 2599.

③ Bertram E, Blachman M, et al. Drug War Politics: The Price of Denial[M]. California: University of California Press, 1996, p. 140.

来自亚利桑那州的参议员、共和党人约翰·麦凯恩(John McCain)替国会中的许多人进行了辩解。麦凯恩谈到1988年参议院努力扩大军队的反毒作用时说:"这是一个非常情绪化的问题,如果你投反对票,那你就是在反对毒品战。没有人想这样做。"①

2. 毒品问题与1988年党派政治

具有讽刺意味的是,推动了80年代"毒品战"的选举年逻辑的运用因毒品问题上的党派之争而得以加强。原本希望民主党和共和党通过竞争可以消除分歧,促进争论,并提供可选择的禁毒战略,然而党派之争却使强硬的反毒政策进一步加强。其根源即在于选民以及两党的当选官员在毒品问题上的思维方式。

整个80年代,民主党的毒品问题议事日程在某些方面就一直与总统和国会的共和党存在着重大分歧,这些分歧在1988年两党的竞选纲领中反映得很明显。共和党的政纲将毒品问题的根源归结为美国社会道德的败坏,其对策就是发布一个绝对禁止使用任何毒品的文告,并辅之以严厉制裁措施。他们说:"共和党承诺要造就一个无毒的美国。我们的政策是让吸毒者和那些靠毒品发财的人负起责任。毒品瘟疫不是刚刚发生的。是60年代和70年代容忍吸毒的自由主义态度留下的恶果。吸毒直接威胁到我们的社会肌体。它是全世界价值3 000亿美元的最大产业的一部分。里根-布什政府已经在着手消灭之。"②民主党人也认识到了同样严重的毒品威胁。然而,管制只是他们对策的一部分。他们强调国内和国外管制与援助之间的平衡:民主党认为禁毒是一项综合性工作。它包括在孩子们幼年时期就教育他们……吸毒的危险,对那些寻求戒除其毒瘾的人提供治疗和咨询,加强毒品拦截部门的力量,召集西半球各国首脑协调源头反毒的各种力量,以及对外实行发展援助以期通过促进作物替代计划改革严重依赖毒品的经济等。两党反毒纲领最显著的区别在于对预防和治疗的重视度和运用的方法上。处于共和党的反毒纲领最后一项的吸毒预防教育,在民主党的反毒议程上却高居榜首。吸毒预防的方法也有区别。共和党的观点是在其政纲的卫生与教育条款中阐明的,他们认为现在年轻人的许多健康问题根源于道德混乱和家庭破裂。防止青少年吸毒的"第一道防线"是节制教育。与之相反,民主党人则不只是简单地强调节制而是提倡一种将药物滥用的危害降到最低程度的禁毒教育方法。

---

① Bertram E, Blachman M, et al. Drug War Politics: The Price of Denial [M]. California: University of California Press,1996, p.140.

② Republic Party Issues Detailed, Long Platform [Z]. Congressional Quarterly, 1989 (44), pp. 46 – 75.

关于吸毒治疗,共和党的反毒政纲几乎是只字未提,而民主党则对之大谈特谈。1988年5月众议院民主党领袖向本党的全国政纲委员会提出的一项建议敦促其在毒品需求方面实行一种针对艾滋病和吸毒的其他不良后果的治疗政策,采取措施让吸毒者认识到艾滋病的危险,并要联邦政府承诺扩大以社区为基础的治疗计划。

注重治疗和预防是80年代民主党毒品立法议程一个最主要内容。参议员爱德华·肯尼迪(Edward Kennedy)表达了许多民主党人对这一问题的看法,他们认为:"吸毒是犯罪,但它同时也是一种疾病。对付这种疾病我们必须运用两种经试验证明切实可行的武器,即治疗和预防。"[①]治疗是达到这一目的的重要一步。执法与治疗经费在反毒总预算中所占的比例一般为7∶3,民主党人试图将它们平衡为5∶5,这种再分配方式遭到了布什政府共和党官僚们的反对。

民主党人的立法议程还涉及宪法问题。民主党人长期以来一直担心国内无限制的"毒品战"会危及公民自由。大约20年前,一位名叫山姆·厄温(Sam Ervin)的南方民主党人就曾带头反对尼克松政府关于无需敲门的搜查的规定。80年代当共和党将其强硬反毒立场推至极限时,民主党对威胁个人隐私的行为进行了强烈的反对。而且,多年来一直反对联邦设立死刑的民主党人,这次他们也反对将死刑用于毒品相关的犯罪。

随着时间的推移,两党的政策之间的明显区别逐渐消失了。1988年的党派之争揭示了这方面最主要的原因:民主党试图将毒品问题这张竞选王牌从共和党手里夺过去,把它作为战胜共和党的一种方式。

在总统竞选之初,像杰西·杰克逊之类的民主党人便开始对里根政府毒品战的方向和严肃性提出质疑。自从1968年尼克松把法律和秩序作为竞选口号以来,共和党人一再使用犯罪问题这根"大棒"打击民主党人。而此时他们却发现,本来属于自己的领域却被民主党侵占了。于是,共和党人立即采取行动予以反击。

在随后的几个月中,两党在这一问题上不断互相指责和攻击,许空愿。1988年6月15日,正值总统竞选的高峰,副总统布什与众议院共和党领袖共同提出了一个全面的反毒计划。布什提倡加大对贩毒者和吸毒者惩罚的力度,他说:"……在此我向民主党人提出挑战。你们说这是一场战争,那么就把它当战争对

---

① Bertram E, Blachman M, et al. Drug War Politics: The Price of Denial [M]. California: University of California Press,1996, p.142.

待好了。不要将这些人(指贩毒者和吸毒者)放回到街上去。"第二天,在参议院,民主党人杰西·杰克逊成了劳工和人类资源委员会举办的一个关于吸毒问题的听证会的首席证人。他的侧重点有所不同,他在指出教育和治疗的必要性的同时也提到地方执法和毒品拦截的必要性,但他强调这两方面的语气同样严厉。他说:"我在外面跟学校的孩子们谈话时了解到,他们并不把毒品视为杀手。我们必须让他们相信毒品贩子就是恐怖分子。"[1]

共和党的反毒运动只是其攻击民主党的一项更大战略的一部分。共和党最具代表的攻击是威利·豪顿(Willie Horton)的电视造势运动。威利·豪顿是一名从马萨诸塞州监狱出来休假的黑人杀人犯和强奸犯。共和党在竞选广告中将豪顿在休假期间又犯下的罪行归咎于该州州长杜卡基斯。因为这一犯人休假计划发端于民主党州长任期内,所以这一事实令杜卡基斯很难改变民主党政策导致危险罪犯的电视形象。

民主党方面企图通过出台一个更为强硬的打击毒品与犯罪的计划反击其"对犯罪手软"的指责,但遗憾的是未能成功。布什和杜卡基斯的首轮辩论中就提到了毒品问题。民意测验显示对大多数选民来说国内头号的问题就是毒品问题。是什么使得如此之多的美国人吸毒呢?乔治·布什认为是传统价值观的丧失。他认为过去政府对本应谴责的东西太过宽容,对毒品问题应该做的一件事情,就其原因而言是向学校里的年轻人灌输传统的价值观,并对那些犯罪分子必须施以狠手。

杜卡基斯力图挑战布什的对毒品和犯罪强硬的主张并建立起自己的主张,但他的说服力不强。民主党治疗和预防的主题在很大程度上被淹没了。最后,民主党人未能在1988年的大选中战胜共和党人,但两党的毒品问题之争对拟议中的毒品立法却都产生了重大的影响。

在竞选期间民主党对毒品战的推动产生了意外的后果,促使共和党人想方设法利用更严厉的反毒立法使自己立于不败之地。到1988年6月中旬时,众议院的共和党人力图对吸毒预防进行重新定义,使之远远超出教室教育的范围。通过对吸毒者施加严厉的制裁(如高达1万美元的罚金,并取消诸如上学和住房贷款等联邦福利)把执法作为一种最主要的预防手段。

民主党反毒议程的唯一值得称道的地方是其设法使共和党在将1989年反毒经费进行平均分配的问题上让了步。给了预防和治疗50%的经费,另外的

---

[1] Bertram E, Blachman M, et al. Drug War Politics: The Price of Denial[M]. California: University of California Press, 1996, p.144.

50%则给了供方执法战略。但这种分配方式只涵盖数十亿美元的反毒预算之外的拨款(1989年大约是5亿美元),所以对反毒预算的整体分配几乎没有什么影响。

有些民主党人在这些问题上确实进行了激烈的辩论,但他们对立法的影响却微乎其微。当1988年的禁毒法尘埃落定之后,两党都使毒品战大幅升级,但民主党扩大治疗和预防的禁毒议程却几乎没有什么进展。两党经过几个月的协商。国会通过了一个大大加强惩治战略的议案,对民主党只作了几项不大的让步。

最后,民主党在毒品和犯罪的问题上比共和党更强硬的决策将共和党推向更为极端的反毒立场,他们想尽办法要在立场上表现得比民主党更强硬。这一决策也将民主党人限定在一个更为强硬的反毒立场上,因为他们内心始终记住一个教训,就是决不能再在这些问题上表现出软弱。

这种党派之争的动力在布什政府的初期依然存在。当1989年9月布什宣布了他的新反毒计划后,特拉华州民主党参议员约瑟夫·拜登(Joseph Biden),作为参议院司法委员会主席,还在国会替占多数的民主党说话。他认为,布什的反毒战略不够强硬,不够狠,也缺乏想象力。总统说他发动一场反毒战,但如果这话属实的话,我们需要的是另一个"总攻日"(D-day),而不是又一个越南,不是一场注定要陷入僵局的战争。拜登吹嘘1989年民主党人将布什要求的反毒经费增加了一倍还多。为了推行这种强硬路线,1990年拜登用一种比喻的表达方式承认:"我的目标之一就是要将威利·豪顿之流关进大牢。"[1]据一位民主党说,民主党打算在下一轮反毒立法攻势中采取主动并完全改变杜卡基斯的做法。

80年代的禁毒政策之争显示了总统"毒品战"和两党如何在每一个选举时期,在民主党和共和党,国会和总统之间启动了一场"投标战"。其结果就是整个80年代毒品战的不断升级。但是到20世纪90年代初,在这一问题上的选举和竞争进入了僵局。由于两党都承诺对毒品采取同样强硬的立场,各党领袖与国会的个人议员都开始认识到此时再将毒品问题作为竞选道路或国会中的一个中心问题都不会有什么收获,而且公众的注意力这时已经转向了经济和卫生保健等问题上去。加之,克林顿总统上台后无意督促美国国会将毒品战扩大,也不想进行认真的毒品政策改革。失去了来自总统和公众的立法压力,美国国会于是悄无声息地将毒品政策从其最主要的立法议程中删去了。

---

[1] Bertram E, Blachman M, et al. Drug War Politics: The Price of Denial [M]. California: University of California Press, 1996, p. 146.

第五节 "毒品战"的军事化倾向

一、对传统原则的背离

里根—布什时代美国禁毒政策的另一显著特色是"毒品战"日益军事化。进入20世纪80年代以后,由于美国毒品问题的日益严重和"毒品战"的不断升级,美国军队在这场"战争"中的作用也不断加强,从出借装备、人员培训、提供情报直至直接投入扫毒斗争。与此同时,美国军队的职能也发生了变化,从传统意义上保家卫国扩展到民事执法领域。军队参与扫毒从一开始就是一个极富争议性的问题。美国军方对这一问题任务一直抱抵制态度,国外产毒国家对美国军队的到来也不欢迎。虽然军队扫毒已是一个既成事实,但时至今日,对这一问题的争论还远未结束。

民事执法在历史上一直是美国军队的"禁区"。1878年6月18日,美国第49届国会通过了一项具有深远意义的立法,即《地方武装法》(Posse Comitatus Act)。该法是针对美国内战后允许联邦军队在被占领的南部各州执行地方法律的军事重建政策而制定的,它规定军队行使民事部门的执法职能为重罪。这反映了人们对南部重建时期军民关系的忧虑。它也是100多年间严格管理和限制国内动用军队的根本原则。而且,自合众国创立之初,美国禁止在国内事务中使用军队的态度就很明确,这个国家的人民对殖民地时期《驻营法》[①](The Quartering Act)的恶劣影响依然心存余悸。因此国内因任何非抵御外族入侵的情况而动用军队的行为都会招来强烈的谴责。20世纪50年代后期,随着南部民权运动的兴起,最初的《地方武装法》未涉及的一些军种也被置于该法的管制之下。1956年美国国会将空军纳入《地方武装法》的适用范围,而且,海军和海军陆战队为了遵守这一法规的禁令,也都制定了相应的管理条例。

《地方武装法》并非没有漏洞,其行文像美国宪法一样具有很大的弹性。该法规定军队经国会法案特别授权后可以对民事执法进行援助。[②] 此规定为后来

---

① 1774年,"波士顿倾茶事件"发生后,英国统治者为镇压北美殖民地人民(特别是波士顿地区)的群众运动,进一步维护和巩固统治,英国议会通过了四项法令,通称为"强制法令"(Coercive Acts)。其中之一就是《驻营法》,授权军事指挥官在旅馆或无人居住的建筑中驻扎,即英军可以强制性地占用民宅,这一法令是对殖民地人民的权利和自由的侵犯。

② Inciardi J A. The War on Drugs II [M]. Mountainview, California: Mayfield Publishing Company, 1992, p.235.

对该法的宽松执行和修正埋下了伏笔。在长期的实践中，美国军队逐步发展了一套较为审慎的执行《地方武装法》的方法是，即将其作用严格限制在不时给予民事部门以"间接"援助的范围内，这样既不违反军队不参与民事执法的原则，又无形中给予了执法部门帮助。通过出借设备、培训民事执法人员以及允许执法人员使用军用设施等形式，美国陆海空军曾不止一次地援助过民事执法。1971—1981年仅10年间，美国国防部就收到了民事部门156次要求军方援助的请求，其中有140次都得到了国防部的批准。例如，空军曾允许一名海关人员驾驶着军方装有机载预警和控制系统的飞机进行边境巡逻飞行。[①] 但军方在1981年以前坚决恪守不直接参与毒品侦察和拦截的原则。由于民事执法部门在禁毒工作中一再失利，加之毒品瘟疫的肆虐，国会开始背离传统原则，从而逐步改写了军队不能进行民事执法的历史。

1981年，作为里根总统反毒"立法攻势"的一部分，美国国会通过了《国防部授权法》[②]（Department of Defense Authorization Act），其中有几条规定对执行了长达100多年之久的《地方武装法》进行了修正。具体来说，该法：① 允许军队向民事部门提供其在正常的军事行动中搜集到的（对民事部门有用的）情报；② 允许民事执法部门使用军事装备和设施；③ 允许军人操作和保养军方提供给民事执法部门的装备；④ 允许军队培训民事执法人员使用军事装备。[③]

尽管该法仍然禁止军人亲自拦截可疑的运毒船只和飞机，也禁止其搜查和缉获毒品及逮捕毒品贩子，但实际上美国的全部战争基金已经向执法部门开放了。该法授权军队可以与民事执法部门进行某种形式的合作，从而拓宽了对于军队援助民事执法活动的解释。特别是扩大了海军在毒品拦截中的作用，所有军种都可以向海岸警卫队、海关总署的行动提供设备，培训和其他援助。

《国防部授权法》对《地方武装法》所作的这些修正不仅肯定了此前军队"间接"援助民事执法部门的做法，而且还扩大了军队在毒品拦截中的作用。这种变化代表了一种与过去实践的决裂，也是一种对传统原则的背离。因为过去只有在紧急状态下才允许使用军队执法，而现在平时就可以采取战时措施，尽管"毒品战"只不过是一个比喻，并不是真正意义上的战争，但该法同样适用于扫毒活

---

① Wisotsky S. Breaking the Impasse in the War on Drugs[M]. New York: Greehwood Press, 1986，p. 93.

② 该法全称为《1982年财年度国防部拨款授权法》（Department of Defense Authorization Act for Appropriations for FY. 1982）(P. L. 97 - 86)(U. S code V. l. 18, Sec. 1385[1982]).

③ Rosenberger L F. America's Drug War Debacle[M]. Avebury, 1996，p. 30.

动。《国防部授权法》的出台,使军队可以放开手脚大力援助扫毒活动。

二、美国"毒品战"的军事化进程

从1982年起,以副总统乔治·布什为首的南佛罗里达打击犯罪特别工作组(The South Florida Task Force on Crime)在其拦截毒品的活动中大量借助军队的力量,美国"毒品战"的面貌于是焕然一新。陆军将武装直升机借给海关局作为空中拦截毒品之用,海军的精密雷达追踪飞机和空军的装有雷达装置的探空气球都开始被用于毒品拦截活动。而且,海军还开始更加直接地参与毒品拦截活动。

或许这一时期变化最大的还不是法规,而是管理条例。在"毒品战"特定的政治和法制环境及不断要求其采取更具进攻性的执法的强大压力下,美国国防部颁布了把海军从作用相当于《地方武装法》的海军执法禁令下解放出来的管理条例。海岸警卫队向国防部长证明为了保护"美国的国家利益"而需要军队的支援。海军部长撤开限制海军的执法禁令,授权海军可以直接参加扫毒活动。①海军便开始在空中和海上对"可疑贩毒船只"进行监视。

1982年11月,美国"尼米兹号"航空母舰上的一架飞机在加勒比海上空执行任务时,发现了一艘可疑拖船,这架飞机的飞行员拍下了这艘船的侦察照片并把情况通知"尼米兹号"上的海岸警卫队的战术执法队(Tactical Law Enforcement Team)。海岸警卫队员于是乘直升机从"尼米兹号"航母上起飞抵"密西西比号"护卫巡洋舰。"密西西比号"截获了这艘装有30吨大麻的拖船。在执行这次任务中海军大概把缉获大麻的这艘军舰的指挥权交给了海岸警卫队,因此,波多黎各的联邦地方法院否决了被告关于海军的"辅助"活动违反了有关法规和条例的辩护申请。

海军另一起参与缉毒的事件发生在1983年7月,美国海军的一艘导弹驱逐舰"基德号"追击、开火并缉获了一艘装有大麻的货船。这是美国历史上发生的首次海军军舰袭击民用船只的交火事件。很可能,在这次历史性的交火事件中,海军也没有违反"不准直接参与"的规定,只要"基德号"上有一支海岸警卫队就足够了。

1984年,美国海军与海岸警卫队在加勒比海水域发动了一次规模空前的联合缉毒行动,即"1号妙计行动"和"2号妙计行动"(Operation Hat Trick Ⅰ and

---

① Wisotsky S. Breaking the Impasse in the War on Drugs[M]. New York: Greehwood Press, 1986, pp. 93 - 94.

Ⅱ），但战绩平平。到 11 月 24 日为止，共缉获大麻 108 吨，与上一年的大麻缉获量持平。由于缺乏足够的战略情报，海岸警卫队与海军的联合缉毒行动使得可卡因的供应线被迫西迁到墨西哥湾水域。结果，墨西哥湾及其沿岸的国家很快变成了南美可卡因的走私通道。

在 20 世纪 80 年代初里根总统的打击犯罪特别工作组计划和国家毒品边境拦截系统计划开始实施后，有些国会议员便力图让军队全面直接地参与扫毒活动；而另一些议员则只是想扩大军队的辅助作用。1985 年 6 月，国会答应让军队更多地阻止毒品向南佛罗里达的流入，但并未授予军队逮捕平民的权力。佛罗里达州众议员查尔斯·E. 贝内特（Charles E. Bennet）提议应授权军队在海上搜查、缉拿和逮捕毒品走私犯。但民主党人贝内特在自己的军事计划成为国会两派谈判的瓶颈之后作了一定的妥协，从而解决了这场争议。双方同意投入 1 500 万美元招募新的海岸警卫队员，将这些人派驻在加勒比海或墨西哥湾地区附近的贩毒路线上的海军军舰上。这些海军军舰用于拦截可疑的运毒船只，而舰上的海岸警卫队员则负责上船搜查和缉拿毒贩。①

这一妥协使海军参与缉毒活动的程度加深，同时又避免了让军队承担进行民事逮捕的法律后果。1985 年的妥协是军队扩大其执法作用的一个契机，它将"毒品战"的军事化程度又推上了一个新的台阶。

1986 年 4 月 8 日，里根总统签署了一项国家安全令，宣布毒品的生产和贩运对西半球的安全构成了严重威胁。因此受到毒品贩子袭击的国家，尤其是安第斯地区的国家应该单独或联合进行反击。② 在这种情况下，军队有理由作出反应。一般认为，里根这一命令的发布，标志着军队开始正式投入"毒品战"，它加速了美国"毒品战"的军事化进程。

1986 年 7 月，美国派 160 名士兵到玻利维亚，据说是应该国政府之邀去协助制止那里的毒品生产，此次行动代号为"高炉行动"（Operation Blast Furnace）。这是美国协助安第斯地区反毒活动的第一次军事行动。在此次行动中，美军士兵与美玻两国的缉毒警察密切合作，使玻利维亚的毒品业受到重创。古柯叶的价格一落千丈，农民种植古柯的兴趣锐减。最主要的是此次行动证明了美国军队能够协调两个国家多部门力量联合打击毒品产业。

1987 年，为了提高在安第斯地区扫毒人员的人身安全，美国、玻利维亚和秘

---

① Wisotsky S. Breaking the Impasse in the War on Drugs[M]. New York: Greehwood Press, 1986，p. 136.
② Perl R F. Drugs and Foreign Policy[M]. Boulder: Westview Press，1994，p. 30.

鲁联合发起了"蜂鸟行动"(Operation Snowcap)。作为此次行动的一部分，一些美国缉毒警察接受了美国特别行动人员军事战术培训，并派特种部队到秘鲁和玻利维亚进行扫毒现场指导，必要时保护扫毒工作者的安全。但由于此次行动进展迟缓，很快便陷入困境，特别是在秘鲁，因为其主要古柯种植区为"光辉道路"(Shining Path)游击队控制着。按照美国众议院政府工作委员会的说法，"蜂鸟行动"并未见到什么成效。①

与此同时，在1987年美国空军还利用先进的预警飞机开始搜寻穿越美墨边境和海岸线的贩毒飞机。这一年，海军为缉毒行动共投入了2 500个航次，飞机2 100架次，共发现27艘运毒船只，逮捕57人，缉获大麻168 000英镑，可卡因1 900英镑，而1987年军队扫毒行动的总投入则为38 900万美元。②

1988年，美国增加了对拉丁美洲的反毒军事援助，以坚定拉美产毒国地方安全部队的扫毒意志。华府授权用100万美元武装在毒品拦截和作物拔除中用于防卫目的外国飞机；用200万美元进行扫毒教育培训、装备、维修、保养，以及聘请国防部流动培训人员讲授扫毒技术；另外还有350万美元用于向拉美地区一般意义上的扫毒行动提供军事援助。③

1988年9月29日，美国国会通过了《国防授权法案》(*National Defense Authorization Act*)。该法赋予了美国军队三项反毒使命，即：① 充当侦察和监视从空中和海上进入美国的非法毒品的首要部门；② 负责将缉毒所有的指挥、控制、通信和技术情报活动联结成为一个有效的网络；③ 支持并资助各州州长扩大国民警卫队以协助本州进行缉毒和执法的计划。

从以上的内容可以看出，国防部的反毒权力进一步扩大，它成了侦察和监视流入美国的毒品的首要部门。这一使命经修改后，也将陆地上的贩毒活动包括在内。此外，国防部还拥有具体的法规授权支持民事执法机构的国内国际行动。例如，该法规定国防部有权让军队运送民事执法人员到美国以外的地方去，并且，还为国防部和国民警卫队的缉毒活动追加拨款3亿美元。后来该法又为国防部的辅助缉毒活动增拨经费45 000万美元。④ 国防部还有权支持国务院的国际禁毒计划并支持有反毒职能的其他联邦、州和地方的执法机构。

通过《1988年禁毒法》和《1989年国防授权法》，美国决定将某些军人转变成

---

① Perl R F. Drugs and Foreign Policy[M]. Boulder: Westview Press, 1994, p.108.
② Abadinsky H. Drug Abuse: An Introduction[M]. Chicago: Nelson-Hall Inc, 1989, p.255.
③ 同注①。
④ Macdonald S, Zagaris B. International Handbook on Drug Control[M]. Westport, CT: Greenwood Press, 1992, p.83.

"警察"和"间谍",希望军队即使不能彻底消灭,至少也能解散贩毒这一非法事业。这些法律不仅要求军队向民事执法机构出借更多的设备和提供其他的后勤援助,而且还将各州的国民警卫队直接引入反毒运动中来,并扩大了军队的海外扫毒活动。

布什在其任职总统期间,利用其作为武装部队总司令的权力将军队拖入"毒品战",军队卷入的程度远非前几位总统任内所能比。他将军队原来不连续和次要的支持民事执法的作用上升为武装部队担负的一个主要的国家安全任务。

布什一上台即开始为扩大"肃毒战"的海外军事行动奠定法律基础。1989年8月,布什签署了"第18号国家安全令"(National Security Directive 18),授权武装部队在海外扫毒行动中突破"安全区",实质上是允许军队进入可能会与游击队或毒贩子发生冲突的地区。

该指令还允许美国军队训练哥伦比亚、秘鲁和玻利维亚的军人。虽然许多人指责布什所提出的军事解决方案比毒品问题本身还要糟,但同月在纽约举行的一次民意测验表明公众赞成向海外派兵扫毒,而由《华盛顿邮报》与美国广播公司新闻频道联合举办的民意测验显示,82%的被调查者说他们赞成在美国国内动用军队来管制非法毒品。同时,五角大楼也开始利用参加毒品战作为其进一步获取更多的经费的途径。

1989年9月5日,在入主白宫后的首次全国电视讲话中,布什宣布了由国家毒品管制政策办公室(ONDCP)主任威廉·贝内特(William Benett)起草的国家禁毒战略。该战略将"反毒战"分三个层面展开。其一是通过"国家建设援助"和对东道国部队的支持在源头打击毒品生产。美国军队有权在人员培训、侦察、指挥和控制、策划、后勤、医疗辅助和市民活动等方面向外国提供援助。同时它也有权援助东道国的警察部队。其二是在中途拦截从毒源国运往美国的毒品。其三是在国内打击毒品的销售。军队负责民事执法人员的培训,实际行动中主要由国民警卫队提供支持。[①]

1989年9月18日,美国国防部长理查德·切尼(Richard Cheney)发布了一道命令,将反毒确定为国防部优先考虑的事务,指示美国部队:① 在源头打击毒品生产,即增加对东道国扫毒训练和行动上的援助;② 在中途打击毒品供应,主要是打击经加勒比与美边境流入的毒品;③ 在美国国内打击毒品销售,支援毒品管制机构和国民警卫队。

1989年10月,科林·鲍威尔(Colin Powell)将军就任美国参谋长联席会议

---

① Rosenberger L F. America's Drug War Debacle[M]. Avebury, 1996, p. 31.

主席并全力支持武装部队更进一步地参加打击毒品走私的活动。同时,麦克斯维尔·瑟尔曼将军(General Maxwell Thurman)就任美军巴拿马的南方司令部司令,成了军方有名的"反毒勇士"。国防部宣布计划动用海军陆战队协助拦截穿越墨西哥边境的毒品走私;11月,美国司法部法律顾问局发布了一个法律意见,即军队可以到其他国家去逮捕外国公民,12月,海军陆战队成为国防部计划动用陆军、海军陆战队和国民警卫队支持在亚利桑那边境与贩毒分子交火的民事执法活动的一部分。12月中旬哥伦比亚广播公司的新闻报道说,切尼部长已授权军队到国外去缉拿因在美国毒品犯罪而受到通缉的逃犯。结果,是年12月20日,美国军队便以扫毒为名侵占了拉美主权国家巴拿马,将其首脑伊曼努尔·诺列加抓到美国受审,此次行动代号为"正义事业行动",至此美国军队的扫毒作用发展到了极致。

三、国防部在扫毒问题上的态度

在80年代的毒品战中,军方首脑对军队直接介入扫毒活动一直抱抵制的态度。接连三任国防部长都反对军队参与扫毒活动,可总统和国会偏要将不情愿的军队拖入这场运动当中来。卡斯帕·温伯格(Caspar Weinberger,1981—1987),弗兰克·卡卢奇(Frank Carlucci,1987—1989)和理查德·切尼(Richard Cheney,1989—1992)都坚持认为军人不是也不应该是警察,使用军人进行执法活动会削弱美国的军备。

国防部官员认为武装部队的任务是保护国家不受外国军队的侵犯,而并不是用来对付毒品走私分子的。军队可以给民事执法部门必要的资源以助其完成扫毒任务。当时负责毒品政策实施的国防部助理部长帮办斯蒂芬·欧姆斯戴德(Stephen Olmstead)将军认为军队不是不能做这项工作,但老百姓不会喜欢军队的工作方式。因为士兵们可能会不顾及"米兰达原则"[①]下的公民权利使用机关枪。商人和游客们也不会喜欢在边境或公海上进行搜查所产生的后果。

首先,里根当政时期的国防部长温伯格(1981—1987)就强烈反对军人参与扫毒执法活动。在给众议院军事委员会的一封信中,温伯格毫不掩饰其对"扫毒给军备所带来的负面影响"的担心。他也对执行扫毒任务有可能泄露国家安全

---

① 1966年美国最高法院对米兰达诉"亚利桑那州案"作出裁决。规定在讯问在押的嫌疑分子之前,侦察人员必须先告知对方有权保持缄默,不作自证其罪的供词,并有权聘请律师,要求询问时有律师在场等这些规定被称为"米兰达原则"。这些原则为被告人的宪法权利提供了有力的保障,是防止警方滥用权力的有力限制。《美国政府与美国政治》,pp. 687–688.

情报表示忧虑。经费问题则成了进一步的限制,因为在这种情况下国防部一般要求民事机构来负担军队所有的活动费用,而且军事行动与民事行动相比其费用要高得多。

温伯格的继任者,弗兰克·卡卢奇继续反对国防部参与"毒品战"。1988年他曾经说:"我坚决反对给国防部分派执法任务。而且,我更反对放松《地方武装法》对军队进行搜查、缉拿和逮捕活动的限制。"①

同一年,国防部负责毒品政策和实施的助理部长帮办斯蒂芬·欧姆斯戴德指出,"毒品战"并不是战争,只不过是一场运动而已。他还宣称并非所有的国家安全威胁(如经济衰退)仅仅由于它们可能被称为国家安全威胁就属于军队的管辖范围。

1989年9月,国防部就阻止毒品的入境需要投入的军力问题向美国国会提交了一份评估报告。这份报告得出的结论是,封锁美国边境是一项耗资极其巨大而又几乎不可能完成的任务。报告显示,一项"大量阻止"毒品流入的努力,需要投入陆军现有兵力1/2的指战员和直升机连队,即96个步兵营(501 000名士兵)和53个直升机连队(大约1 000架直升机);需要投入超过1/3的海军舰队即210艘战舰。空军则需要投入3倍于现有数量的侦察机以及额外120部海军雷达装置。每年的军事扫毒费用则高达180亿美元,而且国防部还必须放弃许多常规的军事任务。②

美国国会对国防部的这份报告全然不信。众议院军事委员会的一位助手说:"这份报告全都是空话,我们正在调整工作的重点,要让五角大楼方面知道有些事必须少做或干脆不做,这样,他们就肯协助我们扫毒了。"肯塔基州的众议员拉里·霍普金斯的观点正好附和了这种反应。他曾经对国防部官员们说:"我们在要你们积极参加反毒战的问题上的态度是严肃认真的,哪怕这意味着我们每把你们往前拖一步,你们又踢又叫。"③

很显然,国防部方面对要求其做任何超出其传统职能的事情都表现出极大的厌恶和反感。鉴于军队强烈的抵制态度,国会欲通过立法迫使军队采取行动。为此国会提出了一个《戈德沃特—尼克尔斯议案》(*Goldwater Nichols Bill*),意在强迫军队接受特殊行动任务。但事与愿违,国防部的反对立场反而变得愈加坚定。

---

① Rosenberger L F. America's Drug War Debacle[M]. Avebury,1996,p. 30.
② Bertram E,Blachman M,et al. Drug War Politics: The Price of Denial[M]. California: University of California Press,1996,p. 158.
③ 同注②,p. 159.

布什时期的国防部长切尼起初也对军队参与扫毒持反对态度。切尼认为军队这架战车活动的圈子尽可能地要小。他说:"……不要因为看到国防部家大业大就指望我们去解决这个国家出现的所有问题。"但因为布什执政期间,毒品战骤然上升为美国的头号问题。公众希望总统和国会找出一个解决毒品问题的快速方案。曾经当过国会议员的切尼对国会的压力特别敏感。最后,为了向美国人证明这届政府对反毒的态度确实是认真的,切尼和国会选择了让军队直接卷入这场战争的方法。

除了毒品问题的升温,国防部在反毒问题上态度的转变还有一个重要的原因,这就是冷战的结束。随着苏联的解体和东欧的巨变,来自共产主义的"威胁"消失了。在1989年苏联解体后许多美国人认为军队价值数万亿美元的装备从此失去了用场并且开始寻求"和平分红"。有些人认为让军队进一步参与反毒活动是获取各种分红的一种方式。军事威胁的减少使国防部产生了忧虑,他们害怕国防预算会减少,因此,其权力和影响也会随之降低。尽管迟至1989年10月,国防部仍然认为其传统的使命是抵御外国军队的入侵,东西方之间铁幕的坍塌以及切尼11月宣布计划在5年内将国防部预算削减1 800亿美元令军队震惊非小。在此情形之下,国防部为了保住某些有被削减危险的军事项目,又将这些军事项目进行了重新归类,使之成为与反毒有关的项目。譬如,原本用来防御飞越加拿大上空的苏联导弹的超低空雷达系统现在重又派上了用场,它们现在转而对准南方以监视走私毒品的飞机。于是军方的态度发生了180度的转变。切尼发布命令,宣布:"非法毒品走私以及与之相关的一切行为实际上是个国家安全问题,反毒活动将是国防部最优先考虑的事情……从国外向美国供应非法毒品、相关的暴力和国际动荡,以及国内吸用非法毒品对这个国家的主权构成了直接的威胁。非法毒品的威胁击中了这个国家核心的价值观念。"[1]他宣布军队将扩大其反毒作用,并称美国军队是一个反毒运动的"热情参与者"。国会对此非常满意,军队终于加入到反毒战中来了。

四、军事扫毒的效果

国防部在抵制了10年之后,最终还是加入到这场反毒"战争"中来。在军队参战后,虽然许多军官仍然反对,但也有许多军官认为禁毒是一个挽救某些经费面临削减危险的军事项目的机会。例如,1990年,空军为启动价值23亿美元的超低空反向散射雷达网的中心装置要求2.42亿美元经费。该装置从前是用来

---

[1] Vallance T R. Prohibition's Second Failure[M]. Praeger, 1993, p.108.

侦察墨西哥湾内苏联潜艇发射的核巡航导弹的,后向散射的放射器现在却被用来追踪来自南美的运毒飞机和船只。① 布什政府对扩大军队的反毒作用很感兴趣。有资料显示,军队的反毒预算从1982年的490万美元增长到1992年的10多亿美元。为了完成其反毒使命,国防部又新创建了三支联合特遣部队。原本负责追踪来犯的苏联轰炸机和导弹的北美防空司令部现在把一半的时间用来对准毒品走私者。驻扎在巴拿马的美国南方司令部为了进行拉美地区的反毒战而进行了改组,其责任包括培训当地执行扫毒任务的安全部队。军队的反毒作用也扩大到国民警卫队领域。国民警卫队参与了所有54个州及领地的毒品拦截和作物拔除活动;警卫队员搜查货船,巡逻边境,驾驶侦察飞机,拔除大麻作物,并向执法机构传授技术和出借装备。有些其他数字可以进一步证明布什时期"毒品战"的军事化程度。例如,从1989年到1990年内,海军舰船用于在加勒比海地区反毒活动的时间增加了80%;飞机飞行时间增加了22%。在太平洋的反毒时间分别增加了150%和25%。1989年美军大西洋司令部的飞机执行反毒任务的时间是540小时;1991年增至3.7万小时。② 1990—1992年间,军队用于缉毒的飞行时间增长了700%。1990财政年度,美军预警飞机48%的飞行时间与反毒有关。③

尽管这样,但军队扫毒的成效并不令人乐观。美国国会总审计局(GAO)的一份报告说,从大的战略角度来看,美国军队价值20多亿美元的侦察和监视设备对于减少境外毒品的流入没有什么大的影响。若单从狭义的行动角度来看,军队的表现不可谓不佳。可以说80年代末和90年代初大部分毒品作物拔除和毒品拦截方面的成就都应直接或间接地归功于军队的支持。他们协助消灭贩毒集团,提供精密的侦察和通信设备,并培训了数以千计的国内外毒品执法人员。而且,在1989—1992年间,美国的禁毒执法部门在军队的大力协助下,确实铲除并截获了大量的毒品,美国街头减少了成千上万吨的可卡因和其他非法毒品。然而,这些成就与毒品生产总量及到达吸毒者手上的毒品相比,只不过是"沙滩上的几粒沙子"罢了。④ 而且,对缉获的毒品数量最好的估计也不会超过总供应量的10%。因此,毒品的价格几乎不会受什么影响。

军队参加反毒战在美国国内引起了公众的强烈反响。1989年《华盛顿邮

---

① Bertram E, Blachman M, et al. Drug War Politics: The Price of Denial[M]. California: University of California Press,1996, p.130.
② Lana C. The Newest War[J]. Newsweek, 1992-1-6, p.19.
③ 同注①, p.295.
④ Rosenberger L F. America's Drug War Debacle[M]. Avebury, 1996, p.36.

报》和美国广播公司新闻频道联合举办的民意测验表明,有82%的被调查者赞成用军队来管制美国境内的非法毒品问题。① 这种情况与这年毒品问题成为公众最关心的问题有关。但随着军队卷入程度的加深,公众对平民社会的日渐军事化开始表现出忧虑和反感。他们认为军队的执法方式侵犯了他们的公民权,为此他们提出强烈抗议。例如,在1990年发动的一场针对加利福尼亚国家保护区地下大麻种植园的袭击中,就动用了现役军人。这次袭击事件引起了加利福尼亚居民对军队干扰其正常生活的不满和抗议。抗议者举着"停止美国军事恐怖主义"的牌子,他们抗议军队对其公民权利的侵犯。为此加州居民还曾提出一桩民事诉讼案,力图阻止军队进行国内毒品管制的行为。

对军队的扫毒反应最强烈的要属第三世界的产毒国家,特别是拉美国家。1989年12月美军入侵巴拿马事件发生后,虽然美国政府和主流媒体将之淡化为"大国干涉"及"为了捍卫民主和人权而采取的积极措施。"②但拉丁美洲人民对这种为了"恢复民主"而进行大国干涉的前景并不感到乐观。入侵事件发生后,秘鲁总统阿兰·加西亚立即召回了其驻美大使,并拒绝参加1990年计划在哥伦比亚举行的反毒高峰会议,还暂时停止了秘美两国的联合扫毒行动。加西亚认为美国入侵巴拿马是"一次对整个民族的非法搜查"。他还认为美国支持下成立的恩达拉政府是不合法的,秘鲁驻巴拿马大使因此而辞职。③ 美洲国家组织和联合国都表决赞成对此次入侵进行谴责。1990年1月美国以监视哥伦比亚的贩毒活动为名准备派航空母舰到哥伦比亚沿海国际水域游弋。哥伦比亚政府对此提出强烈抗议,认为自身的主权受到了威胁。华盛顿被迫取消这一计划。而且,拉美国家还怀疑美国给予它们的军事援助不是为了解决毒品问题,而是炫耀武力。拉美国家真正需要的是协助它们发展经济,改善它们产品的出口贸易,并对古柯种植者改种其他经济作物给予补偿。美国除了希望军队到有关国家建立多国扫毒品部队外,还要求有关国家的军队参与扫毒活动。许多拉美国家担心过分动用军队会使各国陷入长期低烈度冲突(Low Intensity Conflict)之中,增加国内的恐怖活动。从而增强军队在国家生活中的作用,导致社会军事化,而且军队也因易受腐化而影响战斗力。

总之,利用军队进行扫毒的禁毒政策并没有起到预期的效果。虽然军队的介入在短期的扫毒行动中会见到一些成效,但从长远看并不是解决毒品问题的

---

① Johns B C J. Power, Ideology, and the War on Drugs[M]. Praeger, 1992, p. 123.
② 同注①,p. 162.
③ 同注①,p. 163.

良策。单纯的军事解决办法,只会像缺乏目标的狂轰滥炸一样,徒劳无益。加之贩毒分子从根本意义上说都是地下组织,活动于民众中间,因此他们不像"沙漠风暴"行动中的伊拉克军队那样,不是高科技轰炸任务的适宜目标。一味地动用武力,结果只能使美国陷入一场大范围的无休无止的游击战的泥沼,军方对军队参与反毒品战会导致"越战"悲剧重演的忧虑并不是没有道理的。何去何从,是值得美国决策层深思的问题。

第六章 世纪末的挽歌：克林顿政府与毒品政策改革(1993—1996)

1992年,民主党人比尔·克林顿当选为美国第42任总统。在这一年的总统大选中,毒品问题不再像前两次一样成为竞选纲领中的焦点问题,代之而起的则是国内的经济问题。克林顿上台后,着力降低共和党发起的"毒品战"的声势,并试图将禁毒工作的重点由对付国外的毒品供应转向对付国内的毒品需求,但未获成功。1995年后克林顿政府出于现实的考虑,不得不放弃自己的改革努力,回到传统的打击供应的战略,从而为美国百年来的反毒运动谱写了一曲世纪末的挽歌。

第一节 毒品政策改革的早期尝试

克林顿政府试图将里根和布什时期的"毒品战"降温,并想推出一种更加注意治疗和预防的政策。由于12年的"毒品战"已使公众习惯了对毒品和犯罪采取强硬的路线,因此,尽管克林顿上台时经济已取代毒品和犯罪成为美国公众关心的头号问题,但由于传统的以执法为主的减少供应战略在人们头脑中已根深蒂固,国会的保守派势力依然很强大,新总统推行毒品政策改革仍然阻力重重,举步维艰。改革,势必要进行漫长而艰苦的斗争,也需要付出巨大的政治代价。无疑,这也是对20世纪末美国这位跨世纪总统的反毒意志的一种严峻考验。

一开始,克林顿方面传出的禁毒政策信息就有点混杂。一方面,在竞选总统之时,克林顿曾对其对手竞选的禁毒政策进行攻击。1992年时他说:"布什将'强硬'与'精明'混为一谈,在毒品问题上尤其如此。他认为在吸毒者犯罪之前就把他们关起来而不是对其进行治疗……是'精明'的政治手段。但这绝不是什么明智稳妥之举。他这种政策最后会把我们毁掉。"克林顿进而提出一项重视需求方面的戒毒治疗政策。他说:"不戒毒治疗,犯罪分子在获释后还会故态复萌,毒品问题只会变得更糟。强调治疗可能会令那些饱受毒品犯罪之害的人不满意,但作为一个总统,他理应直言不讳地把自己的想法说出来……结果会证明他的政策是明智之举。"①

另一方面,克林顿又不想对执法在毒品管制中的作用进行挑战。他在竞选中一再强调其在任阿肯色州州长时的强硬反毒立场,并对其成功的毒品拦截计划及对那些在学校和学校附近抓获的毒贩子的严厉判刑大加吹捧。在1992年7月的民主党全国代表大会上,克林顿为了进一步巩固其强硬政策,他信誓旦旦地说:"布什总统不曾真正地向犯罪和毒品开战,而我却会这样做。"②由此可见,克林顿为了能在总统大选中获胜,极力攻击现任政府禁毒政策不力,表明自己要重整"乾坤"的意图。他当然不愿意谈出自己的真正主张,以免给选民留下自己对毒品"手软"的印象,所以他在竞选中尽量避开这个"烫手的山芋"。

克林顿总统当政的第一年,他似乎把精力完全用在了制定预算上,在反毒战线上却毫无动静。美国公众就好像是忘记了毒品问题,他们的总统也是如此。总统办公室发出的信号非常明确,克林顿想将毒品问题从政府的议事日程上抹去。他将国家毒品管制政策办公室的工作人员由146人削减为25人就是一个有力的明证。

这种反毒形势与布什年代形成了鲜明的对照。克林顿政府的国家毒品政策和立场的不明朗,招致了有关媒体的批评和谴责。由于毒品政策不再是克林顿政府一个优先考虑的问题,所以第一年需求方面经费严重不足的反毒项目经费并未见增加。人们对新一届政府的反毒政策进行了各种各样的猜测,并向总统提出各种各样的反毒倡议。在这种情势之下,克林顿宣布任命前纽约市警察局长李·布朗(Lee Brown)为这届政府的"禁毒大王"(国家毒品管制政策办公室主任)。在到华盛顿赴任以前,布朗局长曾经尖锐地批评布什政府的反毒战略,他说:"我看到华盛顿方面发出来的我们就要取得毒品战胜利的信号,可我不知道他们说的是在哪座城市。"③由于他说过这样强硬的话,所以美国公众希望其新任禁毒领袖的反毒政策会发生重大转变。新一届政府的司法部长詹妮特·雷诺(Janet Reno)也对以前的毒品政策的某些方面提出质疑。特别是在阻止毒品走私入境的活动方面。她认为这方面的努力得不偿失。她承诺要采取措施让吸毒者更容易接受治疗。

新一届联邦政府在毒品管制方面的立场和工作重点随着克林顿内阁的组成也日渐明朗。克林顿自己就毒品问题没有发表什么言论,但在几个月内,克林顿

---

① Kramer M. Clinton's Drug Policy is a Bust[J]. Time,1993-12-20,p.35.
② Bertram E,Blachman M,et al. Drug War Politics: The Price of Denial[M]. California: University of California Press,1996,p.118.
③ Rosenberger L F. America's Drug War Debacle[M]. Avebury,1996,p.49.

任命的高级官员(如布朗和雷诺等)开始亮明其在毒品问题和毒品政策上的观点。李·布朗声言:"别指望从我们这里听到'毒品战'这个比喻,我们应该帮助那些需要帮助的人,逮捕那些贩卖毒品的人。但我们不应该向自己的人民宣战。"这个新任禁毒领袖还认为将吸毒成瘾视为一个健康问题即"一种慢性的反复发作的疾病"非常重要,主张应客观评价戒毒治疗,而不应一概禁止。在接受采访或在听证会上作证时,李·布朗总是强调认真对待个人的需要及每位病人所处的社会环境的重要性。

新政府成立之初,司法部长雷诺本人也对上一届政府的"毒品战"进行了批评。她认为需要对以前的毒品政策进行重新评估,吸毒只不过是更社会化、更深层问题的表面"症状"而已。雷诺认为,司法系统有限的资源应该用来对付暴力犯罪分子,而不应是那些因兜售毒品而被捕,需要治疗而非惩罚的吸毒者。就职以后不久,雷诺就命令对毒品违法犯罪行为的法定判刑问题进行审查。她担心非暴力违法者往往要服10到15年的法定判刑,是这些人塞满了这个国家的监狱,却让那些更危险的罪犯得以逍遥法外。

审查结果发现法定最低判刑的影响非常之严重。联邦监狱有60%的在押犯是毒品犯罪分子,而这些人中有1/3是没有暴力犯罪记录的下层毒贩或毒品走私者。①

但政府官员早期的这些言论迅速招来了反对派的攻击,不久白宫方面无意在毒品问题上进行政治斗争的态度就变得十分明显。1993年末,白宫方面在听了雷诺关于法定判刑审查的结论之后,担心将其公之于众会让克林顿看起来对毒品犯罪手软,所以试图将报告扣住不发,但没有成功。

为了纠正公众对克林顿政府反毒立场的误解,表明其坚定的反毒意志,克林顿不仅解除了在反毒问题上持极端自由主义观点的卫生部长乔伊斯琳·埃尔德斯(Joycelyn Elders)的职务,而且还带上副总统和一半的内阁成员去马里兰州的一座乡间监狱展示其一面继续奉行强硬的执法政策,一面用戒毒治疗经费打击犯罪的计划。《纽约时报》说,克林顿对有可能被视为急于照料而非惩罚吸毒者之嫌的问题非常敏感,他认为自己的计划才是既"强硬"又"精明"。

对于克林顿政府高级官员早期言论的不利反应使政府更进一步降低了其改革的姿态。虽然官方的声明和文件中仍流露出对吸毒成瘾的健康及犯罪结果的忧虑,但美国公众却不想换一种毒品管制的方法。克林顿的"禁毒大王"李·布

---

① U. S. Department of Justice. An Analysis of Non-Violent Drug Offenders with Minimal Histories [Z]. Washington, DC: 1994, pp. 1-12.

朗虽然老谋深算,但他却缺乏利用演说传达其反毒主张的政治远见和魄力。更为重要的是,白宫方面不想进行政治斗争的决策限制了政府具有改革倾向的政策的发挥。

在使联邦反毒机构按照自己的意图行事方面,克林顿作为同样有限。在其任期的第一年,克林顿认识到:使毒品战降温是一回事,解散或改组联邦反毒机构又完全是另一回事。克林顿要改革联邦反毒机构,主要是由于两方面的原因,其一是他要兑现其竞选中削减联邦政府机构的承诺;其二是为了提高联邦反毒工作的效率。人们普遍认为克林顿所做的努力表明其政府欲将"毒品战"摆在次要位置上,因而遇到了来自两党立法者及反毒部门官员的强大阻力。

克林顿在就职后几周内,就对国家毒品管制政策办公室这个共和党人云集的机构"大开杀戒"。1993 年 2 月,为了兑现其竞选时作出的要将白宫工作人员减少 1/4 的承诺,克林顿将这一机构的雇员从 146 人减至 25 人,削减了 83%。这一举措使克林顿引火烧身。两党的国会议员都要求知道在削减幅度如此之大情况下政府如何有效地开展反毒工作。最后国会否决了总统的提议,要求该办公室至少保留 40 名雇员,并将克林顿提议给这个办公室的预算翻了一番。

对联邦反毒机构的另一项改革尝试是克林顿支持美国联邦调查局(FBI)兼并毒品管制局(亦译联邦缉毒总署,DEA)的提议。副总统艾尔·戈尔(Al Gore)认为这种调整可以改变联邦反毒机构重叠、资源浪费和相互扯皮的状况。他还认为这种合并最终会为政府节省大约 8 400 万美元的开支。① 按照这一提议,毒品管制局将由司法部一个独立的实体变成联邦调查局的一个处。毒品管制局方面对此建议强烈反对。它向司法部长雷诺提交的一份白皮书坚持认为,将美国政府的禁毒工作由一个执行单一使命的局降为联邦调查局下属的一个处,将会极大地破坏美国的反毒工作,这种兼并还会给人以联邦政府反毒承诺严重减少的印象。毒品管制局对这一提议的批评得到了联邦执法警官协会的支持。这一提议在国会又遇到了进一步的抵制,更大的阻力则是来自众议院的民主党人。纽约州的查尔斯·舒谟(Charle Schumer)议员谴责任何旨在"砍掉唯一专司反毒事务的联邦执法机构"的行动。新泽西州民主党议员威廉·休斯(William Hughes)将这一合并主张称为"充满敌意的接管",并提醒政府"没有国会的批准,这一政策不能实行,也不会成功"。② 最后,政府让了步。10 月份雷诺宣布她

---

① Bertram E, Blachman M, et al. Drug War Politics: The Price of Denial[M]. California: University of California Press, 1996, p. 121.

② Seper J. Criticism of FBI - DEA Merger Grows[J]. Newsweek, 1993 - 10 - 15, p. 43.

将力争通过别的更加温和的途径加强各部门间的协调。

克林顿早期在立法领域进行的改革尝试也不太多,影响也很有限。到80年代末,美国国会已经通过了好几个严厉的反毒新法案,以惩治为主的禁毒模式已根深蒂固。进入90年代以后,许多原来的立法者仍在国会任职。在早期关于毒品拦截的斗争中,克林顿很快就知道了哪怕是很稳健的毒品政策改革也会引起很大的争议。1993年,克林顿提议将中途拦截的经费进一步削减,认为这是"一项耗资甚巨的高科技努力,其效果在日渐增加的毒品产量和毒品贸易居高不下的利润面前黯然失色"。[①] 但是他要将拦截预算削减7%的提议遭到国会的否决。这一次克林顿政府又让步了。他非但不再坚持其建议的预算削减幅度,而且还树立了新的反毒立场,政府官员急于向国会的保守派们表明其对毒品拦截认真的态度,因而设置了拦截行动方面的协调人,作为新的协调人的海岸警卫队领导人便立即开始要求增加经费。

第二节 从1994年国家禁毒战略看克林顿政府的毒品政策

一、减少需求与减少供应

虽然克林顿在毒品政策方面的早期改革倡议屡受挫折,但毕竟代表了这届政府求改革的一种尝试,而且克林顿政府的禁毒工作重点毕竟不同于以往,这一点从1994年国家毒品管制政策办公室提交的国家禁毒战略(National Drug Control Strategy)中就可窥见一斑。它充满了新思想新观点,大大偏离了以前共和党政府的反毒战略,而且也远远偏离了90年代初民主党把持的国会所制定的战略。遗憾的是,克林顿总统从未在这个文件上投入足够的政治资本和热情,使之为国会中自己的民主党领袖所接受。

克林顿政府在制定其1994年国家禁毒战略时必须面对的首要问题是在减少毒品供应与减少毒品需求两方面上的经费分配。这种联邦禁毒战略根据《1988年禁毒法》的要求进行划分。起初,克林顿尽力避免在需求和供应的资源分配上进行具有政治爆炸倾向的选择。白宫方面拒绝承认减少供应计划与减少

---

① Office of National Drug Control Policy. National Drug Control Strategy: Budget Summary(1994)[Z]. Washington, DC: U.S. Government Printing Office, 1994, pp. 50－51.

需求计划必须互相竞争的前提。克林顿一班人试图在理论上证明求方和供方应该握手言和,并共同开发一种协调统一的战略。所以他们提出,如果毒品唾手可得,那么减少需求的计划就不能取得成功;反之,假如美国对毒品的需求得不到控制,那么管制毒品供应的计划也不会成功。

在这种意义上,克林顿的支持者从理论上证明了减少需求和减少供应的计划是相互依存的事实。他们拒绝在减少需求和减少供应两者之间进行选择。他们认为美国需要在这两个领域投入更多的钱,希望在1995财政年度的反毒预算中,为减少需求和减少供应的计划各自追加预算10亿美元。这样的战略,一方面要求最大幅度地增加用于治疗吸毒成瘾者的经费并将预防青少年吸毒的经费翻两番,同时也要求大幅增加给予州和地区的毒品执法经费,主要用来增加街头执勤警察的人数。

虽然克林顿政府试图通过追加反毒预算战胜主张打击毒品供应的"供方"势力,但显然白宫方面是要把禁毒政策的侧重点转移到减少需求方面去。从这一年禁毒战略的附属细则中可以看出,白宫所要增加的反毒经费大部分是用于减少需求计划的。克林顿政府要求减少需求计划经费的增长幅度为18%,而他们要求减少供应计划增加的幅度仅为3%。[①]

当然,即使这样,供方阵营得到的反毒预算份额比需求方阵营还是大得多。在其要求的总共132亿美元的反毒预算中,78亿美元是用来减少毒品供应计划的,而只有54亿美元是要用于减少需求计划。[②] 换言之,1995财政年度反毒预算要求将总预算资源的59%用于减少供应,41%用于减少需求。虽然供方阵营所占的份额仍然比需求方面大,但上述数字表明其占比已经开始减少。用于减少供应的资源所占的百分比降到60%以下在近十几年来这还是第一次。但即使需求方面经费增加这么大的幅度,与减少供应方面的经费之间还有相当的距离。因打击供应的经费基数很大,即使只增加3个百分点,数目也十分可观。但不管怎么说,这反映了克林顿政府开始注重减少国内毒品需求的改革倾向。

通过以上的分析我们可以看出,克林顿总统的战略意图是要增加减少毒品需求计划的投入,同时寻求遏制毒品供应投入的新思路。但要将这种意图变成一种实际的战略还需要有充足的资源作后盾。

克林顿为1995财政年度要求的反毒经费原本可以改善需求方面的状况,但遗憾的是,国会选择的拨款项目与克林顿当初要求的1995财政年度预算大相径

---

① Rosenberger L F. America's Drug War Debacle[M]. Avebury, 1996, p.50.
② 同注①。

庭。国会批准的 1995 财政年度反毒经费像上一届国会批准的 1994 财年经费一样将重点放在了减少毒品的供应上。减少供应计划的经费在反毒预算总额中所占的比例只是从 1994 财政年度的 63.7% 降到了 1995 财政年度的 62.8%。[①] 1995 财政年度的反毒经费分配反映了国会在封杀克林顿总统要将资源转向减少毒品需求计划方面取得了成功。尤其让克林顿一班人沮丧的是,他们未能说服本党控制下的国会放弃一头重一头轻的"供方战略"。可见,在毒品政策的问题上,90 年代初期民主党控制的国会和 90 年代中期共和党控制的国会有许多地方是相同的。两届国会都想让大量的减少毒品供应计划投入维持不变。它们都不想增加在减少毒品需求计划上的经费投入。国会里的民主党和共和党在这一问题上的区别仅在于削减克林顿政府所要求的预防和治疗项目预算的幅度而已。

二、通过治疗减少成瘾的吸毒者

虽然克林顿政府 1994 年国家禁毒战略的首要目标是减少美国各种类型的吸毒者,但这一年的战略重点不再是那些间断性吸毒者(casual drug users,区别于习惯性吸毒者),而是一个最难对付又最麻烦的吸毒群体,即成瘾的吸毒者(hard-core drug user)。换言之,1994 年国家禁毒战略将减少成瘾吸毒者列为其首要目标。

当时美国国内估计有 270 万吸毒成瘾者,他们每年为了购买毒品要花掉 490 亿美元。克林顿及其白宫一班人认为通过治疗可以明显减少吸毒成瘾现象及其严重后果。他们估计可以享受到戒毒治疗的吸毒者将达到 250 万人,但 1993 年接受治疗的吸毒者仅有 140 万人。克林顿政府认为之所以会造成这种局面,很大程度上是由于公共经费不足造成的,致使 110 万吸毒者没有机会接受戒毒治疗。为了弥补这种不足,克林顿总统力图增加戒毒治疗的能力,扩大治疗的范围,增加戒毒治疗的服务项目。为此,他要求大幅增加毒品治疗方面的经费投入。结果,克林顿为 1995 财政年度要求的戒毒治疗项目经费为 29 亿美元,比上一年增加 3.6 亿美元(计 14.3%)[②]。

克林顿方面制订了两种新的戒毒治疗计划。其一,1995 财政年度要求追加拨款 3.55 亿美元,用以增强全国的戒毒治疗能力,治疗对象是那些长期成瘾的吸毒者,美国大部分毒品是由这些人消耗掉的,这笔经费的大部分拨给卫生与公

---

① Rosenberger L F. America's Drug War Debacle[M]. Avebury, 1996, p.51.
② 同注①, p.53.

众服务部(HHS)用作药物滥用预防与治疗的专项拨款;其二,要求用两亿美元增加刑事司法系统内部戒毒所的治疗能力,这类戒毒所主要提供戒毒治疗服务以帮助吸毒者戒掉毒瘾,而并非使用比较传统的惩治手段。

克林顿政府所要求的这笔治疗经费本来可以给多达7.4万名吸毒成瘾者提供治疗。此外,拟议中的《犯罪管制法》(Crime Control Act)追加的戒毒治疗经费还能为另外6.5万名服刑的吸毒成瘾者提供治疗。这样,1994年的禁毒战略提出的接受治疗的吸毒成瘾者人数从1995财年开始每年增加几乎14万人。这一数字既包括刑事司法系统内部也包括外面的吸毒成瘾者。克林顿政府指出,提供戒毒治疗是一项既富同情心又经济实用的行动。遗憾的是,国会拨给这些治疗计划的经费与克林顿总统的要求相差太远。卫生与公众服务部只得到5 700万美元的药物滥用与治疗专项拨款。同样司法部只得到2 900万美元的戒毒所经费。①

总起来看,克林顿总统早期的禁毒政策改革虽然步子不大,而且没有达到所期望的目标,但他上台后开始对治疗和预防这些旨在减少毒品需求的措施给予了充分的重视,并采取了力所能及的措施。这一点是应当予以肯定的。克林顿一班人还想保障基本的戒毒治疗服务项目,作为总统的《卫生保障法》(Health Securit Act)的一部分。这本来至少可以给5 800多万得不到治疗的美国人提供一些基本的药物滥用治疗。可惜的是,这一大有前途的治疗计划也成了共和党封杀克林顿总统全面卫生保健计划的牺牲品。

三、海外反毒战的方向的调整

至少是在起初,克林顿一班人也想改变美国国际反毒战的目标。许多克林顿白宫班子成员都曾对布什政府决定动用美国军队封锁美国边境的做法持批评态度。他们不仅认为这项军事任务是一大失败(因为美国的可卡因价格并未大幅上涨),而且他们还将毒品拦截看成是一种巨额的浪费。但是要说服国会和供方阵营改变传统的国际反毒战略,就像说服他们加强减少需求的计划一样困难。当部门间争斗尘埃落定后,毒品拦截策略依然如故。克林顿上台后美国在国际禁毒领域的政策并未发生根本的改变,只是进行了某些小的调整。1993年11月,在联邦政府部门间的政治斗争中达成了一个妥协,这就是人们所知道的"第14号总统令"(Presidential Decision Directive 14)。

---

① Office of National Drug Control Policy. National Drug Control Strategy: Budget Summary (1995)[Z]. Washington, DC: U. S. Government Printing Office, 1995, p. 113.

"第 14 号总统令"(PDD-14)承认,虽然在毒品战的减少供应方面投入了大量的人力、物力和财力,但美国的毒品供应并未大幅减少。PDD-14 并未使美国军队脱离这场战略上徒劳的拦截游戏,而是加强了军队在反毒行动中的作用。它更进一步强调了要在美国边境、过渡地带和毒源国有选择地实施更为灵活的扫毒计划。

此外,PDD-14 还将国际毒品犯罪集团视为一种国家安全威胁。为了对付这种威胁,PDD-14 指示联邦反毒机构要改变其在三种计划领域的一贯做法。第一,它指示各有关部门运用对可持续发展战略的援助来解决毒品生产和贩运的根源问题;第二,它呼吁巩固毒源国家的民主制度;第三,它要求与友好国家政府进行合作,共同打击国际毒枭、洗钱和易制化学品的供应。

克林顿的 1994 年国家禁毒战略再现了 PDD-14 的大部分思想。该年的禁毒战略呼吁支持全球范围内的减少毒品供应计划,支持、实施并领导更加成功的执法活动,以期提高毒品生产和贩运的代价和风险,进而减少美国的非法毒品供应。为了提高国家对付国际贩毒集团的能力,反毒预算强调了把反毒资源从过渡地带转向毒源国的反毒计划。

这一战略的核心是美国应当支持和配合那些与美国有着同样政治意愿的国家,共同打击国际贩毒集团。克林顿的支持者试图加强国际反毒计划,给予毒品生产国以资源援助,让其在毒品的源头打击毒品生产和贩运。为此,克林顿的 1995 财政年度预算要求为国务院和国际开发署(AID)增加 7 200 万美元的拨款,用以支持毒源国通过多种计划减少非法毒品的供应。克林顿一班人还力图加强国际行动,逮捕并囚禁国际毒枭,从而瓦解其贩毒组织。此外,该战略还呼吁积极支持那些曾经或有望取得过成功的国家控制罂粟和古柯等毒品作物种植的计划,加强毒源国的反毒机构设置,培训毒品执法人员,进行司法改革等,以使毒源国自身能够更加有效地进行禁毒活动。①

克林顿政府试图加强国际合作,共同打击毒品的生产、贩运的战略是正确的,也是大有前途的,因为吸毒是一个全球性的问题,其解决方案在本质上也应是全球性的。美国政府承诺带头加强联合国、世界银行等多边组织的协调行动。美国防部还将继续发挥其在培训外国警察力量和加强东道国反毒机构方面的作用。当然这样做的一个前提是要尊重所在国的主权和所在国人民的历史文化传统。更为重要的是要帮助所在国发展正常经济,逐步减少对毒品生产和贩运的非法收入的依赖,跳出毒品经济的"怪圈"。美国应当削减这些国家的外债,向这

---

① Rosenberger L F. America's Drug War Debacle[M]. Avebury, 1996, p.56.

些国家出口商品开放本国市场,消除国际贸易中的不平等地位,只有这样才能使这些国家逐步摆脱对毒品经济的依赖,减少直至最后消灭毒品的供应,从而使美国国内的毒品问题也逐步得到解决。

在国内执法方面,克林顿政府的 1994 年国家禁毒战略主要有两大目标。其一是力求减少国内的所有毒品生产和供应,对那些非法进口、制造和经销危险毒品及非法转运成品药和易制化学品者继续进行调查和起诉。实质上,这还是传统的打击国内毒品供应的战略。其二是通过加强情报和拦截活动提高国内毒品执法能力。其目的在于通过增加高科技领域的资金投入使流入美国的毒品大量减少。[①]

虽然克林顿的 1994 年国家禁毒战略制定了许多雄心勃勃的反毒目标,但由于国会在很多方面与白宫的意见不一致,致使 1995 财政年度国会实际的反毒项目拨款与克林顿政府的预算要求差距太大,所以克林顿的禁毒政策改革计划无法得以实现。鉴于来自国会的强大阻力,有人说克林顿的 1994 年战略只不过是一个纸上计划而绝不可能成为实际的解决方案,这种说法是不无道理的。

第三节　从自由转向保守:1995 年后克林顿政府的禁毒政策

如果说克林顿政府在民主党控制国会的情况下在推行毒品政策改革方面并未获得什么政治上的利益和成功的话,那么随着 1995 年国会重新落入共和党手中,克林顿认真进行的毒品政策改革越发变得不可能。迫于政治利益的需要和国会的强大压力,克林顿政府早期的自由主义禁毒政策日趋保守。

一、1995 年国家禁毒战略

克林顿政府 1995 年的国家禁毒战略反映出其政策在好几个方面有进一步倒退的趋势。虽然克林顿在口头上依然强调对吸毒成瘾者的治疗,但为 1996 财政年度要求增加的治疗计划预算是 1.8 亿美元,只相当于要求增加的反毒总预算 13 亿美元的 14%,这比上一年要求增加的 3.55 亿还相差甚远。[②] 总的说来,

---

[①] Rosenberger L F. America's Drug War Debacle[M]. Avebury, 1996, p. 57.
[②] Bertram E, Blachman M, et al. Drug War Politics: The Price of Denial[M]. California: University of California Press, 1996, p. 124.

克林顿提出的 1996 财政年度的反毒预算将治疗和预防经费所占的比例又拉回到布什最后一年的预算水平,即 31%。[①]

新选出来的以保守派共和党议员为主的国会对克林顿的毒品政策改革进行了强烈的反对,1995 年国家禁毒战略的发布更招致反毒人士的尖锐批评。克林顿受到了各方面的攻击。人们指责他只重视成瘾的吸毒者,而置那些间断性的吸毒者于不顾,说他将钱财浪费在那些在保守派看来很大程度上已无药可救,也不值得照顾的"瘾君子"身上。人们还指责他对用于拦截毒品流入的经费小幅度的削减,把间歇性的吸毒者人数增多归咎于克林顿对这方面经费的削减,尽管这种增长早在 1991 布什"毒品战"正酣的时候就开始了,但他们谴责克林顿最主要的原因是他使毒品战降温,而且没有利用总统的号召力向吸毒现象发起猛攻。

如此强大的阻力说明,一位有改革意识的总统在推行与惩治传统相悖的毒品政策时需要付出政治代价。如果要进行毒品政策改革,就需要向惩治模式的逻辑和结果挑战并且不惧"毒品战"倡导部门的批评。譬如,要证明大幅削减拦截项目经费举措的合理性,克林顿就得证明试图通过阻止毒品进入美国边境而提高毒品价格的计划劳而无功,但人们会将这种经费削减视为开放边境让毒品肆虐美国街头,要在不增税和不挪用执法经费的前提下增加成瘾吸毒者治疗方面的经费,克林顿就得说出"瘾君子"应该得到联邦治疗援助的理由。但任何一个政府要帮助那些被视为堕落者和犯罪分子的人都是相当困难的,更不用说还要挪用其他社会计划的经费来帮助这些人了。克林顿政府制定的 1994 年《犯罪控制法》(Crime Control Act)表明总统为吸毒预防计划而进行的抗争在很大程度上是失败了,他的收获只是在将戒毒治疗作为打击犯罪的一种有效工具而已。

1995 年当共和党控制了美国国会以后,在毒品政策上的党派之争明显增加,使国会中的多数党与反对党的总统之间再一次呈现对立之势。1994 年国会选举结束一个月后,本届国会参议院多数党领袖罗伯特·多尔(Robert Dole)和参议员奥林·海切(Orrin Hatch)在给克林顿的"禁毒大王"布朗的一封信中宣布了共和党意欲掌握主动权的打算。二人在信中指出:"两年来对成瘾的吸毒者起诉的减少以及对这些人关切的增加,在毒品拦截方面的倒退以及威慑手段的放弃,导致了我们街上毒品增加,年轻人中吸毒人数增多,前途更加暗淡。扭转这些趋势将是共和党国会的一个工作重点,而且理应是克林顿政府的一项优先

[①] Office of National Drug Control Policy. National Drug Control Strategy: Budget Summary (1995)[Z]. Washington, DC: U. S. Government Printing Office, 1995, p. 12.

考虑的事情。"①

新一届国会议员就职后还不到两个月,众议院政府改革和监督委员会的新任共和党领袖,来自宾夕法尼亚州的共和党人威廉·克林格(William Clinger)即宣布就克林顿总统的 1995 年禁毒战略举行听证。他对克林顿大肆攻击,指责克氏实际上从上任的第一天起,对毒品问题就一直保持沉默,还将禁毒政策办公室人员削减了 83%,并姑息其前卫生部长关于毒品合法化的言论。司法小组委员会主席比尔·泽利夫(Bill zeliff)由近年来青年人吸毒人数的增加而断言 80 年代末的反毒成果已经丧失殆尽,并谴责克林顿政府在开展毒品战方面的淡漠态度。泽利夫还特意安排了从南希·里根到威廉·贝内特这些里根—布什时代的反毒名人作证,对克林顿只注意成瘾吸毒者的治疗而未能更积极地打击吸毒的做法横加指责。

1995 年末,情况变得更糟。11 月,白宫与国会共和党人在预算平衡问题上的争执达到了白热化的程度。美国联邦机构政府由于国会停止拨款而被迫关闭达 6 天之久。为了尽早恢复办公,克林顿表示他已同意一个在 7 年内达成预算平衡的计划。12 月 16 日,部分政府机构被迫再度关闭,这只不过是近年来最显著的国会向美国政府所有的计划施压的例子,禁毒计划当然也不会例外。

克林顿总统在其《禁毒战略报告》中,要求 1996 财政年度的反毒预算大约为 146 亿美元,但共和党控制的国会决定将克林顿提出的反毒预算削减 10 亿美元。削减部分的 70% 来自两个重要的减少毒品需求的项目。第一个项目是创建"安全无毒的学校和社区"的计划(SDFSC,即 Safe and Drug Free Schools and Communities)。这一计划是为了阻止儿童和青少年吸毒而设立的,众议院意欲将这一有意义的计划的经费削减 60%,其结果是在全国儿童和青少年吸毒现象呈上升趋势之际 97% 的公立学校都会受到影响。参议院只想削减这笔经费的 20% 并将削减的部分转给另一部分反毒预算。第二个被削减的项目是药物滥用及精神卫生服务管理局(Substance Abuse and Mental Heath Services Administration),众参两院欲将克林顿为其要求的 1996 财年经费削减 30%。这一举措意味着 4 万名成瘾吸毒者将得不到治疗。②

在减少毒品供应方面,克林顿总统试图将反毒的重点从过渡地带截断可卡因流入的策略转向帮助像哥伦比亚这样的国家在源头打击毒品生产的方法上

---

① Bertram E, Blachman M, et al. Drug War Politics: The Price of Denial[M]. California: University of California Press,1996, p. 149.
② Rosenberger L F. America's Drug War Debacle[M]. Avebury, 1996, p. 58.

去。国会负责中途拦截拨款的委员会倒是愿意对这种经费进行某种程度的削减,但又不愿意将资源转到负责毒源国投资的委员会手中。结果,国会只同意提供给国务院的国际毒品及执法事务局1.15亿美元的经费用于援助毒源国的扫毒工作。

二、克林顿的社区行动计划

在毒品政策改革阻力重重,财政状况不稳定的情况下,克林顿政府认识到要真正减少美国社会的吸毒现象,仅靠政府自上而下的政策支持是不够的,任何一级政府(联邦、州和地方)都不能单独解决毒品问题。最有效、最现实的方法是发动全国人民自愿自发地投入禁毒运动,"自下而上"而不是靠"自上而下"的推行改革。因此,克林顿政府对以社区为基础的小规模禁毒行动计划给予了高度的重视。这些社区行动计划不仅具有创新意识,而且总体来看还很成功。这些计划在财政紧缩的情况下给民众带来很大希望。

克林顿总统说美国政府仅凭自身的力量无法解决吸毒成瘾的问题。早在1993年,克林顿政府在这一年的国家禁毒战略中就认为,成功管制毒品问题还有赖于国内地方政府以及外国政府的积极协助和配合。也需要让地方有权制定集教育、预防、治疗和执法于一身的小范围反毒计划。

虽然社区行动计划总的来说是合理的,但对克林顿总统来说却有一种把反毒计划降格的感觉,也有向公众硬派任务的嫌疑。似乎美国总统把许多政府本应承担的脑力和体力工作转嫁到了选民们肩上。在财政动荡的年代让美国人挽起袖子去干过去由政府来做的一部分事是必要的,但对于习惯把希望寄托于政府的反毒行动和军队帮助的美国公众来说,这无异于一种政治上的硬行推销。

尽管如此,在1994年的国家禁毒战略中,克林顿总统仍然坚持禁毒战略的成功最终有赖于公众的参与,因而社区和邻里基层工作的能力和态度就成为决定性因素。为了有效地实现这一目的,必须使全国的社区真正行动起来。反毒战略成功与否不只取决于联邦政府。

在1994年国家禁毒战略中,克林顿总统认为预防吸毒和将毒品拒于社区和学校之外的最有效的办法,是充分发挥卫生与公众服务部发起的社区联盟各个组成部分的作用。这些联盟在企业、学校、宗教团体、社会服务团体、执法、媒体和社区居民之间建立并维持了强有力的伙伴关系,从而有效地帮助街道清除毒品与毒品有关的暴力,使社区获得了安全感,不再受毒品瘟疫的侵袭。

此外,为了预防吸毒也需个人、家庭、邻居、教会、市民团体和互助团体共同对付社区内造成吸毒温床的种种社会原因,因为任何人都不可能在真空的环境下解决毒品问题。城市堕落、贫穷、犯罪和缺少教育等社会问题都和吸毒联系在一起,因此,反毒运动必须与反贫穷、争取受教育权利等群众运动结合起来,给饥饿者以食物,给无家可归者以居所,给失业者以工作等。事实证明,将戒毒治疗与对瘾君子的职业培训计划和社会服务计划结合起来是收效最好的办法。办得最成功的基层反毒团体一般都是那些与其他地区团体建立了广泛联系的团体。

克林顿总统的1994年国家禁毒战略就包含与非毒品社会计划加强联系的内容。可惜的是,许多国内政策项目都是自上而下执行的,因此国会里的保守派议员总是以平衡预算为名对这些项目进行削减,克林顿的毒品政策也在此列。如果国内毒品管制战略得不到公众的大力支持和参与,那么反毒战略就决不会有什么结果。毒品政策获得成功的保障就是要有一个全面的、自下而上的反毒行动计划。1994年的国家禁毒战略就试图将克林顿的国家卫生保健计划也穿插进去,但这个方案一进入国会就没了下文。

正如所有的国内禁毒项目必须得到地方的紧密配合一样,克林顿的1994年禁毒战略也必须得到联邦、州和地方政府的支持。解决毒品问题必须依赖各级政府和基层社区的共同努力和密切配合,不应当只是自上而下的从联邦到地方。要达到这一目标,各职能部门间就需要在反毒计划上加强协作,还需要社区灵活地分配禁毒资源以便有效地对付各自的具体的问题。这一新战略取得成功的关键在于充分发挥各级政府的积极性,形成联邦、州和地方政府、社区、私人团体和基金会、利益集团、宗教团体和市民个人共同分担这一任务的局面。

反毒行动落实到社区、街道,必然涉及行动经费的来源问题。联邦政府必须向以私人、社区为基础的团体提供经费。形成了政府为基层团体提供财政支持并予以适当监督,这些团体则向所属地区提供足够的保健服务的新模式。这一计划的发起者是社区,支持者是联邦政府。除了调节财政和其他的资源支持以外,联邦政府还应为以社区为基础的反毒活动创造一种有利的氛围。这样,未来美国各级政府的作用可能就变成了促成个人发挥其聪明才智,支持和引导他们重建自己社区。

为了实施自下而上的反毒战略,克林顿总统制定了社区授权区(Community Empowerment Zones)和企业振兴区(Enterprise Community)[①]计划,指定了104个贫困的区域,其中包括9个社区授权区和95个企业振兴区。[②] 社区的授权计划包括解决吸毒、贩毒和预防的问题。为了保证有足够的监督和部门间合作,克

[①] 企业振兴区指政府减少或取消控制、限制及税收以鼓励私人营业积极参与复兴的城市贫困区。
[②] Rosenberger L F. America's Drug War Debacle[M]. Avebury, 1996, p. 63.

林顿总统成立了以副总统为首的社区授权委员会,与住房与城市发展部和农业部共同监督总统的授权区和企业振兴区计划的实施。作为实行这一战略计划的一部分,各个社区必须通过扩大戒毒治疗服务项目和范围、禁毒执法行动,以社区为基础的吸毒教育和预防计划等应对本社区的吸毒及毒品相关的犯罪活动。

克林顿总统的1994年国家禁毒战略为社区的反毒行动计划拨出共10亿美元的经费,其中5 000万美元指定用于社区授权计划与毒品有关的需求项目。这一计划用来支持住院或非住院的毒品和酒精滥用的预防与治疗计划。克林顿总统的主要目标是减少国内的犯罪和暴力,使全国那些受吸毒和与此有关的犯罪危害最重的社区恢复安全,不再受毒品的侵扰。为此,克林顿总统通过了一个强硬而严厉的打击犯罪法案。通过在社区内增派巡逻警察的方式,让警察与社区领导和居民共同维持社区治安,变被动为主动,将社区的参与和解决毒品问题结合起来,以减少毒品的供应和需求,从而将贩毒和吸毒的不良后果降到最小限度。社区行动计划的成功不仅使人们所在的社区街头变得安全,而且也会造就出安全而没有毒品的工作场所,从而提高生产率,社区的学校也会因此变得安全。

鉴于1992年以来青少年吸毒现象又稳步回升的事实。[①] 克林顿推出了安全无毒的学校和社区计划,旨在阻止儿童和青少年沾染非法毒品。这一计划雄心勃勃,对扭转吸毒人数增加的趋势也绝对必要。但却遭到了国会的公然反对。国会利用其拨款权对克林顿为这一计划要求的经费大加砍杀。在国会的强大阻力面前,克林顿总统不得不退却,在其1995年2月发布的国家禁毒战略中,将减少供应的经费在总的反毒预算中占的比例由62.8%增加到了63.9%。

克林顿在禁毒战略上的政策转变是一个颇令人费解的问题。没有人确切地知道克林顿摒弃其早期支持减少毒品需求的坚定信念的真正原因。但有一点却是肯定的,那些力求减少需求,并寻求总统大力支持的人和克林顿政府的支持者都对克林顿改变初衷感到失望。

由于认识到减少需求的政策转变会成为1996年总统大选中的不利因素,克林顿总统可能试图通过支持减少毒品供应的战略而显得比国会里的共和党人更"强硬"些。1994年11月中期选举,克林顿领导的民主党在国会失去了参众两院的控制权,为此他备受讥讽,颜面扫地。1995年1月《时代周刊》和有线电视

---

① 据统计,1992年以来,美国八年级学生中服用大麻的人数增加了将近一倍。这些学生中有将近20%的人说他们至少吸过一次大麻。中学高年级学生吸毒率十年来首次攀升。有调查显示大多数青少年和成年人不再像以前那样视毒品为危害了。

新闻网(CNN)举办的民意测验结果显示,50%的人倾向于让共和党参议院领袖鲍勃·多尔当总统,只有39%的人支持克林顿。当时的民意测验还表明,2/3的民主党人要克林顿下台。① 显然,克林顿要想竞选连任,他的民主党候选人资格将受到严峻的挑战。因此,对克林顿来说,1995年是个转折点,为了捍卫其政治地位,克林顿力图回到中间道路。在其高级顾问共和党人迪克·莫里斯(Dick Morris)的建议下,克林顿吸收了共和党的一些主张,及时转变立场,顺应了美国社会趋于保守的形势,争得中间选民的支持。这可能也是克林顿任命一个像巴利·麦克弗利(Barry McCaffrey)将军这样的"强硬派"退役军官担任新的"禁毒大王"的一个原因。

克林顿的禁毒政策改革总的说来没有成功。失败的根本原因就在于一方面反对力量过于强大,传统的禁毒方式方法在美国已根深蒂固,深入人心。即使传统战略在过去没有成功,人们并不以为是政策本身有问题,而是归因于惩罚力度不够,经费投入不足等客观原因。另一方面是改革力量太过软弱。面对强大的反对势力和需要付出的巨大政治代价,克林顿政府迟疑不决。克林顿不愿付出那么大的政治代价,所以就只好退却。他将毒品政策从政府的政治议程中去掉并使之不再为公众所注意,但事实上毒品问题仍然严重存在,而且不断腐蚀美国社会,各种形式的"毒品战"远远没有结束。

三、毒品问题与 1996 年大选

1996 年是 20 世纪美国最后一届总统大选之年,这一年犯罪与毒品问题继 1988 年之后又再度成为两党争论的一个焦点。由于克林顿总统在其执政的头 4 年中取得了令人瞩目的经济佳绩,②因此共和党总统候选人鲍勃·多尔认为他无法靠谈论国内经济问题来战胜对手,赢得大选。于是,多尔便抓住克林顿在第一任期内有所忽略的毒品问题对克林顿大加挞伐。

多尔将克林顿政府说成是"具有自由化倾向的纵容吸毒的实验室"。③ 根据 1996 年 9 月进行的"全国吸毒状况家庭调查"(National Household Survey on Drug Abuse)的结果,在从 1992 年到 1995 年的 4 年中,美国 12~17 岁的青少年

---

① 李思贾,张旭霞.这就是克林顿[M].沈阳:辽海出版社,1998,p.187.

② 在克林顿第一任期内经济保持了较高的增长势头,联邦财政赤字从 1992 年的 2 902 亿美元减少到 1996 年的 1 073 亿美元,下降 63%,创造了自 1979 年以来的最低赤字水平;通货膨胀率和失业率都保持在较低水平上。与此同时,就业机会却不断增加,四年净增就业机会 10 703 万个,使 100 多万人由依赖社会福利走向工作自立;工人工资增加,四年来美国家庭年平均收入增加 1 600 美元;外贸出口扩大,使美国人民获得了最大全球贸易增长利益;长期利率下调,投资不断扩大,美元开始坚挺。

③ Gest T, et al. Popgun Politics[J]. U.S. News and World Report, 1996-9-30, p.30.

的吸毒率几乎翻了一番,达到了将近11%。而且,克林顿在1992年总统竞选时曾承诺要为吸毒者提供足够的治疗,扭转布什的共和党政府将反毒预算的2/3用于毒品拦截和执法,只有1/3用于毒品教育和治疗的局面,但该承诺并没有兑现。多尔借此批评克林顿的反毒努力出现了倒退的趋势,并保证假如他当选下一届美国总统,会将青少年的吸毒率降低50%[①]。多尔指责克林顿在其头三年的任职内对禁毒问题漠不关心,特别指出克林顿早年曾大力削减白宫国家毒品管制政策办公室人员编制,还说克林顿政府的许多工作人员以前都有过吸毒历史。共和党方面坚持认为美国的毒品犯罪居高不下是由于克林顿政府对这一问题的放松造成的,并且强调反毒问题是联邦政府的一项基本责任。

克林顿方面对此进行了针锋相对的还击。虽然克林顿政府也承认其任职前期对反毒工作重视不够,但又说1995年末克林顿总统任命以"强硬"闻名的退役将军巴利·麦卡弗利担任其新的"禁毒大王",此举足以表明总统已经改变了他在禁毒问题上的做法。克林顿的支持者说,近年来美国青少年吸毒人数的增加不能只归因于克林顿政府反毒政策的失当,布什的共和党政府也难辞其咎,因为这种上升的趋势早在布什执政时期就已经开始了。为了攻击多尔,民主党方面还不惜翻出陈年旧账,说多尔在其漫长的国会立法生涯中,几乎从没有对毒品问题重视过,而且在20世纪80年代初他还曾对成立国家毒品管制政策办公室的计划投过反对票。也正是多尔等人一直坚持的减税计划直接导致了毒品拦截和执法方面预算的削减。在毒品问题的责任方面,克林顿政府认为,青少年吸毒的责任不在政府而在孩子的家长,他们认为解决这一问题最好的办法是"父母教会孩子分辨是非"。[②]

关于克林顿政府未能实现其对毒品教育和治疗的承诺,克林顿的政治顾问拉姆·伊曼纽尔将之归因于共和党控制的国会没有批准总统的反毒预算要求。但共和党方面对这一解释并不认同,他们说1995年以后是共和党在国会占了上风,但这之前把持国会的却是总统所在的民主党。言外之意,克林顿第一任期内毒品问题的恶化并非党争之故,根本上就是因为政府政策的失败所致。

但共和党在毒品问题上对克林顿政府的指责和攻击并未能挽救其在这一年的大选中的落败的命运。大选前尽管克林顿政府及其个人丑闻迭出,却仍胜算在胸不惊不乱。主要是因为他手里掌握着美国经济表现良好这张王牌,不论多尔与共和党怎样抨击他,仍无损于他连任的机会。美国在克林顿执政的4年间

---

① Gest T, et al. Popgun Politics[J]. U.S. News and World Report, 1996-9-30, p.31.
② Borger G. Wishing to Inhale[N]. News & World Report, 1996-9-30, p.45.

经济持续增长,给克林顿提供了最有力的帮助,这已足以说服重视经济效益的美国选民投票支持克林顿连任。纵然克林顿在反毒的问题上有些失当的地方,也不会严重到危及其政治生命的程度,因毒品问题与经济问题比起来毕竟是一个小而又小的问题。况且毒品问题由来已久,并不是哪一届政府和哪一位总统所一手造成的,也不能期望一朝一夕就能解决。毒品问题之所以在竞选中一再被炒作,只不过是政客们为了谋取个人或本党的政治利益而玩的一种政治伎俩而已。

1996年竞选连任成功之后,克林顿提高了对毒品问题的重视,并把打击毒品犯罪作为其第二任期的一个工作重点。克林顿几乎在其每年的国情咨文中都提到毒品问题与反毒斗争。甚至在与许多国家元首会谈时,也不忘将该问题列入会谈议题。[①] 一方面克林顿政府加大了国内反毒方面的资金投入。1997年预算中,毒品管制局(DEA)经费首次突破10亿美元大关,使之得以招募261名新的缉毒特工,用于戒毒治疗方面的经费一直呈上升趋势,从1991年的19亿美元到1994年的24亿美元,再到1997年28亿美元,而1998年要求的治疗经费则高达30亿美元。据白宫国家毒品管制政策办公室统计,联邦政府1998年的反毒总预算达160亿美元,是1981年15亿美元的10倍还多。另一方面克林顿政府积极寻求国际合作,也加大了国际禁毒执法的力度。随着冷战后的全球经济一体化进程的加快,毒品犯罪呈现出进一步的国际化发展趋势。以克林顿为代表的美国政府越来越强烈地认识到,毒品问题已远远超出一国或一个地区的范围,并非美国一个国家和一个政府的力量所能解决的,要想取得反毒战的最后胜利,还要靠世界有关国家的紧密合作。因此,美国在打击毒品的种植、加工、贩运、销售和毒品收益等各个环节上积极与其他国家合作,对打击洗钱犯罪和控制提炼毒品所必需的易制化学品的扩散这两个贩毒集团的薄弱环节给予了特别的重视并取得初步的成绩。

尽管美国政府每年都投入大量的人力、物力和财力用于禁毒,但世纪末美国的禁毒形势依然十分严峻,不容乐观。毒品供应不断,毒品需求不减,与毒品有关的犯罪仍然居高不下,吸毒所导致的各种病症的发病率也呈上升势头。而且,国际禁毒合作也问题多多,障碍重重。所有这一切表明,美国的毒品问题已根深蒂固,积重难返。许多人士都认为,美国的"毒品战"是一场无休止的战争。

---

① 汤家麟,徐菁. 当代国际禁毒风云[M]. 北京:经济科学出版社,1997,p. 194.

结束语

积重难返：一场无休止的战争

美国反毒运动发端于19世纪末20世纪初，迄今已有将近100年的历史了。在这100年间，美国联邦、州和地方政府为了剔除毒品问题这一"痼疾"，制定了众多的法令法规，投入了大量的人力、物力和财力，甚至还把历史上一直视民事执法为"禁区"的联邦军队拖入这场打击毒品的"战争"中来。然而，100年后的今天，美国的毒品问题依然十分严重，毒品犯罪仍旧居高不下。美国官方也承认，尽管政府做了种种努力，但迄今为止，仍未能防止毒品的泛滥。不管是在美国国内还是海外，美国的反毒之战都难以取胜。这一事实本身无情地反映了20世纪美国毒品政策的效果。

美国历届政府的决策人对毒品问题有一个从不重视到重视的认识过程，所采取的对策也在不断演变，但这种演变并不是稳定上升，而是反复、曲折，有张有弛。这不能不影响到禁毒的效果，常常是禁而不止，几次出现回潮。不过，从总体上看，禁毒是符合美国社会的根本利益的。屡禁不止只能说明禁毒问题的复杂性和艰巨性，不能否定禁毒的方向。但美国禁毒百年，收效甚微，是单纯的政策失误？还是社会体制本身的问题？值得美国决策者深思，也值得我们每一个人深思。

美国联邦政府的毒品政策始自1914年的《哈里森法》。在此之前，美国至少在联邦一级水平上还没有任何法律对鸦片、吗啡、海洛因和可卡因等毒品的生产、进口、销售和使用进行限制。美国此时实行的是一种自由放任政策。这种自由放任政策的结果即是19世纪末20世纪初美国吸毒成瘾人口的激增和毒品的大量泛滥。在这种情况下，美国国会迫于国内国际压力，于1914年通过了具有深远意义的第一个全国性的毒品立法——《哈里森法》，从而开创了联邦政府以立法的形式管制国内毒品问题的先河。

《哈里森法》的制定和执行奠定了美国20世纪毒品政策的基础，使以罚款和判刑为主要特征的禁毒模式得到了初步的确立。随着1930年联邦麻醉品局的成立,美国大规模的毒品管制运动开始了。而正是在该局首任局长哈里·J.安斯灵格长达32年的任期内,美国以惩治为主的立法管制政策得以巩固和加强。同时以打击毒品供应为主的禁毒战略也初具雏形,并随着50年代毒品法的日益严厉而不断发展。虽然起初联邦政府毒品执法的重点是管制国内的毒品经销,但随着国际形势的发展,执法的重点开始转到国外的毒品生产和对毒品的中途拦截上。

到20世纪60年代初,美国的毒品政策开始发生变化。当时社会运动此起彼伏,吸毒成了一种挑战和反抗主流社会的方式,联邦政府也被越战和国内的种种问题所困扰,社会和政治危机的加深导致了毒品泛滥。随着安斯灵格的辞职和联邦麻醉品局的衰落,联邦禁毒政策的重心日益向治疗方面倾斜。在"法律和秩序"的口号声中上台的共和党总统尼克松,对毒品问题给予了前所未有的重视,因为毒品与犯罪之间的因果关系已经被认可为一个事实。尼克松从国内执法、戒毒治疗和国际合作三方面"向毒品全面开战"。尼克松政府为了提高联邦禁毒机构的执法效率,还对反毒机构进行了大力改组,于1973年在司法部内成立了现代意义上最重要的反毒机构毒品管制局(DEA)。尼克松政府毒品政策最显著的一个变化是对毒品需求的重视,联邦政府用于治疗和康复方面的开支的绝对数额首次超过了执法方面的开支,这是联邦政府转向比较平衡的禁毒战略的一个标志。尼克松还把禁毒问题作为竞选连任的一个筹码,从而使毒品问题趋于政治化。

然而,尼克松发动的新一轮反毒战的势头没有继续下去。福特和卡特总统都忙于应付国内国外的成堆问题而忽视了禁毒战线。卡特政府甚至发展到支持大麻非罪化的地步。结果,致使70年代末美国的吸毒之风再掀高潮,为80年代的"毒品大战"埋下了伏笔。

1981年是美国反毒运动的一个转折点。在接下来的12年中,共和党人接连"向毒品开战",重大的反毒立法相继出台,反毒预算扶摇直上(仅毒品执法一项即从80年代初的85 500万美元上升到1993年的78亿美元以上。[①])。毒品问题进一步政治化和国际化,而且一向视民事执法为"禁区"的联邦军队也加入了战群,使毒品战呈现出一种前所未有的军事化倾向。与此同时,联邦政府还扩大了没收毒贩财产的权力,但这些努力并不能阻止境外毒品的源源流入和国内吸毒之风的盛行。到1989年布什命令美国军队以扫毒为名,悍然入侵主权国家

---

① Office of National Drug Control Policy. National Drug Control Strategy: Budget Summary (1995)[Z]. Washington, DC: U.S. Government Printing Office, 1995, pp. 235-238.

巴拿马时,"毒品战"发展到了登峰造极的地步,毒品问题又成了美国干涉别国内政的一个借口。

90年代克林顿第一任期内,曾经把经济摆在首位,低调处理毒品问题,但迫于社会舆论压力和政治上的需要,不得不添加禁毒的砝码。他在第二任期开始后,提高了对毒品问题的重视,一方面加大了国内反毒资金投入,另一方面开始积极寻求国际合作。但尽管如此,美国的毒品问题依然十分严重。几乎所有的反毒权威人士都认为,禁毒是一场打不赢的战争。

如此悲观的结论不是没有根据的。它是美国人百年反毒行动的历史总结。禁毒之所以如此艰难,因为吸毒、贩毒不仅是一个道德问题、法律问题,而且是一个社会问题,同政治、经济、文化、传统都有密切的联系。在充满矛盾的美国社会里,社会危机的直接表现之一就是精神危机普遍化。以离婚与毒品的关系为例,早在1964年,纽约大学的伊萨多·切恩(Isidor Chein)教授经过分析发现,纽约市嗜海洛因成瘾的青年人中绝大多数来自破裂的家庭。美国的几项社会研究还证明,父母吸毒对子女有重大影响。父母中任何一方染上毒瘾,其子女吸毒者占70%以上。美国未来学家也认为,最近40年里,美国人在社会生活中面临的竞争加剧,生活节奏加快,日常生活的压力越来越重。广大的城乡居民本来可以从电影或电视中得到一时的宁静或解脱,但电视和电影又都充满暴力、粗野行为、紧张角逐等等,甚至有直接教人用吸毒、滥交、抢劫、凶杀来逃避和反抗现实的内容。社会学家还引证材料表明,暴力行为在街头的普遍性使许多青年求助于毒品来避免环境给他们带来的恐惧,或避免由此激起他的冲动感。还有一些社会学家指出,吸毒问题之所以日益严重,还由于青年人认为西方未来社会是一个"在劫难逃的社会",既然"没有明天",就用毒品"沉溺于今天"。另一些美国社会学家则认为,最近50年来,美国人中的"享乐主义"是吸毒的首要原因。

毒品活动一本万利,利润之丰厚,使得毒枭和一些受贿包庇他们的执法人员,甘冒被捕的风险,何况一些大毒品贩毒集团同统治集团中人物有很深的牵连,他们因此而肆无忌惮。美国统治集团向毒品宣战,实质上是向这股力量开战。既然美国统治集团是各种利益集团争夺利益而又互相妥协的产物,因此,从理论上讲,美国政府就不可能从根本上摧毁毒品经济。实际上,美国毒品管制局局长和美国国家毒品管制政策办公室主任所扮演的角色就是协调"向毒品开战"与维护贩毒集团之间的矛盾。在美国的报纸上,在国会里,人们不难听到维护毒品集团利益的言论。从迈阿密走私进来的毒品占从国外运进数量的70%。那里的毒品利益集团活动猖獗,既有国会和舆论界的人为其撑腰,还拥有现代化的情报和安保系统。美国海关驻迈阿密的官员也承认,由于贩毒集团的势力庞大,手段高明而繁多,尽管美国在毒品拦截方面投入了大量的人力、物力和财力,但还是防不胜防,堵不胜堵。海关每年能够缉获的毒品数量不会超过境外流入总量的10%。

美国对毒品的立法多变,各州法律极不统一,执法机关也只能做些"头痛医头,脚痛医脚"的表面文章。美国法学家认为,最近20多年来随着大麻、可卡因的吸食、贩运逐渐普及,法律对它们的容忍程度也增加了。禁毒法律越宽,毒品泛滥越快。以大麻为例,在1973年至1977年间,使用者在各类人中都迅速增加了。大学生中由22%增加到33%;中学生由12%增加到23%;研究生由2%增加到5%。依年龄划分,在18岁至24岁的人中由41%增加到59%;在25岁至29岁的人中由26%增加到51%;在30岁至49岁的人中由5%增加到16%。① 1978年以后,随着大麻非罪化运动的开展,先后有11个州不再将拥有少量大麻视为犯罪行为。美国各州法律的不一给反毒带来了困难。拥有可卡因在各州均视为非法,但只在30个州才构成犯罪,定罪标准更是各不相同。同一案件,有的州要判终身监禁,而按照联邦法律只判1年徒刑。美国大多数城市市政当局发动的"扫毒运动"的结局都是"雷声大,雨点小""虎头蛇尾",立法的议员们也并不都是为了"举义师"而禁毒,执法机构中也很少是为维护国家民族利益而执法如山的。因此剩下来的最坚决的社会力量只有不多的官吏、一批社会学家和社会工作者年复一年声嘶力竭地在那里呼喊了。

毒品问题与政治的结合使"毒品战"更趋复杂化。毒品问题是今日美国总统候选人参加竞选时不可回避的问题,是候选人政见中最主要的内容之一,它直接关系到竞选的成败。因为毒品问题是选民们最敏感最关切的问题,它不像国债和贸易赤字那样抽象难懂,而是发生在美国人身边的问题,是日常生活中抬眼可见的问题。毒品问题几乎令所有的政治家头痛,尽管他们一开始踌躇满志,许下诺言,可到后来多是虎头蛇尾,事倍功半。正因为它涉及内政外交各个方面,处理起来又异常棘手复杂,所以选民们往往看好那些在这方面有作为,有勇气、有胆魄的候选人,毒品问题仿佛成了检验美国总统能耐的"试金石"。也正因为毒品问题潜在的政治意义,反毒战往往变成了一些政客捞取政治资本的一张"王牌",因而也带上了投机和伪善的色彩。每当有更重要的问题(如经济问题、战争、能源危机等)出现时,毒品问题又会因失去利用价值而被抛到一边,这种忽冷忽热、时断时续的处理策略必然会损害"毒品战"的效果,使毒品问题不断

---

① 戴增义. 美国毒品问题面面观[J]. 美国研究参考资料,1987(10),p. 33.

恶化。

"毒品战"不能打赢的另一原因是毒品经济已成为美国经济的重要组成部分。自60年代世界兴起人类历史上最大的毒潮以来,美国一直是最大的毒品市场。美国毒品市场每年消费总额约占世界毒品贸易的60%以上。早在70年代末期,美国的瘾君子们每年花费在毒品上的金钱即达500亿美元;到80年代中期,吸毒费用上升到1 000亿美元;90年代初吸毒者们花费1 500亿美元;1995年吸毒费用再次攀升到2 000多亿美元。短短20年间,费用增加了3倍。[1] 近年来,全美非法毒品交易额每年达1 000亿美元以上,毒品交易已成为美国经济的一个重要部分,甚至在全国经济衰退时期也经久不衰,每年毒品交易利润高达350亿~500亿美元。[2] 美国成了贩毒者的乐园。"贩毒美元"(narcodollars)业已成为美国银行的一个重要生意来源,美国佛罗里达州尤其如此。以至于有的美国经济学家声称,如果没有毒品走私与交易,佛罗里达州的经济就要崩溃。面对美国巨大的毒品需求市场,有如此丰厚的利润可赚,贩毒者因此甘愿冒坐牢判刑的风险来经营这种毒害人的行业。尽管美国每年都要缉获大量的非法毒品和毒贩,但对美国的毒品市场却没有太大的触动。在巨额利润的诱惑下,毒品供应就像一个取之不尽、用之不竭的大蓄水池,与吸毒现象同生共在。

若干年来,毒品问题已经超出了美国一国的范围而成为一个国际公害,这一问题的解决也绝非美国一国的力量所能奏效的。由于美国人消费的毒品绝大部分来自境外,因而美国一直将本国的毒品问题归咎于外国的毒品生产和贩运。长期以来,美国反毒机构也一直把打击国外非法毒品的供应当作"毒品战"的"重头戏"。为此美国使用了各种高科技手段和装备进行边境封锁,海关搜查,甚至不惜动用美国军队,企图将毒品拒之于国门之外,但收效甚微。毒品供应仍源源不断,毒祸在美国达到前所未有的程度,"局势难以控制,执法人员的努力都像担沙填海那样白白浪费掉了"。[3] 打击非法毒品供应是反毒斗争的最重要的环节之一,任何时候都不可缺少。美国重视境外毒品的拦截本无可厚非,但如果片面强调打击国外毒品供应的战略而忽视国内需求的作用就未免过于片面。因为毒品问题的根源和症结是在国内而非国外。不把主要精力用在减少国内的毒品需求上而一味地去堵去截,无异于"舍本求末",得不偿失。不仅如此,美国在打击毒品供应中的所作所为往往超出了单纯扫毒的范围,而是把毒品问题当作达到

---

[1] 汤家麟,徐菁. 当代国际禁毒风云[M]. 北京:经济科学出版社,1997,p. 125.
[2] 同注[1],p. 126.
[3] 梁择奇. 国际走私内幕[M]. 香港:奔马出版社,1985,p. 209.

其政治和外交目的的手段。例如,早在 20 世纪初"红色恐慌"(1919—1920)期间,美国就曾把毒品说成是苏联颠覆美国政府的工具;50 年代初"麦卡锡主义"期间,联邦麻醉品局首任局长安斯灵格又诬蔑新中国意图通过向美国贩运海洛因换取硬通货,进而颠覆以美国为代表的西方社会,而事实正好相反。为了达到反共、遏共的目的,美国中央情报局积极扶植国民党残部,纵容其在东南亚的"金三角地区"植毒贩毒作为其今后"反攻大陆"的经费来源;80 年代的里根政府将贩毒与共产主义威胁联系在一起,并再次使毒品问题为其对外政策服务。1985年 3 月,时任副总统的乔治·布什宣称"共产主义的古巴和尼亚拉瓜是毒品走私的温床"。1986 年 3 月 18 日,里根总统在国家电视台上声称尼加拉瓜的高级官员都与贩毒活动有染。① 至于里根政府的支持者,巴拿马强人曼努埃尔·诺列加在贩毒中的作用,里根和布什却闭口不提。早在 1984 年,华盛顿就流传着诺列加参与贩毒活动的报道。尽管如此,但美国毒品管制局局长和司法部部长还写信给诺列加,称赞其在毒品管制方面所发挥的作用。而美国政府对其盟友洪都拉斯和阿富汗的反政府武装的贩毒活动则听之任之。② 1989 年 12 月 20 日,美国悍然对巴拿马发动直接军事入侵,代号"正义事业行动"(Operation Just Cause),逮捕了巴拿马头号人物诺列加,并将他押往美国受审。据美国称,美国之所以要入侵巴拿马,其理由之一是因为诺列加参与国际贩毒,要将他捉拿归案。这一理由是站不住的,因为即使诺列加犯了贩毒罪,首先应由巴拿马本国去处理;诺列加也一直认为,美国惩罚他主要出于政治目的,因为诺列加反对美国企图永久霸占巴拿马运河。③④ 可见,美国对巴拿马的军事入侵是其强权政治和霸权主义的再次大暴露,充分说明美国是在以"扫毒"之名,行霸权之实。美国将这次军事入侵冠之以"正义事业行动"的美称,但其所谓的"正义"就是对小国弱国的不义,就是动辄对异己者动武。在扫毒的问题上,美国不考虑毒品生产国和过境国(主要是第三世界国家)的实际情况及其历史、文化、政治、经济背景,一味地施压、认证、制裁,势必会引起这些国家的人民和政府的反抗和抵制,使得反毒战难以取胜。

此外,美国参与缉毒工作的,有不下 11 个内阁级部门属下的 32 个联邦机构,另外还有至少 5 个独立机构对毒品拥有某种管辖权。这些部门和机构之间

---

① Woodiwiss M. Crime, Crusades and Corruption: Prohibitions in the United States 1900 - 1987 [M]. London: Printer Publishers, 1988, p. 18.
② Meier K J. The Politics of Sin[M]. New York: M. E. Sharpe, Inc. , 1994, p. 51.
③ 刘瑞常. 美国审判前巴拿马政府首脑诺列加[N]. 人民日报,1991 - 9 - 8(6).
④ 徐世澄. 美国和拉丁美洲关系史[M]. 北京:社会科学文献出版社,1995,p. 278.

往往职能不分,而且还经常明争暗斗,以致削弱缉毒实力,使行动不能协调一致,大大降低了反毒的效果。

　　毒品问题是一个异常复杂的全球性社会问题。反毒之战是一场复杂、伟大而艰巨的战争,速战速决不行,"不战而胜"更不可能,它需要各方面的协调,百倍的勇气,持久的耐心和坚韧不拔的毅力。这场战争光靠警察、法庭、监狱是打不赢的。它必定是一场世界性的全民持久战。

参考文献

[1] Abadinsky H. Drug Abuse: An Introduction[M]. Chicago: Nelson-Hall Inc, 1989.

[2] Anderson P. High in America: The True Story behind NORML and the Politics of Marijuana[M]. New York: Viking Press, 1981.

[3] Anslinger to Charles B. Dyar, April 1, 1947, Correspondence files[Z]. // Anslinger Papers.

[4] Anslinger H J, Tompkins W F. The Traffic in Narcotics[M]. Funk & Wagnalls Company, 1953.

[5] Bailey P. The Heroin Habit[M]. // Morgan H W. Yesterday's Addicts: American Society and Drug Abuse 1865 – 1920. Norman: University of Oklahoma Press, 1974.

[6] Barber J D. The Presidential Character[M]. 3rd ed. Englewood Cliffs, NJ: Prentice-Hall, 1985.

[7] Becker G S. Outsiders: Studies in the Sociology of Deviance[M]. New York: The Free Press, 1963.

[8] Belenko S R. Crack and the Evolution of Anti-Drug Policy [M]. Westport, CT: Greenwood Press, 1993.

[9] Bertram E, Blachman M, et al. Drug War Politics: The Price of Denial [M]. California: University of California Press, 1996.

[10] Bonnie R J, Whitebread II C. The Marijuana Conviction: A History of Marijuana in the United States[M]. Charlottesville: The University of Virginia Press, 1974.

[11] Borger G. Wishing to Inhale[N]. News & World Report, 1996 – 9 – 30.

[12] Bowman K M. Some Problems of Addiction[M]. //Hochand P H, Zubin J. Problems of Addiction and Habituation. New York: Grune and Stratton, 1958.

[13] Brecher E M. Licit and Illicit Drugs[M], Boston: Little Brown, 1972.

[14] Burnham J C. Bad Habits: Drinking, Smoking, Taking Drugs, Gambling, Sexual Misbehavior and Swearing in American History[M]. New York: New York University Press, 1994.

[15] Byck R. Cocaine Papers by Sigmund Freud[M]. New Haven, Conn: Yale University Press, 1982.

[16] Chein I, et al. The Road to H: Narcotics, Delinquency, and Social Policy [M]. New York: Basic Books, 1964.

[17] Courtwright D T. Dark Paradise[M]. Cambridge: Harvard University Press, 1982.

[18] Dombrink J, Meeker J W, Paik J. Fighting for Fees-Drug Trafficking and the Forfeiture of Attorney's Fees[J]. Journal of Drug Issues, 1988 (18).

[19] Drug Abuse Council. The Facts about "Drug Abuse"[M]. Free Press, 1980.

[20] Drug Abuse Council. The Facts about "Drug Abuse"[M]. New York: The Free Press, 1980.

[21] Eldridge W B. Narcotics and Law: A Critique of the American Experiment in Narcotic Drug Control [M]. New York: New York University Press, 1962.

[22] Epstein E J. Agency of Fear[M]. New York: Putnam, 1977.

[23] Ford G R. Statement Issued by the Office of the White House Press Secretary 20 March 1976[Z]. //Drug Abuse Council. The Facts about "Drug Abuse".

[24] Fort J. The Pleasure Seekers: The Drug Crisis, Youth, and Society[M]. New York: Grove Press, 1969.

[25] Four Key Issues Playing Role in Congressional Tests[Z]. Congressional Quarterly, 1986-10-18.

[26] Gallup G. The Gallop Poll: Public Opinion, Vol. 2, 1976-1977[R]. Wilmington, DE: Scholarly Resources, 1977.

[27] Gest T, et al. Popgun Politics[J]. U. S. News and World Report, 1996-9-30.

[28] Goldberg P B, DeLong J V. Federal Expenditures on Drug-Abuse Control [M]//Drug Abuse Survey Project. Dealing with Drug Abuse. Praeger, 1972, pp. 300-328.

[29] Goode E. Drugs in American Society[M]. 3rd ed. New York: McGraw-Hill Publishing Company, 1989.

[30] Halper S C. The Heroine Trade: From Poppies to Peoria [Z]. Washington, DC: Drug Abuse Council, 1977.

[31] Halper S C. Turkish Opium in Perspective[Z]. Washington, DC: Drug Abuse Council, 1974.

[32] Helmer J. Drugs and Minority Oppression[M]. New York: Seabury Press, 1975.

[33] Himmelstein J L. The Strange Career of Marijuana: Politics and Ideology of Drug Control in America[M]. Westport, CT: Greenwood Press, 1983.

[34] Inciardi J A. The War on Drugs Ⅱ[M]. Mountainview, California: Mayfield Publishing Company, 1992.

[35] Inciardi J A. Handbook of Drug Control in the U. S. [M]. New York: Greenwood Press, 1990.

[36] Lyman M D. Practical Drug Enforcement: Procedures and Administration [M]. Elsevier, 1989.

[37] Inciardi J A. The War on Drugs: Heroine, Cocaine, Crime, and Public Policy[M]. Mountainview, California: Mayfield Publishing Company, 1986.

[38] Johns B C J. Power, Ideology, and the War on Drugs[M]. Praeger, 1992.

[39] Johnson B D. The Crack Era in New York City[J]. Addiction and Recovery.

[40] Kaplan H L. Comprehensive Textbook of Psychiatry IV[M]. Baltimore: Williams & Wilkins, 1985.

[41] Kinder D C. Shutting Out the Evil: Nativism and Narcotics Control in the United States[J]. Journal of Policy History, 1991, 3(4), pp. 472 - 484.

[42] King R. The American System: Legal Sanctions to Re-Press Drug Abuse [M]. //Inciardi J A, Chambers C D. Drugs and the Criminal Justice System. Beverley Hill: Sage, 1974.

[43] King R. The Drug Hang-Up: America's Fifty Year Folly[M]. New

York: W. W. Norton, 1972.

[44] Kolb L, Du Mez A G. The Prevalence and Trend of Drug Addiction in the United States and Factors Influencing It 1924[J]. Public Health Reports, 2006 (121).

[45] Kramer M. Clinton's Drug Policy is a Bust[J]. Time, 1993-12-20.

[46] Lana C. The Newest War[J]. Newsweek, 1992-1-6.

[47] Linder v. United States, 268 U. S. 5 (1925).

[48] Lyman M D. Practical Drug Enforcement: Procedures and Administration, New York: Elsevier, 1989.

[49] Macdonald S,Zagaris B. International Handbook on Drug Control[M]. Westport, CT: Greenwood Press, 1992.

[50] Maguire K, Flanagan T J. Source Book of Criminal Justice Statistics 1990 [Z]. Washington, DC: U. S. Government Printing Office, 1991.

[51] McCoy A W. The Politics of Heroine in Southeast Asia[M]. New York: Harper and Row, 1972.

[52] McWilliams J C. The Protectors: Harry J. Anslinger and the Federal Bureau of Narcotics, 1930-1960[M]. Newark: University of Delaware Press, 1990.

[53] Meier K J. The Politics of Sin[M]. New York: M. E. Sharpe, Inc., 1994.

[54] Moore M H, Kleiman M A. R. The Police and Drugs[Z]. Washington, DC: National Institute of Justice, 1989.

[55] Morgan H W. Drugs in America: A Social History 1800-1980[M]. Syracuse, NY: Syracuse University Press, 1981.

[56] Musto D F. The American Disease[M]. New York: Oxford University Press, 1987.

[57] Office of National Drug Control Policy. National Drug Control Strategy, February 1995 [Z]. Washington, DC: U. S. Government Printing Office, 1995.

[58] Office of National Drug Control Policy. National Drug Control Strategy: Budget Summary (1995)[Z]. Washington, DC: U. S. Government Printing Office, 1995.

[59] Office of National Drug Control Policy. National Drug Control Strategy:

Budget Summary(1994)[Z]. Washington, DC: U. S. Government Printing Office, 1994.

[60] Office of the Attorney General. Attorney General's National Task Force on Violent Crime, Final Report, 1981.

[61] Perl R F. Drugs and Foreign Policy[M]. Boulder: Westview Press, 1994.

[62] Permanent Subcommittee on Investigations of the Committee on Government Operations. Federal Drug Enforcement: Interim Report of the Committee on Government Operations, U. S. Senate, 94th Cong. , 2nd Sess. , Report No. 94 - 1039[Z] . Washington, D C: U. S. Government Printing Office, 1976.

[63] Powis R E. The Money Launderers[M]. Chicago, Illionois: Probus Publishing Company, 1992.

[64] President's Message on Drug Control Programs [Z]. Congressional Quarterly Almanac, 1971 (26): 94A.

[65] Public Papers of the Presidents of the United States[Z]. //George Bush, Book Ⅱ, 1989. Washington, DC: U. S. Government Printing Office, 1990.

[66] Reinold R. Smoking of Marijuana Wins Wider Acceptance [J]. Newsweek, 1977 - 5 - 23.

[67] Republic Party Issues Detailed, Long Platform [Z]. Congressional Quarterly, 1989 (44).

[68] Rosenberger L F. America's Drug War Debacle[M]. Avebury, 1996.

[69] Rovner J R. Senate Republicans Join Drug War[M]. Congressional Quarterly, 1986 - 9 - 20.

[70] Schroeder R C. The Politics of Drugs: An American Dilemma[M]. New York: Free Press, 1981.

[71] Seper J. Criticism of FBI - DEA Merger Grows[J]. Newsweek, 1993 - 10 - 15.

[72] Sharp E B. The Dilemma of Drug Policy in the United States[M]. New York: Harper Collins College Publishers, 1994.

[73] Sloman L. Reefer Madness: The History of Marijuana in America[M]. Indianapolis: Bobbs-Merril Company, 1979.

[74] Statistics on Alcohol, Drug and Tobacco Use [R]. Detroit: Gale

Research, 1996.

[75] Strategy Council on Drug Abuse. Federal Strategy for Drug Abuse and Drug Traffic Prevention 1979[Z]. Washington, DC.

[76] Taylor A H. American Diplomacy and the Narcotics Traffic, 1900 – 1939: A Study in International Humanitarian Reform[M]. Durham, NC: Duke University Press, 1969.

[77] Terry C E, Pellens M. The Opium Problem[M]. New York: Bureau of Social Hygiene, 1968.

[78] Test of Nixon Message on Plan to Attack Drug Abuse[Z]. Congressional Quarterly Almanac, 1969(24): 57A.

[79] Text of President's Speech on National Drug Control Strategy[N]. New York Times, 1989 – 9 – 6.

[80] The White House, (1993 b), Statement by the Press Secretary on PDD – 14 and the International Drug Policy.

[81] Thomas E. America's Crusade: What Is behind the Latest War on Drugs [J]. Time, 1986 – 9 – 15.

[82] Trebach A S. The Heroine Solution[M]. New Haven, Conn: Yale University Press, 1982.

[83] U. S. Department of Justice, Office of Justice Programs. Bureau of Justice Statistics Drugs, Crime, and the Justice System[Z]. Washington, DC: U. S. Government Printing Office, 1992.

[84] U. S Congress, Congressman Fred E. Busbey Commenting on H. R. 8700, 83d 2d Sess., 2 April 1954[Z]. //Congressional Record, (100).

[85] U. S. Congress, House of Representatives, Hearings on Appropriations, 91st Cong., 2nd Sess., 1970, Justice Pt. 1.

[86] U. S. Congress. House Committee on Ways and Means, Control of Narcotics, Marijuana, and Barbiturates, Hearings before a Subcommittee of the Committee on Ways and Means, House of Representatives, on H. R. 3490, 82nd Cong., 1st Sess., 1951.

[87] U. S. Department of Justice. An Analysis of Non-Violent Drug Offenders with Minimal Histories[Z]. Washington, DC: 1994.

[88] U. S. Department of Justice. Drug Enforcement Administration, A Chronicle of Federal Drug Law Enforcement[Z]. Washington, DC: 1977.

[89] U. S. House of Representatives. Select Committee on Narcotics Abuse and Control, National Drug Control Strategy[Z]. Washington DC: U. S. Government Printing Office, 1990.

[90] Vallance T R. Prohibition's Second Failure[M]. Praeger, 1993.

[91] Wald P M, Hutt P B. Drugs Abuse Survey Project: Summary of Findings, Conclusions, and Recommendations[M]. //Dealing with Drug Abuse.

[92] Walker Ⅲ. W. Drug Control in the Americas[M]. Albuqueque: University of New Mexico Press, 1979.

[93] Wisotsky S. Beyond the War on Drugs[M]. Buffalo: Prometheus Books, 1990.

[94] Wisotsky S. Breaking the Impasse in the War on Drugs[M]. New York: Greehwood Press, 1986.

[95] Woodiwiss M. Crime, Crusades and Corruption: Prohibitions in the United States 1900-1987[M]. London: Printer Publishers, 1988.

[96] Yung J H. The Toadstood Millionaire: a Social History of Patent Medicine in America before Federal Regulation[M]. Princeton, NJ: Princeton University Press, 1961.

[97] 崔庆森,陈宝树. 中外毒品犯罪透视[M]. 北京:社会科学文献出版社,1993.

[98] 蒋秋明,朱庆葆. 中国禁毒历程[M]. 天津:天津教育出版社,1996.

[99] 李思贲,张旭霞. 这就是克林顿[M]. 沈阳:辽海出版社,1998.

[100] 梁建生. 吸毒应合法化吗?——关于毒品问题的国际大论战[J]. 国际展望,1990(4):32-33.

[101] 梁择奇. 国际走私内幕[M]. 香港:奔马出版社,1985.

[102] 刘瑞常. 美国审判前巴拿马政府首脑诺列加[N]. 人民日报,1991-9-8(6).

[103] 刘修武. 美国人吸毒原因论[J]. 美国研究参考资料,1985(9).

[104] 刘绪贻,杨生茂. 战后美国史[M]. 北京:人民出版社,1989.

[105] 麦浪. 美国社会病态拾例"向毒品开战"响彻美国[J]. 世界知识,1987(7):24-25.

[106] 倪寿明,邓早阳. 毒品面面观[M]. 北京:东方出版社,1992.

[107] 秦斌祥. 美国的吸毒问题[J]. 美国研究参考资料,1990(5):1.

[108] 汤家麟,徐菁. 当代国际禁毒风云[M]. 北京:经济科学出版社,1997.

[109] 徐世澄. 美国和拉丁美洲关系史[M]. 北京:社会科学文献出版社,1995.

[110] 杨生茂,陆镜生. 美国史新编[M]. 北京:中国人民大学出版社,1990.

附录

美国禁毒政策大事年表

年代	事件
17世纪	殖民时期的法律要求农场主们种植大麻，因为大麻可以用来制作船上的绳索和帆。良好的大麻产业对于船运业非常重要。
18世纪	大麻是乔治·华盛顿在他的弗农山庄里种植的最主要作物。
1844年	成功合成出可卡因。
19世纪60年代	鸦片剂作为止痛药在南北战争的受伤士兵身上广泛应用。鸦片剂是第一批真正的神奇药物，它让病人在医生手术期间得以麻醉，将鸦片剂用作麻醉剂让医生有足够的时间为病人进行手术，使得现代外科手术成为可能。
19世纪70年代	旧金山与弗吉尼亚市通过了第一批反对吸食鸦片的法律，鸦片本身并没有被宣布非法，仍然存在于许多非处方药中。只是吸食鸦片被宣布非法，因为吸食鸦片是华人所特有的习惯，这些法律的矛头直指华人。 专利药品工业方兴未艾。因为对于广告、标识或产品的成分没有任何限制，专利药品业制造出各种各样含有鸦片剂、可卡因及其他药物的混合物并附以最为夸张的广告宣传进行销售。这导致了成瘾人数的骤增。 成瘾被严重误解。吗啡和海洛因被推荐为酒精成瘾的治疗手段。 令人舒爽的奎宁水成为一种受人欢迎的软饮料，因为里面含有可卡因。它进而衍生出可口可乐以及百事可乐之类的其他饮料，使得苏打水成为百货商店常见卖品。
1875年	通过《反吸食鸦片法》(旧金山)，是为了直接应对公众对存在鸦片烟馆的愤怒，而鸦片烟馆则主要是由中国移民开办的。在该

法颁布后的若干年中,至少有 25 个州竞相效尤,以此为样板制定了类似的法律。

1884 年　西格蒙·弗洛伊德用可卡因治疗他的抑郁症,并对疗效大加称赞。

1887 年　美国国会将吸食用鸦片的关税由每英镑 6 美元提高至 10 美元。1887 年,国会将华人进口商的进口吸食用鸦片彻底非法化。

1898 年　海洛因最初被认为是一种神奇的药物,又安全又不成瘾。海洛因由德国拜尔公司开发,用来治疗吗啡成瘾。

1906 年　通过《洁净食物和药品法》,成立食品与药品管理局(FDA)并赋予其管制食品与药品的权力。该法要求某些指定的药物(包括酒精、可卡因、海洛因、吗啡和大麻)要精确地标明成分和服用剂量。在此之前许多药物都是以成分保密和标识误导的专利药的形式出售的。据估计,在强制进行标识之后,含有鸦片剂的专利药的销售量锐减了 33%,药物成瘾问题大幅减少。

1908 年　美国鸦片委员会成立,用于调查研究美国的鸦片使用情况。

1909 年　基于美国鸦片委员会的发现,美国国会于 1909 年通过一个法案,禁止非药用目的鸦片的进口和使用,但收效甚微。同一年,在美国的推动下,国际鸦片管制委员会成立。

1911 年　美国第一位鸦片专员汉密尔顿·莱特指出,在世界所有的国家中,美国人均消费成瘾药物的数量是最大的。

1914 年　1914 年 12 月 17 日,美国国会通过《哈里森麻醉品法》,它是美国联邦政府禁止国内毒品销售的第一个有记载的法案,在此后的 56 年中此法成为联邦毒品政策的样板。

1915 年　第一个州一级的反大麻法获得通过。1910 年前往墨西哥的摩门教徒带着吸大麻的习惯回国了。犹他州立法会宣布所有的摩门教禁令为刑事法律,其结果就是吸大麻非法了。

1922 年　通过《麻醉药品进出口法案》,旨在取缔合法医用之外的麻醉剂的使用。

1924 年　通过《海洛因法案》,使得制造海洛因成为非法。

1925 年　美国支持在 1925 年的《国际鸦片公约》中将大麻作为一种毒品进行管制,到 20 世纪 30 年代中期所有的成员国都对大麻进行了某种程度的管制。

1930年	财政部联邦麻醉品局成立,负责联邦毒品执法。在接下来的32年间该局局长一直由哈里·J.安斯灵格担任,他和许多该局的创始成员一样来自禁酒局。
1935年	罗斯福总统对《国际鸦片公约》非常支持,通过向全国广播的形式予以声援,并在美国法律及其他反毒品法中对该公约加以应用。
1937年	美国国会通过了《大麻税法》,比照麻醉剂对大麻进行管制。该法要求销售这种药品的任何个人保留并提交一份详细的交易记录,包括检验单、书面报表和所涉各方的私人信息。
1938年	通过《食品、药品和化妆品法》,赋予食品药品管理局管制药品安全的权力,建立了处方类药品制度。
1942年	通过《鸦片罂粟管制法案》,禁止国内罂粟的种植和生产。
1951年	通过《德勒姆—汉弗莱修正案》,为处方药制定了更加具体的指导原则:核查新药的成瘾性、安全性和评估结果。
1951年	《哈里森麻醉品法的博格斯修正案》(简称《博格斯法》)规定了对麻醉品违法行为的强制性判刑,对违法行为的惩罚力度提高了4倍。
1956年	通过《麻醉品管制法案》,该法进一步提高了《博格斯法》的惩罚力度,尤其是对累犯而言,更加严厉。
1963年	由于1960年代的政治和社会动荡,公众对毒品的担忧加剧,制定有效的联邦公共毒品政策的压力加剧。结果,总统麻醉品与药物滥用咨询委员会即著名的普雷蒂曼委员会于1963年1月15日成立。
1965年	国会通过《1965年药物滥用管制修正案》加强了对安非他命、巴比妥酸盐、麦角酸二乙酰胺(LSD)等的管制。
1966年	作为《1965年药物滥用管制修正案》的另一个结果,1966年在食品与药品管理局内成立了另一个毒品执法机构——药物滥用管制局,从而终结了长久以来财政部对联邦毒品执法的垄断。
	同年,国会通过了《麻酸品成瘾者康复法案》,允许将治疗作为监禁的替代手段。
1968年	约翰逊总统向国会提交了一份联邦毒品执法政策重组方案,该方案于1968年4月7日生效。司法部第一次被赋予联邦毒品

	执法最主要的责任部门。创立了麻醉品与危险药物局,与此同时撤销了联邦麻醉品局和药物滥用管制局。
	同年,通过《药物滥用管制修正案》的修正案,规定如果在一年内麻醉品成瘾者没有进一步的违法行为,刑期可以缓刑而且违法记录可以撤销。
1969 年	1969 年 8 月,精神病学家罗伯特·杜邦博士对进入哥伦比亚特区监狱系统的每个人都做了尿检,他发现 44% 的人尿检海洛因呈阳性,并于 1969 年 9 月在惩治局开始了首个针对海洛因成瘾的美沙酮治疗项目。
1970 年	美国国会《综合药物滥用预防与管制法》(又称《管制药物法》)取代并更新了所有之前有关麻醉品和其他危险药物的法律,更加强调执法。
1971 年	越战与人们对毒品的担忧联系起来,尼克松政府发明了"毒品战"这个词。同年,成立预防药物滥用特别行动办公室。
1972 年	司法部成立药物滥用执法办公室、国家麻醉品情报办公室。这一年的另一个重要举措是国会通过《药物滥用办公室与治疗法案》,创建了联邦政府资助的预防和治疗项目。最后,还成立了美国国家药物滥用研究所。
1973 年	通过《美沙酮管制法案》,规定对美沙酮实施许可证制度。
1973 年	《海洛因贩运法案》加大了对销售海洛因的惩罚力度。
1973 年	成立酒精、药物滥用及精神健康管理局,将美国国立精神卫生研究院、美国国家药物滥用研究所和酒精滥用和酒精中毒国家研究所合为一个总的机构。
1973 年	美国毒品管制局(又译美国缉毒总署)成立,负责领导全国的反毒工作。该机构隶属于美国司法部,署长直接向司法部长汇报。
1975 年	预防药物滥用特别行动办公室被撤销。
1976 年	成立了一个新的机构——药物滥用政策办公室。
1974—1978 年	通过了一系列药物滥用治疗与管制修正案,对 1972 年的《药物滥用办公室与治疗法案》进行了拓展。
1978 年	通过《酒精与药物滥用教育修正案》,在教育部内设立了教育项目。
1979 年	这一年美国的非法药物使用达到顶峰,在年度调查前的一个月

	内有 2 500 万美国人使用过一种非法药物。
1980 年	通过《药物滥用预防、治疗和康复修正案》扩大了预防教育和治疗项目。
1981 年	联邦调查局被赋予与毒品管制局同等的对毒品执法的管辖权，毒品管制局局长直接向联邦调查局局长汇报。
1984 年	通过《毒品违法者法案》，为毒品违法者设立了专门的项目并组织对其治疗。同年，还通过了美国历史上最重要的一个毒品法律——《综合犯罪管制法》。
1986 年	美国国会通过《1986 年禁毒法》，该法将联邦监督释放制度从一个康复性制度变成了一个惩罚性制度。该法案对包括大麻在内的各种毒品颁定了新的最低刑罚。 同年制定的《毒品类似物（设计毒品）法》裁定使用具有与现有的非法毒品相似效果和结构的药物的行为非法。
1988 年	通过《1988 年禁毒法》，并在里根总统任期行将结束时成立监督机构：国家禁毒政策办公室，主要用以协调政府内所有与毒品有关的立法、安全、外资、研究和卫生政策。该办公室主任即人们所熟知的"禁毒大王"。1993 年这一职位被克林顿总统提升至内阁级。
1992 年	对酒精、药物滥用及精神健康管理局进行了重组，将美国国家精神卫生研究所、美国国家药物滥用研究所和酒精滥用和酒精中毒国家研究所转入美国国家卫生研究院，并将酒精、药物滥用及精神健康管理的项目并入药物滥用与精神卫生服务管理局。
1993 年	12 月 7 日，美国卫生部长乔斯琳·埃尔德斯称"应该研究"毒品的合法化，这在反对派中引发不小的骚动。
1998 年	美国政府委托进行了一项前所未有的毒品政策全面研究，此项研究由国家研究委员会负责进行。
2001 年	国家研究委员会毒品政策数据与研究委员会发表了其研究结果，研究表明美国政府没有充分地研究过本国的毒品政策。
2009 年	国家毒品管制政策办公室现任主任吉尔·克里考斯基表示，奥巴马政府将不再使用"毒品战"这个词。
2010 年	奥巴马政府提出的 2011 财年国家毒品管制预算拟将 3.4 亿美元用于吸毒的预防与治疗。

2012年　　　　科罗拉多州和华盛顿州通过法律,将消费、持有和出售大麻非罪化。

2014年　　　　阿拉斯加州和俄勒冈州也通过法律,将消费、持有和出售大麻非罪化。

后　记

本书即将付梓之际，我的心情可以说一半是欣喜，一半是忐忑。欣喜的是自己多年的苦读终于有了结果；忐忑的是本书是在我博士毕业论文的基础上修改完成的，难掩青涩，加之笔者远离学术圈已久，不知自己的选题是否还具现实意义。无论如何，这对自己的过往是一个交代，对自己的现在是一种诫勉，对自己的未来也是一份期许：希望这是一个新的起点。

如前所述，本书是以我的博士学位论文为蓝本的。论文从选题到定稿，始终得到了我的导师、南开大学张友伦教授的悉心指导。先生早年留学苏联，属于新中国最早一批研究美国史的专家。他淡泊名利，治学严谨，从做人到治学的方方面面都对我产生了很大影响。先生的身上始终散发着人性的光辉，其淡泊明志、宁静致远的形象深深地烙印在我的脑海里。师恩难忘，在此我把最深的敬意和谢意献给恩师张友伦先生。

古朴静谧的南开园，弥漫着浓郁的学术气氛。正如清华大学老校长梅贻琦先生曾说："所谓大学者，非谓有大楼之谓也，有大师之谓也。"南开大学正是这样一所"有大师之谓"的学府，令我每每进入校园，便少了几分浮躁，多了几分敬慕，每每都有一种如坐春风的感觉。在撰写论文的过程中，我还有幸得到了美国史学界泰斗杨生茂先生、陆镜生教授和李剑鸣教授的关心和鼓励，从他们那里我知道了什么叫"厚积薄发"，什么叫"论从史出"，什么叫大家风范，正是通过他们的治学态度，我对古人所说的"板凳宁坐十年冷，文章不写半句空"有了更深的体会。他们的人格魅力也深深地影响了我，使我得以在正确的道路上蹒跚前行。对于他们给予我的鼓励、关心、指导和包容，我表示由衷的感激。

南开四年，我不仅收获了学问，也收获了真挚难忘的友谊。张聚国同学曾经帮助我进行论文部分章节的校对，并提出了中肯的修改意见。张爱民同学帮助我进行了参考文献的电脑排版工作。天津大学博士后余震虹先生在我论文写作的关键阶段为我提供了一个理想的写作环境。好友乔蓬虹、杨丽红、梁宝来和李云静同学在我经济最困难的时刻主动向我伸出援手，提供了无私的资助。滴水之恩，当涌泉相报，多年来，我都一一记在心底，在此也一并向他们致谢。

我更要感谢上海社会科学院出版社的慧眼独具。我们素不相识，至今亦未曾谋面。但正是由于出版社的信任与推动，才会有本书今天的面世。

最后，我要把我一生的愧疚和感激献给我的父母和家人。父母虽然目不识丁，却深知学习的重要性，他们不仅一生行善，言传身教，而且还节衣缩食地供我读完小学、中学和大学。在我撰写博士论文的冲刺阶段，父亲遭遇车祸，身受重伤，但他为了不影响我的学业，坚持不让我回家探望，直到论文答辩结束。父母的养育之恩，我倾尽此生也难以回报，我只有更加努力地学习和工作，取得骄人的成就才是对他们最好的报答。

物换星移，时过境迁。从论文完稿到今日成书已历十几载，其间国际国内形势已经发生了深刻变化，加之本人才疏学浅，一叶障目，书中观点难免浅薄与偏颇，史料与论据难免有过时或挂一漏万之嫌。不足之外敬请读者和专家批评指正，以利我改正和提高。

2016 年 6 月于上海

图书在版编目(CIP)数据

二十世纪美国毒品政策的演变/翟帆著.—上海：上海社会科学院出版社,2016
（禁毒研究）
ISBN 978-7-5520-1627-7

Ⅰ.①二… Ⅱ.①翟… Ⅲ.①禁毒-社会政策-研究-美国 Ⅳ.①D771.288

中国版本图书馆 CIP 数据核字(2016)第 276778 号

二十世纪美国毒品政策的演变

著　　者：翟　帆
责任编辑：赵秋蕙
封面设计：夏艺堂
出版发行：上海社会科学院出版社
　　　　　上海顺昌路 622 号　邮编 200025
　　　　　电话总机 021-63315900　销售热线 021-53063735
　　　　　http://www.sassp.org.cn　E-mail:sassp@sass.org.cn
排　　版：南京展望文化发展有限公司
印　　刷：上海景条印刷有限公司
开　　本：710×1010 毫米　1/16 开
印　　张：11.25
插　　页：1
字　　数：198 千字
版　　次：2017 年 2 月第 1 版　2017 年 2 月第 1 次印刷

ISBN 978-7-5520-1627-7/D·418　　　　　定价：39.80 元

版权所有　翻印必究